明理文丛

民法典时代宪法上的人格权保护

Constitutional Personality Rights in the Era of Civil Code

◎ 骆正言 著 ◎

清华大学出版社
北京

图书在版编目（CIP）数据

民法典时代宪法上的人格权保护 / 骆正言著. —北京：清华大学出版社，2020.12
（明理文丛）
ISBN 978-7-302-57449-1

Ⅰ. ①民… Ⅱ. ①骆… Ⅲ. ①宪法－人格－权益保护－研究－中国 Ⅳ. ①D921.04

中国版本图书馆 CIP 数据核字（2021）第 021777 号

责任编辑：朱玉霞
封面设计：阿　东
责任校对：王荣静
责任印制：丛怀宇

出版发行：清华大学出版社
　　　　网　　　址：http://www.tup.com.cn，http://www.wqbook.com
　　　　地　　　址：北京清华大学学研大厦 A 座　　邮　　编：100084
　　　　社 总 机：010-62770175　　　　　　　　邮　　购：010-62786544
　　　　投稿与读者服务：010-62776969，c-service@tup.tsinghua.edu.cn
　　　　质量反馈：010-62772015，zhiliang@tup.tsinghua.edu.cn

印 装 者：三河市金元印装有限公司
经　　销：全国新华书店
开　　本：170mm×240mm　　印　　张：14　　字　　数：225 千字
版　　次：2020 年 12 月第 1 版　　　　　　印　　次：2020 年 12 月第 1 次印刷
定　　价：59.00 元

产品编号：087423-01

序　言

感谢您拿起这本书,无论是购买它,还是借阅它,或者哪怕是在书店,或者图书馆简单翻看它,都感谢您。在您阅读它之前,我得先说点什么,告诉您这本书的来源,有什么问题意识,要写什么东西,解决什么问题。这就是前言。

这本书是笔者基于博士论文写成的。笔者硕士期间学习法理学,读博士时开始研究宪法学,师从当时任教于浙江大学法学院的林来梵教授。进入学校不久,笔者就和导师商量,选定了"宪法上的人格权"这个题目做博士论文。所谓"人格权"简单说是保护个人的肖像、隐私、名誉等人格利益,不受他人侵犯和干扰的权利;而"宪法上的人格权"则是要求国家公权力不予干涉的权利。那么笔者为什么选择这个题目做博士论文呢?

当时我和导师共同的问题意识是,我国宪法和民法上都有"人格尊严"条款,民法学上有人格权理论,国外宪法学上有人格权理论。可是人格权到底是什么一个东西呢? 哪些权利是人格权的保护对象呢? 宪法上的人格权和民法上的人格权,除了针对的主体一个是国家,一个是私人之外,还有没有其他的不同? 我们为什么要保障人格权呢? 人格权对于个人,对于社会,对于国家,有什么好处呢? 倘若它与别的权利发生冲突时,怎么将它与别的权利进行衡量呢?

对于这些问题,我们虽然能够找到民法学者的一些论述,但其中仍然存在着许多模糊的、有很大分歧的地方,比如有学者认为,人格权是人之为人应有的权利,也有学者说人格权是人的主体资格的权利,还有学者说人格权是自由权,等等,大家莫衷一是,很难统一。所以要想真正厘清人格权的具体内容,必须从人格权发展的源头入手,特别是德国民法学和宪法学的理论入手,来分析它的保护对象和主要特征。

在这方面笔者有很强的优势。在博士入学时,笔者就是因为具有多种外语的阅读能力,受到导师的肯定。入学后,导师更加督促我苦读国外原版著作。所以在做博士论文的时候,导师就认为这个文章,我可以胜任,也会有所成就。——不过可惜,学生不才,没有达到"老人家"的期望,这是题外的话。

那么导师为什么如此重视外文原著的阅读？他是希望学生能够站在世界学术的前沿来探讨学术、思考问题，他希望我们不要做些学术上的无用功，不要在别人已经解决的问题上花太多的研究精力。举一个科学研究的例子就很容易说明这个问题。比如地质学家研究地球的年龄问题，他们必须了解到世界上其他的地质学家已经获得的结论，其他的地质学家已经采用的方法（比如从古生物化石来测量地球的年龄）。如果别人已经掌握了可靠的方法，已经得出了可靠的结论，那么你再把毕生的精力耗费进去，那不就是白白的浪费吗？

法学也是这样，它是一种社会治理、国家治理的经验和方法，其目的是为了让社会更有秩序、更加和平、更加公平、更加正义。如果我们知道了既有的研究，已经发现了国家或者社会治理某一方面的最好方法，那么我们就不必再做同样的研究，我们只需将这些经验搬过来使用就可以了，不用你再劳神费力苦苦追索了。只有当这些社会治理的方法，不适用于我们的社会，与我们的经验不相容时，我们才需要进一步研究改革和完善的途径。我们做研究的人，在头脑中都要有这根弦，这是导师一直教导我们的。

因为有外语方面的优势，所以笔者在"宪法上的人格权"研究中，搜集、阅读和使用了大量外文原版著作和论文，如英语、德语、日语等，这使我的论文在资料上做到了翔实和多样，给人以一种新鲜感。不过这一做法，也带来了一些弊端。2009 年初，在我的博士论文答辩时，我收到一个影响我未来十年研究方法的反馈。有专家认为，我的论文翻译味太浓了，许多地方仅仅是把国外资料拿过来，没有真正消化，文章缺乏论证，句子不够通顺。

答辩过后，虽然我的论文还是获得了优秀，但是我知道我的论文在文字方面是有瑕疵的。所以博士毕业后，我的毕业论文一直没有出版，我想在文字上一定要一个详细的审订。在这么多年里，我一方面钻研写作方法，阅读各方面写作者对于写作经验的总结；另一方面从写日记开始，到记学习心得，到思考学术问题，到完成学术论文，不断磨炼自己的写作能力。直到论文完工十年后，我觉得自己的文字水平有了相当的提升时，我才开始了对毕业论文进行修订完善。我用了半年的时间，对文章进行了大量的增删和润色工作，最后在 2019 年才真正完成了这本书。

经过了这一番能力训练和修改完善之后，我觉得这本书是能够拿得出手了。我自认为这本书除了外文文献丰富之外，至少还有一下几个方面的特色：一是从源流的角度廓清了宪法上的人格权的概念,以及宪法上的人格权和其他相关概念(如人性尊严、民法上的人格权、隐私权、肖像权等)的区别和关联问题。这是笔者从外文文献出发,理解法律概念的结果。二是逻辑上讲究追根溯源,环环相扣。这是笔者从法哲学、元伦理学、法逻辑学角度,思考宪法上的人格权基础的结果。只有根深,才能蒂固,哲学基础坚实了,研究方法有力了,研究结论才能可靠。三是语言上的通俗易懂。这是笔者练习写作,钻研写作技巧后的结果,笔者秉着能让外行人看懂的目标进行写作和表达。

以上是笔者写在本书前面的话。

目　　录

引　言

一、问题缘起——宪法上的"人格尊严"相关事案

十几年前，我国宪法学者林来梵教授在一篇文章中用一个生动的比喻来形容我国宪法，叫做"无牙的宪法"[1]。不过这种状况即将过去了，2017年党中央在十九大报告中提出"推进合宪性审查工作"，我国宪法即将"有牙"了。但是"有牙"的宪法要想得到有效的落实，有一项工作必须要做，那就是对宪法条款进行详细的解释，只有清楚明白地理解宪法规范的含义，才能在遇到宪法案件时，准确判断哪一项法律、哪一种行为合宪与否。本书就是这样的一个尝试，希望通过详细的比较法分析和法理学论证，进一步澄清《宪法》第38条人格尊严条款的内涵和外延。现行《宪法》第38条规定："中华人民共和国公民的人格尊严不受侵犯。禁止用任何方法对公民进行侮辱、诽谤和诬告陷害。"该条款经2018年宪法修正之后，仍原封不动地被保留着原来的位置（第38条）。不过本书还不打算对宪法上的"人格尊严"的所有内涵进行解释，而只想就该条款所保障的宪法上的人格权（一般人格权和特别人格权）的部分进行解释，看看本条款所保障的人格权究竟指向什么内容。

之所以要区分"人格尊严"和"人格权"，是因为我国宪法学界对宪法上的"人格尊严"有双重理解，一是作为所有权利的基础的人性尊严原则；二是作为特别人格权的上位概念的一般人格权。[2] 关于这一点以下还有详述。这里的"人性尊严"在宪法学上则是指所有基本权利（包括所有的自由权和平等权）的基础原理，要求所有人都被"作为人"来尊重；"特别人格权"是指宪法上的生命权、健康权、姓名权、名誉权、隐私权等关乎个人人身的权利；而"一般人格权"则是指特别人格权的统称，包括全部宪法上的人格权，或者宪法没有列举的特别人格权。（更准确的

---

〔1〕 林来梵：《宪法不能没牙》，载《法学》，2005(6)。
〔2〕 林来梵：《人的尊严与人格尊严——兼论中国宪法第38条的解释方案》，载《浙江社会科学》，2008(3)。

界定和区分详见下文)总之本书研究的内容,仅是作为"宪法上的人格权"的人格尊严的内涵,它具体包括宪法上的一般人格权和特别人格权(比如宪法上的生命权、健康权、姓名权、肖像权、名誉权、隐私权等)。我们会重点考察宪法上的这些人格权的内涵,它们与民法上的类似权利(如民法上的生命权、姓名权、肖像权等),在保护对象和保护方法上有什么区别,我们在司法裁判中如何援引这些宪法上的权利进行论证说理,或者说在什么案件中援引宪法上的人格尊严条款,在什么案件中应该援引民法上的人格尊严条款。对这些问题的考察是必要的,这一点我们可以从下列几个真实案例看得出来。

(一)司某诉刘某、陶某侵权案

第一个案例是"司某诉刘某、陶某侵权案"。虽然在实际审判中法院不需要也没有明确被授权援引宪法,但为了彰显"人格尊严"条款的崇高性,法院常在民事案件中援引宪法条款作出判决。该案是 2000 年 11 月乌鲁木齐中院审理的一个民事侵权案件。[3] 在案件中,作为被告的刘某认为丈夫陶某与原告司某有不正当关系,就多次到司某单位以侮辱性语言谩骂原告,称司某勾引其丈夫,还因此去医院作过人流手术,司某因此将刘某诉至法院。庭审中刘某丈夫陶某也承认与司某的不正当关系,但司某不予承认。法院在判决中引用了宪法"人格尊严"条款,法院判决说道,"本院认为,我国《宪法》保护公民的人格尊严不受侵犯,禁止用任何方法对公民进行侮辱、诽谤和诬告陷害;另根据《中华人民共和国民法通则》第101 条规定公民、法人享有名誉权,公民的人格尊严受法律保护,禁止用侮辱、诽谤等方式损害公民、法人的名誉。"法院还说,"本案刘某、陶某在无事实依据的情况下,在公开场合,以口头语言的方式,对特定人司某进行了侮辱、诽谤,致使司某的精神蒙受痛苦。故刘某、陶某的违法行为已构成对他人的人格、名誉侵权。"这是一个典型的民事纠纷,但法官却援引了宪法,这会引出几个理论上的问题。其一,能否在民事判决中引用宪法?其二,宪法上的"人格尊严"和民法上的"人格尊严"有何区别?在本案中应当引用宪法上的"人格尊严"还是民法上的?[4] 民法上的人格尊严是指 1986 年《民法通则》第 101 条的规定——"公民、法人享有名誉权,公民的人格尊严受法律保护,禁止用侮辱、诽谤等方式损害公民、法人的名

---

〔3〕 (2000)乌中民终字 1972 号。

〔4〕 此外类似案件还有王发英诉刘真即《女子文学》等四家杂志侵害名誉纠纷案[(1998)石法民判字第 1 号];王禹:《中国宪法的司法化:案件评析》,6～12 页,126～130 页,北京,北京大学出版社,2005。

誉"，该条款在 2017 年通过的《民法总则》第 109 条中被修改为，"自然人的人身自由、人格尊严受法律保护"。此外民事法律中的人格尊严规定，还体现在 1993 年《消费者权益保护法》的第 14 条中——"消费者在购买、使用商品和接受服务时，享有其人格尊严、民族风俗习惯得到尊重的权利"，这一条在 2009 年和 2013 年《消费者权益保护法》的两次修改中仍被原封不动地保留在第 14 条中。下面再看看其他案例。

（二）改名案

我们要考察的第二个案件关系到姓名的更改。前面一个案件发生私人之间，而此案则涉及公权力机关的行为，是一种典型的行政案件。案件发生在 2004 年，当年 9 月 10 日上海市民王女士去浦东公安分局上钢新村派出所申请将其姓名改成日文名柴冈英子，原因是王女士的丈夫是日本公民柴冈文雄的继子，其丈夫的日文名字为柴冈龙清，王女士是柴冈家唯一的儿媳。11 月 10 日派出所给予口头答复，不同意王女士改变自己的姓名。王女士便以派出所侵犯其姓名权为由向法院起诉。王女士在诉状中所说的姓名权是指公民决定、使用和依照规定改变自己姓名的权利。庭审中派出所提出的辩护意见是，王女士改名要求不符合法定条件，因为按照法律规定只有在重名的情况下，公民才可以申请改名，但是在整个上海市内名叫王徐英的只有两人，不存在严重的重名情况。[5] 法院经过审理也同意派出所的意见，驳回了王女士的诉求。

这个案件的判决根据现行姓名登记规范似乎也是合理的，姓名登记规范并没有提出姓名修改的条件。但是如果我们追问姓名登记规范对姓名更改所设定的条件是否恰当，特别是从宪法上的人格权（具体说是姓名权）的角度来看，姓名登记规范是否合理，对这个问题的分析法院的裁判就显得不足了。宪法上的姓名权是个人选择或修改姓名的权利，属于宪法上的人格权的一种，它对于个人个性的形成与发展具有重要的意义。由于我国宪法没有在具体案件中直接适用的效力，虽然此案被告是行政机关，当事人也只能引用民法上的姓名权作为诉讼依据。而且在我国民法中，姓名权的确具有对抗国家机关的功能，《民法通则》第 99 条规定："公民享有姓名权，有权决定、使用和依照规定改变自己的姓名，禁止他人干涉、盗用、假冒。"其中决定、依照规定改变自己的姓名便是针对国家机关的。这种

---

〔5〕搜狐网 http://news.sohu.com/20041207/n223378850.shtml，访问时间 2008-06-14。

将民事规范和行政规范熔于一炉的做法在我国法律中是常见的。

这个案件引出的问题是,能否通过对宪法上的人格尊严条款的解释确立公民宪法上的姓名权?宪法上的姓名权包括哪些内容?姓名权在什么情况下才能予以限制?这些问题也值得我们探索。这是第二个案件。

(三)卖淫女示众案

第三个案件(这里只能称为事件,因为它没有进入诉讼程序)也涉及公权力机关的公权力行为。据《南方都市报》报道,2006 年 11 月 29 日深圳市福田警方召开广场大会,对百名卖淫女和嫖客进行公开处理。当事人全部身着黄衣,面戴口罩,面部除双眼外全被遮住,现场有逾千人围观。警方分别读出他们的姓名、出生日期和籍贯,宣布处以行政拘留 15 天。每读出一人的资料,警察便押身边的“犯人”上前一步确认身份。此事一经报道备受舆论关注。中国人民大学“宪政与行政法治研究中心”通过网络,对 2006 年度具有全国影响的宪法事例进行群众投票与专家评议,评选出“06 年度中国十大宪法事例”,卖淫女示众事件名列其中。

事件引起这么大的影响,说明公权力机关侵权的严重和违宪的可能,学者多以人格尊严作为标题,撰文评论这一事件。但是从宪法权利理论来看,对当事人进行公开宣判和示众所侵犯的公民的人格尊严,是宪法上最抽象的人性尊严,还是一般人格权呢?抑或是更具体的隐私权或名誉权呢?这些问题恐怕还得更深入地思考和分析。这是第三个案件。

(四)河南地域歧视案

第四个被认为“人格尊严”侵害的案件是“河南地域歧视案”。2005 年 3 月 8 日,深圳市公安局龙岗区分局龙新派出所在其辖区之内的怡丰路黄龙塘市场附近的大街上,公开悬挂出了写有“坚决打击河南籍敲诈勒索团伙”和“凡举报河南籍团伙敲诈勒索犯罪、破获案件的,奖励 500 元”等文字的横幅标语,从此引起媒体和网络间的轩然大波。同年 4 月 15 日,两位河南籍律师以原告的身份,将深圳市公安局诉至郑州市高新区人民法院,理由是深圳市公安局龙岗区分局的横幅是对其家乡的歧视以及对河南籍人群的否定性评价,悬挂行为严重违背了《中华人民共和国宪法》第 33 条有关“法律面前人人平等”的宪法基本原则,侵害了二人的名誉权。2006 年 2 月,该案经郑州市高新区人民法院调解,双方当事人自愿达成协议,被告深圳市公安局龙岗分局向两原告赔礼道歉,两原告表示谅解,自愿放弃其他诉讼请求。本事件也被评为当年“中国十大宪法事例”之一。

和其他案件不同,这个案件除了讲到作为人格权的名誉权之外,还提到了平等权,这就引出一个问题,平等权和人格尊严、人格权或者更具体地说和名誉权有什么关系呢?平等权的侵害是不是会损害到宪法上的名誉权,或者说名誉情感(这个概念后文会有详述)?这都是必须要思考的问题。这是第四个案件。

(五)齐玉苓案

齐玉苓案是我们要说的第五个案例,它也是宪法上的人格权保护的一个重要案例。该案的经过是,被告陈晓琪中考落榜后,冒用被山东一所中专学校录取(这在当时是改变个人社会身份的一个就读机会)的原告齐玉苓的姓名,进入该校就读,毕业后仍继续使用原告的姓名在一家不错的单位工作。原告就学的资格被冒用后没有继续读书,工作很多年后一次偶然的机会原告发现被告冒用自己的姓名,侵占自己就读机会的事实,遂向法院起诉被告,诉讼依据就是姓名权和受教育权受侵害。案件经过几次审理,最后由济南中级人民法院根据最高人民法院(针对济南中院的请示做出)的批复做出最终裁判。最高人民法院的批复如下:"陈晓琪等以侵犯姓名权的手段,侵犯了齐玉苓依据宪法规定所享有的受教育的基本权利,并造成了具体的损害后果,应承担相应的民事责任。"

从这个案件可以看出法院判决依据的权利有两个,一个是姓名权,属于民法上的权利;一个是受教育权,属于宪法上的权利。由于该案直接适用宪法权利进行裁判,被学界称为"宪法司法化第一案",[6]也由于直接引用宪法裁判的时机尚未成熟,最高法院的这一批复在 2009 被废止。且不论宪法是否可以直接作为裁判依据,即便不能直接裁判案件,也有可能作为论证依据,这一点已为许多研究证实。[7] 在此值得我们思考的是,受教育权是宪法上的什么性质的权利?是不是人格权的一种?姓名权在此案中是否受到侵害?这里的姓名权是一种宪法权利,还是民事权利?能否作为此处的依据?以上是第五个与人格权相关的案例。

(六)强制婚检争议

最后还需介绍的第六个人格权案例是黑龙江强制婚检的争议。强制婚检是

---

〔6〕 许崇德、郑贤君:《"宪法司法化"是宪法学的理论误区》,载《法学家》,2001(6);沈岿:《宪法统治时代的开始?——宪法第一案存疑》,载张庆福主编:《宪政论丛》(第 3 卷),521 页,北京,法律出版社,2003;王磊:《宪法司法化》,12 页,北京,中国政法大学出版社,2000;周伟:《基本权利司法救济研究》,256～269 页,北京,中国人民公安大学出版社,2003。

〔7〕 冯建鹏:《我国司法判决中的宪法援引及其功能——基于已公开判决文书的实证研究》,载《法学研究》,2017(3)。

指结婚前对男女双方强制进行婚前健康检查,不接受检查不能登记结婚,目的是防止两方存在传染性疾病,影响孩子的优生优育。在这一点上国务院 2003 年出台的《婚姻登记条例》并没有规定,《条例》第 5 条规定办理结婚登记时,内地居民应当出具的证件和证明材料中仅列有:(一)本人的户口簿、身份证;(二)本人无配偶以及与对方当事人没有直系血亲和三代以内旁系血亲关系的签字声明,并没有规定需要提交婚前医学检查证明或者医学鉴定证明。

但是 2005 年黑龙江人大出台的《黑龙江省母婴保健条例》明确规定:"本省实行婚前医学检查制度","准备结婚的男女双方,应当接受婚前医学检查和婚前健康教育,凭婚前医学检查证明,到婚姻登记机关办理结婚登记","婚姻登记机关在办理结婚登记时,应当查验并留存男女双方婚前医学检查证明。没有婚前医学检查证明的不予办理结婚登记"。

因为与《婚姻登记条例》有抵触,《黑龙江省母婴保健条例》公布后便引起社会的强烈质疑。质疑的理由除了抵触上位法之外,还包括强制婚检制度是否侵犯公民宪法上的隐私权? 这也是一个亟待思考的宪法学问题。除此之外影响公民宪法上的人格权事件还有很多,比如招聘中的乙肝强制体检,学校与公共场所设置摄像头,景区收集指纹等,同样需要我们对一般人格权和特别人格权予以详细解释。

之所以本书一直强调宪法上的人格权,是因为以上这些案例侵犯的人格权不同于一般民法上讨论的人格权。民法上讨论的人格权,针对的是平等主体之间的人格侵害。而宪法上的人格权则主要针对公权力的入侵行为,甚至最主要是针对立法机关。正如我国宪法学者周伟教授指出的:"作为宪法基本权利核心价值的人格尊严,不能将其与民法上的人格权完全等同起来对待",因为"《宪法》上的人格尊严有其特定的含义,主要目的是在于防止国家权力的非法侵犯。"总之,对于《宪法》上的人格尊严、一般人格权和特别人格权的保护对象和保护范围,学术界仍需深入研究。

二、国内研究现状

那么学术界对这些问题有没有研究呢? 与我国民法学界对人格权的研究相比,宪法学的相关研究并不多见。近期针对《民法典》人格权独立成编的争议,一些学者认为人格权应该独立作为《民法典》的一"编"(比章、节更大的一个结构名称），另一些学者认为不需要单独作为一"编"，只需作为某一"编"的一部分，民法学界展开了充分而精辟的讨论。[8] 但在宪法学界，对于上述人格尊严、一般人格权和特别人格权的分析解释却不够充分，有学者认为一般人格权应属于民法的权利不是宪法上的权利。[9]

当然非常接近的研究也并非没有。一些民法学者，如龙卫球教授，尹田教授等，主张人格权不仅是民法上的权利，也是宪法上的权利，人格权应向宪法回归。宪法上的人格权研究则集中在宪法上人格尊严的解释，除了上述阐述人格尊严双重解释的林来梵教授的研究之外，还有郑贤君教授、胡玉鸿教授、谢立斌教授、刘志刚教授、上官丕亮等，这些学者对作为基本权利基础的人格尊严（人性尊严）的保护阐述得非常清楚，但对于前文所述的作为宪法上人格权的人格尊严却涉及甚少，甚至没有从宪法人格尊严条款中区分出人格权。在这一点上论述较多的是王锴教授，但王教授对如何将该条款运用到案例裁判过程，特别是如何使用宪法上的特别人格权（比如生命权、姓名权、肖像权、隐私权等）来裁判案件，仍然没有给出具体的意见。对宪法上的特别人格权的解释和应用，也有学者有过详细讨论，比如王利明教授、范进学教授和张红教授。但相关研究并没有特别重视人格权宪法保护和民法保护的差别，对于人格权宪法保护的特点也没有特别注意。

三、宪法上的人格权的研究意义

（一）学术意义

首先，从学术来讲，本书的研究所大量采用的国别比较的方法，能够为考察出几个典型的法治国家，比如德国、日本和美国，在宪法上的人格权上的共通之处和不同之处，共通之处让我们看到大的趋势，也值得我们为未来解释、应用宪法上的人格尊严条款加以借鉴。不同之处显示出各个国家的特色，是因应各国特殊的政治、经济、文化的结果，也有助于我们因地制宜发展我们的特色。

---

[8] 王利明：《人格权法研究》，北京，中国人民大学出版社，2005；杨立新：《人身权法论》，北京，人民法院出版社，2002；尹田：《论人格权的本质——兼评我国民法草案关于人格权的规定》，载《法学研究》，2003（4）。

[9] 姚辉，周云涛：《关于民事权利的宪法学思维——以一般人格权为对象的观察》，载《浙江社会科学》，2007（1）。

其次,本书对于宪法上的人格权的研究,能够为宪法上的其他权利的保护提供借鉴。比如人格权的三阶段理论(见后)将所有特别人格权分为三个层次来给予不同的保护,这样既能很好地保护个人的自我决定,又能兼顾他人和社会对于个人信息的正当利用。这种分层保护的方法也值得其他基本权利的保护实践所借鉴。

最后,本书对于宪法上的人格权理论的研究,也能为部门法保护人格权提供理论支撑。与宪法的人格权一样,部门法的人格权条款同样需要诠释,其过程中也潜藏着与其他权利的冲突。在当今宪法权利直接或间接影响部门法的情况下,宪法上人格权的解释条款也会影响到部门法人格权的保护。比如在人格权甚为发达的德国,宪法上的人格权理论与实践极大地影响民法上的人格权。甚至民事判决也直接援引宪法条款,如后文将会详细介绍的"读者来信案"(Veröffentlichung von Briefe)。这种做法在其他国家也有效仿,如日本法院也常常以宪法上的"幸福追求权"作为民事案件中人格权侵犯的判决依据。可见现代国家中,宪法对部门法的渗透已经非常普遍,探索宪法人格权理论对部门法理论也有贡献。

(二)实践意义

在实践层面,该研究除了可以解决上述一系列疑难案件的裁判问题,还可以产生如下实际作用。

第一,该研究可以引起人们对人格权保护的重视。尽管民法上的人格权保护一直颇受重视,民法典上还要专门设置人格权编,但是宪法上的人格权还未受到应有的关注,像隐私、名誉、姓名和肖像这些权利,还没有被宪法上的权利来考虑,也没有得到立法、执法和司法机关充分尊重。本书通过介绍各国宪法的理论和实践,可以唤起人们对宪法上的人格权的关心。

第二,该研究通过分析划定人格权的范围和界限,可以为政府和社会利用个人信息、个人资料提供合理的论证。如同其他权利一样,人格权也不是绝对不能干预的,它也是有界限的,在一定的条件下,为了保护他人的权利和公共秩序,人格权也同样需要限制。反过来看,国家和社会为了协调社会关系,促进社会合作,也需要合理利用个人的人格信息。因此本书对人格权的合理限制的研究,也可以为立法和执法在不得已需要限制公民人格权时,提供充分的理论论证。

四、本书的研究范围

以上是本书在理论和实践中的几个意义。对于本书研究范围,这里也需略作交代。本书既以宪法上的人格权为题,当以人格权作为研究对象。但因为人格权的内容极其广泛,本书不能面面俱到,必须有所限定。

首先,我们研究狭义的宪法上的人格权。依照日本学者五十岚清的介绍,人格权广义而言,可以包括一切自由权,狭义言之,也可包括生命权、健康权、姓名权、名誉权、隐私权、肖像权、语言权等个人特性相关的权利。[10] 本书只研究狭义的人格权,并且在狭义的人格权之下,重点探讨宪法上的人格权的理论渊源,宪法上的人格权的概念界定,宪法上的人格权与民法上的人格权、宪法上的平等权、自由权、财产权等权利的关系,宪法上的一般人格权和特别人格权的关系,宪法上的人格权的内容、范围和限制等理论问题。

其次,我们研究狭义的宪法上人格权的司法实践。法学作为实践性学科,必须以解决问题、定分止争为出发点,因此我们必须在司法实践中,才能真正看出人格权理论的魅力,发现人格权理论的局限,理解人格权理论是如何运作的,也才能真正地学好、利用好人格权理论。所以,我们将仔细分析几个典型的法治国家,如美国、德国、日本的宪法上的人格权的司法实践,去辨析人格权理论如何在这些国家的司法实践中得到建构、得到改革、得到实施的,它们发生的背景,它们面临的问题。总之我们希望从实际案例中近距离地理解人格权理论,而不是仅仅从学者的理论推演中理解这一制度。

最后,我们将结合我国文化传统和当前社会特点,研究狭义的宪法上的人格权如何在我国现实生活中得以落实。中国学者研究宪法可以说是无本之木、无源之水,因为我们还缺乏具体的宪法实践作为基石,以致许多著作只能以探析国外宪法理论作为主旨。不过每一种文化都有其独特之处,简单模仿其他国家的制度,或许与自己的文化相抵触,所以西方国家的法律如欲在中国扎根,必须与中国的学问相互磨合。这一点在 20 世纪已经被许多历史学者所警示,比如民国时期著名历史学家陈寅恪先生曾说:

> 窃疑中国自今日以后,即使能忠实输入北美或东欧之思想,其结局

---

[10] [日]五十岚清:《人格权概述》,10 页,东京,有斐阁,2003。

当亦等于玄奘唯识之学,在吾国思想史上既不能居最高之地位,且亦终归于歇绝者。其真能于思想上自成系统,有所创获者,必须一方面吸收输入外来之学说;一方面不忘本来民族之地位。此二者相反而相成之态度,乃道教之真精神,新儒家之旧途径,而二千年吾民族与他民族思想接触史之所昭示者也。[11]

对于这种看法,当代著名历史学家余英时先生非常赞同,但他说陈先生的话并不意味着我们不需要吸收输入外来学术,我们仍需"退而织网",甘于寂寞潜心研习西学,效仿玄奘大师之埋头译经精神。[12] 总之在不失中国文化本质的基础上,吸纳外国法治经验,是我们研究社会治理的学者必须掌握的方法,我们在引介国外人格权宪法保护经验时也必须有这样的胸襟。

以上三个方面是本书研究的主要范围。下面谈一谈本书的研究方法。

五、本书的研究方法

宪法研究的方法,从传统上来说,主要有政治学分析、本质分析甚至是阶级分析的方法,关于政治学研究方法,现今又出现了政治宪法学的研究方法,但这些方法主要解决的问题是宪法如何产生,以及某些宪法规范(比如某些政治性条款)有什么作用? 如果要中立地看待宪法的目的,解释宪法的规范,我们必须采取规范分析的方法来研究宪法。具体来说就是以宪法规范为基础,通过各种法律解释方法来探讨宪法规范的含义如何,内容怎样,地位多高,界限在哪,在与其他权利相冲突时如何权衡等。关于这一点,国内宪法学者林来梵教授已有深切的体会,他曾在十几年前反复倡导宪法学研究"方法论上的觉醒":

> 有关宪法学的研究方法,国内许多教科书或体系书已作出系统的列举和论述。举其荦荦大端者,不外乎以下几个:1. 理论联系实际;2. 本质分析(或阶级分析);3. 历史分析;4. 比较分析;5. 系统分析。
>
> ……它们大多数是传统社会科学中的老方法,而且不仅马克思主义哲学在应用,马克思主义政治学、社会学也在应用,因而实际上应视为我国社会科学的一般方法,尤其是政治学、法理学、法社会学中突出应用的

---

[11] 余英时:《中国思想传统的现代诠释》,60页,南京,江苏人民出版社,1992。

[12] 余英时:《中国思想传统的现代诠释》,61~62页,南京,江苏人民出版社,1992。

方法。

……然而，宪法解释学或注释宪法学则是其他这些学科所鞭长莫及的领域，因为该领域所适用的方法均是其他社会学科所不具备的特定方法，即属于前文所说的那类"宪法学自身所特有的方法"，一言以蔽之，其实也就是宪法解释的方法。[13]

林来梵教授的意思是我们宪法学研究不能照抄其他社会科学的方法，而要有自己独特的方法，也就是宪法解释的方法。对此中国人民大学张翔教授也有类似的看法，他指出：

在当下中国，从政治学特别是政治哲学出发对宪法的研究是一个重要的学术潮流。这种研究进路的价值是不能否定的。但是，如果我们对宪法的研究永远停留在理念与原理的层面，不能落实到技术与规范的层面，"宪法之治"的目标是不可能实现的。从而，以狭义的法学也就是法解释学的视角去观察政治理论对宪法解释的可能影响就是一个必要的课题。这一过程也必然是一个"宪法学的中国化"的过程，因为这项研究最终是要落实在中国的宪法文本、制宪历史和政治思想背景的。[14]

张翔教授的观点，不仅针对古典的政治学对宪法的研究，还针对现在宪法学界仍旧流行的一派学说——政治学法学，政治宪法学的问题意识是，研究中国的政治实践，或者说中国所谓"活的宪法"，考察这种政治制度是怎么形成的，怎么回应社会需要的，怎么解决实际问题的。[15] 从这一点来说，政治学法学和规范宪法学确有不同，规范宪法学就是上述林来梵教授所倡导的以宪法解释技术来解读宪法规范，并约束政治实践的学说。

对这个问题，笔者是这样看的，一方面我们当然应该承认政治宪法学在研究现实政治现象上做出了很多的贡献，但是另一方面我们也必须重视法学（包括宪法学）从本质上是对现实世界的一种评价，一种规范，我们必须重视所谓的"事实

---

〔13〕 林来梵：《从宪法规范到规范宪法：规范宪法学的一种前言》，27～37页，北京，法律出版社，2001。

〔14〕 张翔：《祛魅与自足：政治理论对宪法解释的影响及其限度》，载《政法论坛》，2007(4)。

〔15〕 高全喜：《政治宪法学：政治宪法理论，抑或政治立宪主义？》，载《清华大学学报(哲学社会科学版)》，2015(5)；张龑：《多元一统的政治宪法结构——政治宪法学理论基础的反思与重建》，载《法学研究》，2015(6)；陈运生：《从人民制宪到宪法实施：我国政治宪法学的法社会学反思》，载《浙江社会科学》，2016(3)。

与规范的二分",对事实的研究与对规范的研究不能混淆,二者不可偏废,政治学法学研究事实如何,以前如何,现在如何,未来将会如何。规范宪法学则研究一个国家的政治、经济、社会应该如何,必须如何,才是符合正义的,才是正当的,才是符合人权、自由、平等等价值的。尽管某些学科,比如经济学、社会学、政治学通过研究得出,某一种制度如何奏效,如何行得通,但是从规范宪法学的立场看,如果它违背正义,违反人权,侵犯自由,我们也不能承认它的合法性。

既然宪法解释学是宪法学研究的"独门暗器",那么这种方法到底有哪些呢?在德国,法学方法经历了概念法学、目的法学、利益法学向评价法学转变的过程,[16]而法律解释方法也分为萨维尼的"古典"(Klassischen)法律解释方法,包括语法解释、逻辑解释、体系解释和历史解释,以及后期的客观目的解释、合宪性解释等方法。[17] 不过上述的这些法律解释方法是所有法律领域都在使用的方法,除了这些部门法上的解释方法之外,还有没有独立的宪法学解释方法吗?

在此问题上德国学界存有两种观点。[18] 第一种观点认为宪法不存在独立的解释方法,宪法的解释反倒是应该更忠实地遵循古典解释规则。比如德国宪法学者福斯朵夫就认为,由于宪法具有安定作用,宪法的解释具有静态特征,它应该与普通法律适用相同的解释规则,如此"始能证实其意义,并控制其执行行为"。[19]福氏提倡古典解释方式是基于对集权主义惨痛经验的反思,和对法治国所标榜的保障私产及社会现状的坚持。[20]

第二种观点认为宪法学存在不同于普通法律的特殊的解释规则。如果仅仅遵循古典解释规则,德国学者康拉德·海塞(Konrad Hesse)认为,必然导致宪法不关注现实变化,这会使宪法条文僵化落后,[21]黑伯乐(Peter Häberle)教授认为,会使法院像带上"结婚戒指"一样被束缚。[22] 至于独特的宪法解释方法的内容,康拉德·海塞(Konrad Hesse)和米勒(Friedlich Miller)教授主张"具体化宪

---

〔16〕 [德]卡尔·拉伦茨:《法学方法论》,陈爱娥译,2页,北京,商务印书馆,2003。

〔17〕 杨仁寿:《法学方法论》,51页以下,北京,中国政法大学出版社,2004。

〔18〕 吴庚:《政治理论和法学方法》,356~369页,北京,中国政法大学出版社,2007。

〔19〕 [德]卡尔·拉伦茨:《法学方法论》,陈爱娥译,235页,北京,商务印书馆,2003。

〔20〕 吴庚:《福斯朵夫的国家思想》,载《台大法学论丛》,第十三卷,1984(2)。

〔21〕 Konrad Hesse, *Grundzüge des Verfassungsrechts der Bundesrepublik*, Deutschland, C. F. Müller Velag, 1999, S. 21f.

〔22〕 吴庚:《政治理论和法学方法》,348~349页,北京,中国政法大学出版社,2007。

法解释的方法",[23]德国宪法学者施奈德(Peter Schneider)主张"合正义性解释方法"(在效率和正义发生根本对立时仍会坚持正义的底线),黑伯乐教授主张"开放的解释准则"(不能把宪法视为"已被制定"的规范来解释,而应该把它看作一种"公共程序",用一种"开放的"态度对它进行解释),[24]埃姆科(H. Ehmke)教授提出所谓"个别问题取向的解释规则"(topisch Denkweise,根据个案进行利益衡量的解释方法,借用一些经济学、社会学、政治学的方法,从法律后果的角度思考宪法的解释问题)。[25]

同时埃姆科(H. Ehmke)还提出其他三种宪法学独有的解释方法,一是合宪性解释(埃姆科称之功能性的法解释);二是整体解释(作者称其为实质性的法解释);三是政治问题解释(美国宪法特有的解释方法)。而民法学家拉伦茨也以一种综合的态度,来看待宪法学的解释方法,他认为"一般解释原则至少在原理上可适用于宪法解释。和其他法律一样,宪法作为成文法也是一种(大多以日常语言写成的)语言创作,也需要解释,宪法中的语句也具有规范的特质,宪法的拘束力也绝不小于其他法律,毋宁还更加强大。"[26]另外他还认为,宪法法院较之普通法院具有更大的"政治性"考虑,比普通法院更少受到判例的约束,所以"宪法法官于此仍应尽可能摆脱其本身主观的政治意见,其对特定政治团体好恶之感的束缚(大部分的宪法法官也确能如此),努力寻求一项没有成见的'合理的'裁判。"[27]我国台湾地区大法官吴庚先生也做了类似的概括,他认为宪法解释的特殊规则包括:以宪法解释宪法、政治问题不予解释规则、合宪性解释规则和符合法律的宪法解释规则。[28]

在宪法解释方法的研究中,笔者特别要提到的是比较法解释方法。比较法解释虽然是国内法学界通用的方法,但因为一国的法学或法教义学具有地域性质,比较法解释方法也伴随着许多的疑虑。美国学者吉尔兹在其《地方性知识:事实与法律的比较透视》一文中提出"法律本身就是地方性知识",我国法学界"法律的

---

〔23〕 吴庚:《政治理论和法学方法》,349 页,北京,中国政法大学出版社,2007。
〔24〕 [德]卡尔·拉伦茨:《法学方法论》,陈爱娥译,236 页,北京,商务印书馆,2003。
〔25〕 吴庚:《政治理论和法学方法》,347 页,北京,中国政法大学出版社,2007。
〔26〕 [德]卡尔·拉伦茨:《法学方法论》,陈爱娥译,236 页,北京,商务印书馆,2003。
〔27〕 [德]卡尔·拉伦茨:《法学方法论》,陈爱娥译,236 页,北京,商务印书馆,2003。
〔28〕 吴庚:《政治理论和法学方法》,356~369 页,北京,中国政法大学出版社,2007。

本土资源论"理论也成为热点话题。但是在笔者看来,在目前我国法治现代化的过程中,这种方式是不可避免的。

这是因为,首先通过引介别国的经验来建立本国法律制度,是世界文化交流的一个再正常不过的现象。比如欧洲近代许多国家(如德国、奥地利和荷兰等)的法律都受到罗马法的重大影响。查世丁尼在公元 6 世纪进行的法典编纂活动,对其后 12、13 世纪和 14 世纪的注释法学派和后注释法学派以及 19 世纪德国潘德克顿学派都产生了深远的影响。20 世纪以后德国和瑞士的成文法又为诸如日本、中国、土耳其等国所采行。英国普通法在美国、加拿大、澳大利亚、印度的部分地方以及东非大幅度得以适用。法国民法也在许多国家(比如波兰)包括被部分地采纳。日本法律就是"西法东渐"的过程中建立起来,时至今日日本学界在借鉴西方法治的态度上仍然趋向激进。拿宪法审查制度来说,日本的宪法审查采取美国的附随审查制,甚至屡屡引用美国的学说和判例。对此虽然存有批判,但是野中俊彦等学者仍确信,"今后的宪法诉讼还是必须更多的向美国学习,与此同时,在认识日本固有的问题的基础上,有必要探究诉讼理论所谓的内向性发展的契机。"[29]

其次,上述法律的继受之所以可能,原因就在于许多法律理论在理论论证上具有普适性、科学性,比如产权制度、契约自由制度、正当程序制度等等,不完全是"地方性知识"。如同学者亚历山大·佩策尼克(Aleksander Peczenik)在一篇《法教义学的一种理论》的论文所说的:[30]

> 法律科学的理论的地方性是极为相对的。
>
> 首先,这些理论常被用在其母国之外。比如,德国充分因果关系理论影响了欧洲许多国家。只需指出,其在波兰和瑞典都已被热烈讨论,便已足够。更有甚者,此种理论的一些论点有着古老的渊源,但却仍保存原貌。事实上,在罗马和中世纪学者的著述中就能找到它们。比如,格言"听取双方争辩(audiatur et altera pars)"说,在审判中双方意见均应当被听取,这也构成了许多对抗性法律程序理论的核心。这类理论在

---

〔29〕 [日]中谷实:《宪法诉讼的基本问题》,304 页,东京,法曹同人,1993。

〔30〕 Aleksander Peczenik, A Theory of Legal Doctrine, *Ratio Juris*. Vol. 14 No. 1 March 2001 (75-105).

许多国家出现,而且这一格言已被称作"古老的信条,并非仅仅是罗马的"(uralter Rechtssatz, nicht erst römisch)(Liebs 1986,32)。另一个例子是,格言"契约必守(pacta sunt servanda)",在许多合同法理论的核心中均能找到。它是一条罗马法原则,西塞罗(De officiis 3.92)和《学说汇纂》(Digesta)(2,14,7&7,etc.)均曾引用过。

因此,至少某些法教义学的核心是西方共同文化遗产的一部分。

此外,这些价值和一系列概念有着内在联系。诸如"侵权"、"合同"、"财产"、"所有权"等概念,可能在不同国家有不同外延,但它们在许多国家有相同的内核。这些概念亦是西方文化遗产之一部分。

以上所引学者的论述,说明法学上的许多思想和理论,是人类共同文化遗产,因为他们能在逻辑上"自恰",有坚实的论据,具有一定的科学性。以上说的是所有法律领域的移植问题,在宪法理论上,我国宪法学者也充分肯定宪法学说移植的必要性,比如李步云教授、韩大元教授等。[31] 所以本书在研究宪法上的人格权保护时,仍大量利用比较法的解释方法。就人格权研究而言,利用比较法的研究方法,还有其特别的意义。因为与人格权相关的一系列概念,比如一般人格权、特别人格权、肖像权、姓名权、名誉权、隐私权,本身都是舶来品,如果不搞清楚这些词语在其发源地是什么意思,有什么关系,如何适用,我们就不可能对它们进行改革,进行调适。这是笔者最后要说的比较法的研究方法。

六、结构安排

在本书的结构安排上,笔者力图围绕主题从西方语境中的宪法上的人格权谈起,首先疏理宪法上的人格权的发展史,探讨人格权和宪法上的人格权的各种基础理论,因为宪法上的人格权的保障常常由民法法院引用宪法得出,所以宪法上的人格权必须研究部门法;其次在此基础上,进一步深入探讨宪法上的人格权判例发展出的各种人格权的类型及其界限问题;最后本书探讨国内宪法对人格权的保护阙失,以及如何在国内法上建构宪法上的一般人格权和特别人格权制度。本

---

[31] 李步云教授主编的《宪法比较研究》和韩大元教授主编的《比较宪法学》两书中简要地提到了宪法比较解释方法。李步云:《宪法比较研究》,北京,法律出版社,1994;韩大元:《比较宪法学》,北京,高等教育出版社,2003;论文另见石世峰:《论宪法比较解释》,载《法律科学》,2006(2);石世峰:《英语国家宪法比较解释的两种类型》,载《厦门大学法律评论》第十一辑,厦门大学出版社,2000。

书共分六章论述。

第一章,阐述剖析宪法上的人格权的存在背景、必要性以及随时代变化的趋势,并对宪法上人格权的内涵、本质、哲学基础进行介绍;

第二章,分析人格权与其他基本权以及与民法上的人格权的关系,以准确定位宪法上的人格权在整个法律体系、宪法体系中的位置;

第三章,论述宪法上的特别人格权的类型、内涵和范围,比如姓名权、肖像权、名誉权、隐私权等;

第四章,从比较的角度介绍美国宪法对人格权保障的特殊方式,重点讨论美国隐私权与德国宪法上的人格权的差异;

第五章,界定宪法上的人格权的界限,阐述宪法上的人格权的限制条件和宪法审查的标准;

第六章,考察我国宪法上的人格权保障的不足与缺陷,从传统文化角度探讨借鉴和调适宪法上的人格权理论的方法。

第一章 宪法上的人格权的渊源、内涵与基础

> "人格是我们最神圣的品质之一,是人的修养的一
> 个支柱。一个法律制度,如果不能给予它足够的保护,
> 便是公开承认其无能。"[1]

研究一种学问,从理论渊源上寻找其源头不可缺少,只有这样才能更清晰的
洞穿其真实本质。对人格权学说而言,理论上的溯源可能更不可缺少,因为作为
一个外来语,其意义并不是那么准确,时常被误解,甚至曲解得不知所云,忘却了
其本来的面目。

一、宪法上的人格权的语义和渊源

虽然给一个名词下定义是很危险的工作,但是欲了解宪法上的人格权在各国
法制中的保护状况,不得不先从其概念谈起,唯有此才能大致划定讨论的范围。
宪法上的人格权观念缘起于民法领域,宪法上的人格权借用了民法理论上的概
念,笔者必须先从民法上的人格权概念说起。值得注意的是,在后期法治实践中
宪法上的人格权保护却并不只止于民法,甚至宪法上的人格权条款被应用的初衷
乃是补充民法上的人格权保护的不足,特别是在日本和德国。

(一)"人格"和"人格权"的含义

汉语中的"人格权"一词来源于日本,并可以追溯到英语中的"person"和
"personality",在明治30年代以后传入中国。[2] 而英语中的"人格"一词可追溯
到的拉丁语的"persona",意为"假面""面具""角色""声望和尊严""自由民""享有

---

[1] Smoschewer, Fritz: Das Persönlichkeitsrecht im allgemeinen und im Urherberrecht, III. Teil,
Ufita 3(1930), S. 349(370).

[2] [日]五十岚清:《人格权概述》,8 页,东京,有斐阁,2003;另见曲炜:《人格之谜》,8 页,北京,中国
人民大学出版社,1991。

法律地位的任何人"等。[3] 但是后期"人格"的内涵发生了嬗变,在德语中"人格"(Persönlichkeit)为"一个人全部个人特性的总称"、[4]"在质量上和数量上对人的个性有意义的所有的事物"[5]、个人自身特有的个性(Individualität)[6],所以"人格"在现代应解释为"个性特征"更为合适。[7] 就此而言,有学者将"人格权"解释成"权利能力"并不十分准确,因为后者只是"人格"的代名词。虽然具有"权利能力"即意味着享受"人格权",但前者的外延更广。而且学界提及"人格权"时经常将其溯至古罗马之"人格"也有不妥之处。

据加拿大蒙特利尔大学法学院鲍伯维斯(Adrian Popovici)的研究,"人格权"概念最早由德国和瑞士学者在 19 世纪末期使用的,[8]到 20 世纪时已经在许多大陆法系国家盛行,在美国也有少数学者述及,比如久负盛名的宪法学者劳伦斯却伯(Laurence Tribe)也在其著名的《美国宪法》一书中提到过人格权。[9] 人格权的德语是 Persönalichkeitrecht,法文则是 droits de la personnalite。本质上,人格权乃是有关个人的个性的权利,和财产权是一种"拥有"(the avoir-the having)的权利相比,人格权是一种对"存在"(the etre-the being)的权利;同时人格权是一种的依附于人身的非继承的(extrapatrimonial)权利。[10]

此外人格权又有"一般人格权"和"特别人格权"之分。"特别人格权"是指具有特定构成要件,并已被类型化的特别人格权利,如姓名权、肖像权、名誉权、隐私权、语言权等;而"一般人格权"是由德国民法学者基尔克(O. von Gierke)首倡,作为"所有特别人格权的'母权利'(Mutterrecht)",基尔克建议从"一般人格权"出

〔3〕 王利明:《试论人格权的新发展(上)》,载《法商研究》,2006(5)。

〔4〕 Gesamtheit der persönlichen (charakteristischen, individuellen) Eigenschaften eines Menschen.《朗氏德汉双解大词典》,1293 页,北京,外语教学与研究出版社,2002。

〔5〕 Klaus Müller, *Grundgesetz*, Carl Heymanns Verl. , 1976, S. 66.

〔6〕 Ekkehart Stein, *Staatrecht*, Tübingen: Mohr Siebeck,2000,S. 247.

〔7〕 王利明:《人格权法研究》,6 页,北京,中国人民大学出版社,2005。

〔8〕 Adrian Popovici, Personality Rights—A Civil Law Concept, 50 *Loy. L. Rev.* 349.

〔9〕 Laurence H. Tribe, *American Constitutional Law*, 2d ed. Foundation Press,1988,15-2,p. 1304.

〔10〕 Alain Seriaux, La notion juridique de patrimoine: Breves notations civilistes sur le verbe avoir, 93 Rev. Trim. Droit Civ. 801, 804-06 (1994). 转引自 Adrian Popovici,Personality Rights—A Civil Law Concept, 50 *Loy. L. Rev.* 349.可继承的权利即为财产性的权利,它易由金钱予以评价,并成为继承的一部分;然而非继承的权利则正好相反。

发，比照那些已被承认的个别权利，推导出更多的权利条款。[11] 民法学者菲肯切尔也将一般人格权称作"框架权利"（Rahmenrecht）。[12] 日本民法学家五十岚清则称一般人格权为"主要是以人格的属性为对象，以人格的自由发展为目的，排除第三者侵害的那些必须被保护的诸种利益的总体。"[13] 另一位日本民法学家齐藤博也认为，"一般人格权"被认为是"伴随人格价值的体现而产生的本原性的权利，该权利的最大特征是它的包括性"。[14] 我国民法学家、著名民事人格权专家杨立新教授则把"人格权"理解为"人格独立、人格自由和人格尊严"。[15]

需要顺便插一句的是，根据上述日本学者五十岚清的介绍，作为特别"人格权"之总体的"一般人格权"实际上只是德国学说和判例所用的概念，而在其他欧陆国家则常常用"人格权"概念代行德国"一般人格权"的功能。[16] 正因为此，除非特别注明，本书使用的"人格权"专指"一般人格权"，对于特别人格权，则采用专门的名称表示，如姓名权，肖像权，名誉权等。

（二）宪法上的人格权的发展史

从思想史上看，整个现代民法是以康德的尊严和自由思想为基础的。康德认为人是理性的存在物，可依自由意志行事，"我们必须假设有一个摆脱感性世界而依理性世界法则决定自己意志的能力，即所谓自由。"[17] 如果要追问自由意志如何可能，就超出理性管辖的界限，超出了康德所谓的"道德探索的最后界限"。[18] 因为人的天赋能力的发展是意志自由的最重要的内容，所以人格的自由发展应当作自然的权利。康德的思想影响着著名思想家洪堡（Wilhelm von Humbold），他进一步认为国家的目的就是为人格的自由与发展创造条件。著名的民法学家萨维尼（von Savigny）也受到了康德的影响，指出所有法律的目的就是保护人格，促

---

[11] Ernst-Joachin Lampe：*Persönlichkeit*，*Familie*，*Eigentum*，Westdeutscher Verlag 1987，S. 116.

[12] Ernst-Joachin Lampe：*Persönlichkeit*，*Familie*，*Eigentum*，Westdeutscher Verlag 1987，S. 116.

[13] 五十岚清、田宫裕：《名誉与隐私》，第 19 页；转引自芦部信喜等编：《演习宪法》，198 页，东京，青林书院，1984。

[14] 五十岚清、田宫裕：《名誉与隐私》，第 19 页；转引自芦部信喜等编：《演习宪法》，198 页，东京，青林书院，1984。

[15] 杨立新：《人身权法论》，354 页，北京，人民法院出版社，2002。

[16] ［日］五十岚清：《人格权概述》，10 页，东京，有斐阁，2003。

[17] ［德］康德：《实践理性批判》，125 页，北京，商务印书馆，1960。

[18] ［德］康德：《道德形而上学原理》，苗力田译，87 页，上海，上海人民出版社，2002。

进入格的独立发展。[19] 据此人格自由成为包括民法在内的整个法律体系的基础。在民法上,人格自由开始主要针对财产权,进入近代以后,工业化和信息技术的发展使个人和社会的联系更为紧密,也使得个人生活更大范围地暴露在公众的视野中,个人信息资料更易被收集处理,私生活、形象和语言面临国家和商业集团更严重的侵入和滥用。凡此种种都从现实层面提升了人们对于保障人格的重视。

在德国,民法典起草者曾试图在民法上确认一般人格权,以补充生命、健康和姓名等个别人格权的缺漏,但该建议最终未被采纳,主要原因在于此条款的不确定性。在这一点上,1907年的瑞士民法典有了很大的突破,该法典第28条规定:"(1)人格受到不法侵害时,为了寻求保护,可以向法官起诉任何加害人。"该条款后来就被作为一般人格权。[20]

不过经历纳粹统治对德国和世界人民造成的严重伤害,德国人民深感捍卫人格权的紧迫性,便将人格权的条款植入宪法条文。康斯坦茨大学(Uni Konstanz)宪法学教授施泰因(Stein)在其《宪法学》中提到,人格权起先出现于二次世界大战之后1946年的德国黑森州宪法,该宪法第2条第1款首次制定了人格权条款:"任何人是自由的。任何人可以做或者不做任何不伤害别人权利和共同体的合宪性制度的行为"。1947年的莱茵兰-法耳次州(Rheiland Pfalz)宪法第1条第1款也明确提到"人格的自由发展权"。[21] 最后1949年德国基本法第2条第1款与前面两个州的宪法条文相差不大:"人人有自由发展其人格的权利,但以不侵害他人的权利、不违反宪政制度或道德规范者为限。"

1949年的德国基本法不但规定了宪法上的人格权,还首次在德国确立了宪法审查制度,因此包括人格权在内的基本权就不再仅仅是客观的价值宣示,而成为实实在在的、可以裁判案件的主观公权利。但是就人格权而言,值得玩味的是,真正使它成为主观权利的,并非联邦宪法法院,而是联邦法院,也即德国民事最高法院。联邦法院在前述1954年"读者来信案"(Veröffentlichung von Briefe)中,直接引用基本法第2条第1款,并称其为"一般人格权"条款。该案的具体情况是,德国著名的《明镜》杂志,刊载了一篇有关前纳粹政府财政部长——哈马尔·

---

[19] Edward J. Eberle, Dignity and Liberty, Praeger Publisher 2002, p.82.

[20] 施启扬:《关于侵害人格权时非财产上损害赔偿制度的研究修正意见》,载《法学丛刊》,1999(83)。

[21] Ekkehart Stein, Staatrecht, Tübingen:Mohr Siebeck, 2000, S.247.

沙赫特的报道,该部长委托其律师给杂志社写信,要求杂志社澄清报道中的一些错误。但是杂志社却将律师的来信稍微删节以后,作为读者来信刊登出来。于是该律师就起诉杂志社,认为杂志社刊登其要求澄清事实的来信侵犯了他的人格权。

一般来说,在实定法上把质疑信作为读者来信刊登,无法看作是对该律师名誉的损害;同时具有商务信函性质的律师信,又不能视作"精神作品"(geistiger Tätigkeit)得到著作权法的保护。因此联邦最高法院便根据宪法上的人格权条款作出如下判决:原则上只有信件的作者才有权决定其信件是否公之于众以及以何种方式公之于众,如果著作权法不保护没有发表的作品,该信件可以由民法典第823条第1款的"其他权利"——即基本法第1条第1款的人性尊严权和第2条第1款的人格自由发展权共同保障的一般人格权——进行保护。法院认为《明镜》杂志损害了这种权利,要承担停止侵害和损害赔偿的责任。在这个案件中,联邦最高法院第一次承认了宪法上的人格权具有裁判效力。该判决所表达的意见,受到学术界许多的批评,但是联邦法院仍坚持己见,并在其后的"骑士案"、"索拉雅案"等案件中,一如既往根据基本法上的人格权条款,保护公民的人格权。这一方式同时获得了联邦宪法法院的首肯,后者通过更多的宪法判例更详细地阐发了该条款的内涵。

以上所述的是德国人格权在宪法上的保护。下面说说日本的情况。总体来看,日本属于大陆法系国家,其民法、刑法、诉讼法都有德国的印记,但是日本现行宪法却是二战后在美国政府主导下建立的,因此该宪法就没有像德国基本法那样,规定有明确的人格权条款。不过日本司法机关在解释宪法时,却吸收了许多德国宪法的理论,包括上述的一般人格权理论。[22] 比如说日本宪法第13条规定:"全体国民都作为个人而受到尊重。对于生命、自由和追求幸福的国民权利,只要不违反公共福利,在立法及其他国政上都必须受到最大限度的尊重。"这一条从表面上看与宪法上的人格权没有什么关系,其中的"幸福追求权"一词实际上源于美国《独立宣言》。日本法院起初在解释"幸福追求权"时,采取的也是美国宪法的注解方式,并没有将该规定看做宪法权利。可是经过长期的理论研讨和法律实

---

〔22〕 王泽鉴:《宪法上的人格权和私法上的人格权》,载王利明主编:《民法典·人格权法重大疑难问题研究》,8～35页,北京,中国法制出版社,2007。

践之后,"幸福追求权"却逐渐被解释为"人格的生存不可缺少的利益",[23]变成了"宪法上的人格权",包含了宪法上的隐私权、名誉权、肖像权和生活安定的权利等等。所以我们说在日本宪法上,也存在德国意义上的宪法上的人格权。后文提到日本宪法上的人格权,便是指日本宪法第13条的规定。

以上是笔者对德日两国宪法上的人格权规范如何确立这一段历史过程进行的简单介绍,但是人格权规范被立法和司法确立以后,如何进一步被司法机关解释的呢? 下面我们还需考察一下宪法上的人格权条款的几种解释方法。

二、宪法上的人格权规范的多重解释

除了上述语义学上对人格权的定义之外,德国和日本宪法审查机关通过判决,发展了许多人格权理论,具体来说有以下几种:

(一) 概括权利说

人格权在宪法学上的第一种解释是将人格权理解为抽象的、概括的权利,或者说是所有基本权利的总称。如上所言,德国许多学者将人格权视为所有特别人格权的"母权利"或"框架权利",这就是一种典型的概括权利说。此外德国联邦宪法法院也在一件名为"投资援助案"的案件中,针对基本法第2条第1款提出了两个行为自由的概念,一种是"最低数量的行为自由"(没有它个人将不能发展自己作为一个有精神和有道德的人);另一种就是"广义的、概括性的自由",它包括一个人所有方面的自由,比如思想自由、言论自由、集会游行示威自由等(不过在这个案件中联邦宪法法院并没有表明遵循哪一种立场)。[24] 后者是典型的概括权利说,主张这种观点的学者认为,基本法已经对所有个别领域的基本权利做了"选择性的保护",[25]所有没有规定的内容都不在基本权利的保护之内。

在日本,作为人格权的"幸福追求权"一开始只是被当作概括的权利,不能作为裁判的依据。20世纪60年代以前日本宪法学的主流学说将"幸福追求权"理

---

〔23〕 [日]芦部信喜等编:《演习宪法》,197页,东京,青林书院,1984。

〔24〕 BverfGE4,7。

〔25〕 U. Scheuner, 'Die Funktion der Grundrechte im Sozialstaat ', DöV1971, 509; also id., 'Pressefreiheit', VVDStRL22(1965),37; Ehmke, 'Prinzipien der Verfassungsinterpretation', 82; Hesse, Grundzüge des Verfassungsgerichts, para. 428; W. Rüfner, Grundrechtskonflikte, in C. starck)(ed.), Bundesverfassungsgericht und Grundgesetz(Tübingen,1976),456.

解为宪法第 13 条以下各条款列举的个别性人权的总称,并不能从中推导出一项具体的主观权利,顶多只能说国家有义务帮助个人实现这种权利。这种解释原因有以下几点:第一,从基本权利的思想史来看,"幸福追求权"不能被看做一项具体的权利,因为该条款源自美国《独立宣言》,而后者只是对人权的一种宣示;第二,日本宪法第 13 条以下的个别的基本权具体化了,不需要再将第 13 条作为一项具体权利;第三,即便有些权利没有被具体化,没有规定在宪法中,那也应该由制宪机关通过修宪将这种权利纳入宪法;第四,如果要承认宪法第 13 条后段为具体权利,就得承认整个第 13 条的规范性,那么该条款中的"公共福利"就看成为所有宪法权利的制约条件,这样一来人权所受到的限制便会漫无边际,日本国民的人权就会变得空洞化。

因此将其理解为基本人权并不恰当,最好的做法是将"公共福利"理解为对概括性的人权的制约,不具有制约其他宪法上的权利的作用。[26] 不过这一派观点又表现为几种形态:第一、基本权的一般原理说(美浓部达吉);第二、基本权的总称说(宫泽俊义);第三、自然权利的宣言说。[27] 不认同"幸福追求权"的具体权利性,其结果是,第 13 条仅具有作为国政的应有方向或基本人权的通则的性格。[28] 按照早期宪法注解的观点,生命、自由及幸福追求权,是个人人格的存在不可缺少的权利和自由的概括描述,是人的天赋权利或自然权利。

但是随着时间的变化,概括性权利说越来越被主流观点抛弃,后者认为基本法对基本权利的保护是非选择性的、最优化的,换句话就是基本法并非选择最重要的基本权进行保护,而是对所有涉及个人的权利做最优化的保护。这么说的理由可以从人权的历史当中找到。比如 1789 年法国《人权与公民权宣言》说:"自由是有权做任何不伤害别人的事情,对每个人的自然权的仅有限制是保护别人享受同样的权利"。康德的名言也有:"自由(不受制于别人的自主选择),就是来自于人性的原始权,只要它能在一个普遍法则下和别人自由共存"。[29] 这就是说对自

---

〔26〕　[日]工藤达朗、尻刚、桥本基弘:《宪法》,98 页,东京,不磨书房 2005。

〔27〕　[日]芦部信喜等编:《演习 宪法》,21 页,东京,青林书院,昭和 59 年。

〔28〕　[日]阿部照哉等:《宪法》(下册·基本人权篇),周宗宪译,94 页,北京,中国政法大学出版社,2006。

〔29〕　Immanuel Kant, *Metaphysics of Morals*, translated by Mary J. Gregor, Roger J. Sullivan, Cambridge University Press, 1991, p. 63.

由的保护是最大限度的,只要它不伤害别人的自由,或者和别人的自由能够共存。或许这种广义的解释方案会导致自由权的泛滥,但德国宪法学者阿列克西认为,因为基本法上的一般人格权规范存在限制条款,所以即使该条款保护的自由,在范围上有无限性,在界限上也不明确,也不会导致个人自由的泛滥问题。[30] 这就引出了第二种人格权的解释方案。

(二)人格的核心领域理论(Persönlichkeitskerntheorie)

人格权在宪法学上的第二种解释是将人格的核心领域理论。前文已经说过,德国联邦宪法法院提出了两个行为自由的概念,其第一种"最低数量的行为自由",就是所谓的人格的核心领域理论。按照这种理论,宪法上的人格权只保护那些对个人生活必不可少的、最低限度的行为自由,如果没有这些自由,一个人就很难发展成为一个有精神和有道德的人。[31] 德国宪法学者汉斯·彼得(Hans Peter)则简称为"人格的核心"。[32] 康拉德·黑塞(Konrad Hesse)则在《联邦德国宪法的纲要》一书中认为,宪法上的人格权并不保护一般行为自由,而只是保障"与人格相关的狭窄的个人生活领域"。[33] 不仅如此,在日本宪法学上,也有许多学者将"幸福追求权"解释为个人生活核心领域的保障。[34]

人格权只保护最核心领域的自由,原因在于,第一,如果人格权保障所有的人格利益,那么按照这一条规定,这些人格利益就必须被同等对待,这样做是不合理的,因为对待不同的人格利益应该有所区别。第二,许多学者认为概括性的自由的解释可能会使该条的内容过于宽泛。比如汉斯·彼得(Hans Peter)教授指出,基本法这一条规定在行文上有意与魏玛宪法相区别,目的就是要保障那些有特定价值观的人的自由,而不是保障一个价值中立的个人的自由。第三,从西方人关于理想人格的想象中,可以看出人格权不保护所有人的自由,而只对具有特定价值观的人的人格进行保护。比如上述的汉斯·彼得教授就认为基本法保护受共同体理想约束、在上帝面前负责的人,因此该条款的应有含义是,个人人格的核心

---

〔30〕 Robert Alexy, *A Theory of Constitutional Right*, Oxford University Press, 2002, p. 249.

〔31〕 BverfGE4, 7.

〔32〕 Das Recht auf Entfaltung der Persönlichkeit in der höchstrichterlichen Rechtsprechung, 1963.

〔33〕 Konrad Hesse, Grundzüge des Verfassungsrechts der Bundesrepublik Deutschland, C. F. Müller Velag, 1999, S. 425ff.

〔34〕 [日]阿部照哉等:《宪法》(下册·基本人权篇),周宗宪译,94,95页,北京,中国政法大学出版社,2006。

内容必须被尊重,为的是使他养成上帝赋予的(真正的人类意义上的)人格。[35]

至于这里所说的人格的最核心领域的具体内涵,联邦宪法法院将其界定为个人人格"不可侵犯的本质内容",并用"私密领域(Intimatsphäre)"、"独立自主性(Eigenständigkeit)和自我负责性(Selbstversantwortlichkeit)"来具体说明这个"本质内容"。

具体来说,"私密领域"指的是个人生活最不为人知的内容。联邦宪法法院在"性教育案"中认为公民在这个领域有"平静独处的权利"(Recht, in Ruhe gelassen zu werden);[36]在"微型人口普查案"(Mikrozensus)中认为公民在这个领域有防止国家的非法干涉的权利,"国家不能采取任何措施或者制定法律,违反或者侵害基本法第 2 条第 1 款的个人自由的本质核心"。[37] 在另一些案件中法院说,"基本法保障任何人在个人生活中有一个自治领域,在此人们可以发展和维持自己的个性";[38]关于这个领域的范围,联邦宪法法院在"同性恋案"中指出,"如果人们的行为关系到别人的生活领域,它就不属于私密领域,该行为就应该符合法律规范。"[39]按照这种说法,如果一个行为不涉及他人,而只是个人的私生活,那么就应该视为私密领域,法律不能加以调整。总之一个行为是否允许法律干涉取决于它的"社会联系"是否足够强。不过在此判决之后,联邦宪法法院还将家庭关系纳入私密领域加以保护,甚至对于个人之间的"社·会·交·往"(Kommunikation)也作为"人格不可侵犯的本质内容",只要它们之间的交往显示是私密的,也即秘密的信息的交换或最个人化的关照。

其次"独立自主性和自我负责性"指的是个人有能力设计并控制自己的生活,不完全受人摆布的一种状态。这种状态的保护不仅存在于国家绝对不能侵犯的私密领域,同时还存在于人与人之间相互交往的社会领域,甚至还存在于许多人共同组成的社会群体生活中。总之在所有这些领域,国家都应该保障个人的"独立自主性和自我负责性",绝不能使个人沦为完全受人操控的角色。虽然现代社会中,经济和社会紧密相连,个人的完全独立的生活已经不再可能,但是人也不能

---

〔35〕 Das Recht auf Entfaltung der Persönlichkeit in der höchstrichterlichen Rechtsprechung, 1963.

〔36〕 BverfGE47,46(73f.).

〔37〕 BverfGE27,1. 张千帆:《西方宪政体系》(下),353 页,北京,中国政法大学出版社,2005.

〔38〕 BverfGE79,256(268).

〔39〕 BverfGE6,389,433.

被挤压成近似机器的地位，被贬抑为纯粹的接受外部命令的工具。即使在上级的指示下的活动，至少也应该使其保有执行他人交付工作的责任感，并且能够时刻检验自己行为可能出现的后果，并在可能的情况下修正该行为。很重要的一点是，在判断立法者是否侵害了第 2 条第 1 款的本质内容时，应该考虑立法者是否给相关人提供了按照自己的愿意达成该目的几种可能。如果相关人毫无可能实现这个对其整个人格很重要的特定目标，宪法第 2 条第 1 款的本质内容就被侵犯了。[40]

以上是人格权的核心领域理论，它将基本法保护的个人自由限定在与个人人格发展最密不可分的生活领域。由于这种解释方法把人格权的范围限制得过于狭小，受到许多学者强烈反对，因此宪法上的人格权又发展出一般行为自由和一般人格权理论。

（三）一般行为自由和一般人格权的区分理论

人格权在宪法学上的第三种解释方案，是将宪法上的人格权解释为一般行为自由和一般人格权。针对上述人格权核心领域理论将人格权保护的范围限制得过于狭小的问题，德国联邦宪法法院在判决中指出，对人格权进行更宽泛地解释更符合基本法第 2 条第 1 款的文本和意图。第一，如果把行为自由限制在"人格核心领域"，即最少量的行为自由，它便不可能导致违反"他人的权利，合宪性制度和道德规范"的结果，那么宪法第 2 条第 1 款的限制条款显得没有意义；第二，该条款反映了人性尊严这个基本的宪法原则的辐射力。辐射力是指基本法第 1 条第 1 款的人性尊严对基本法第 2 条第 1 款的人格权的直接的影响力。广义地解释人格权恰恰能够和人性尊严所要求的"道德上自治并对社会负责的人"的思想相契合；第三，广义的解释也和立宪者的意图一致，因为基本法最初的草案在这一条上使用的语句是："每个人有做或不做不伤害他人基本权和不违反宪法制度或道德律的事情"。[41] 基本法最后的文本之所以改变草案原来的表述，只是出于语言上的原因，而不是内容上的考虑。[42]

按照这种解释，基本法第 2 条第 1 款并不仅仅保护个人人格最核心的部分，

---

〔40〕　BverfGE4,7,17；BverfGE8,274,329；BverfGE12,341,347.

〔41〕　Vorschlag des Allgemeinen Redaktionsausschusses von 13. 12. 1948, vgl. NF 1(1951), 1ff. , 54ff.

〔42〕　BverfGE 6,36(37).

而应该是一种更广义的自由权,包括一般行为自由(即做或不做其喜欢的事情的权利)和一般人格权(即自我建构(Selbstbestimmung)、自我保护(Selbstbewahrung)、自我展现(Selbstdarstellung)个人独特个性的权利)。[43] 德国宪法学者阿列克西就是这么看待宪法上的人格权的,他认为宪法上的人格权既保护一个人的一般行为自由,也保护一个人的某种生活状态(state of affairs)和法律地位,更形象地讲就是既保护一个人做什么(does)的自由,又保护一个人事实上和法律上是什么(factually and legally is)的自由。[44]

关于一般行为自由,有学者指出这里面的"行为",在德语中有两个词,一是"Handlungsfreiheit",一是"Verhaltensfreiheit",许多学者使用"Handlungsfreiheit"一词,但德国宪法学者克劳斯·米勒(Klaus Müller)认为应使用后者"Verhaltensfreiheit",因为"Handlungsfreiheit"只表示"积极的行为自由",意思是个人积极地做某事的权利不受干涉;而"Verhaltensfreiheit"指不仅是"个人积极的作为",还包括"消极的不作为"的自由,也就是说个人不做什么的自由,同样不能干涉。[45]

而且与"概括权利说"不同的是,"一般行为自由说"是将该条款视为一个具体的、可以适用的基本权利,而不仅仅是其他基本权利的概括宣示。不过即便如此,联邦宪法法院对于人格发展的核心领域,还是给予更高的保护,把个人生活的私密领域、个人的独立自主性和个人的负责性纳入个人人格发展最不可侵犯的内容,排除一切国家权力的侵犯。[46] 这种做法,其实是上述"概括权利说"和"人格核心领域保障说"的结合,去除了两者的缺点,保留了两者的优点。

以上是德国的情况,日本也是一样。日本宪法学界对于"幸福追求权"的解释,也经历了一个从"人权总称说"、"人格的核心领域保障说"向"具体权利说"(一般行为自由和一般人格权)的转变。

这种转变一方面由于学术上对于人格权的"核心领域保障说"(将"幸福追求权"解释为"对个人生存而言最根本的、最不可缺少的权利")的反思。比如阿部照

　[43]　Kay Windthorst：Art. 2, Rn. 77. In：Christoph Gröpl, Kay Windthorst, Christian von Coelln, *Grundgesetz：Studienkommentar.* 3. Auflage. C. H. Beck, München 2017.

　[44]　Robert Alexy, *A Theory of Constitutional Right*, Oxford University Press, 2002, p. 225.

　[45]　Klaus Müller, *Grundgesetz*, Carl Heymanns Verl, 1976, p. 65.

　[46]　BverfGE6, 32(36ff.).

哉教授认为这种解释在逻辑上明显不通,首先,什么是"对个人生存而言最根本的、最不可缺少的权利",其具体内容很难明确;其次,如此核心的权利还需要受到"公共福利"的制约(宪法第 13 条的规定),显然是不合情理的。[47]

另一方面也由于社会发展给宪法理论提出的要求。20 世纪 60 年代以后日本政治、经济、社会剧烈变化,各种对"个人尊重"产生威胁的情形不断发生,国家的宪法又不可能通过及时的修订,将所有对"个人尊重"而言不可缺少的权利和自由吸纳进去,因此社会上产生了以"幸福追求权"为根基发展"新兴权利"的需要。

因为这些原因,日本宪法学界开始从宪法第 13 条中,导出"宪法第 14 条及以下诸条款没有列举的权利"。日本最高法院在"旅券发放拒绝案"的判决补充意见中,最高法院大法官田中和下坂说道:"宪法保障的人权和自由的类型,是在历史上被承认的重要事物中提取出来的权利,并没有网罗殆尽。所以除此之外的权利和自由并不是不存在的,也并非不予保障。……它们没有被赋予特别的名称,但仍是一般自由权和幸福追求权的一部分。"[48]

此外在昭和六十一年(1986 年)福冈高等法院判决的"外国人指纹事件"中,法院认为"作为私生活上之一部分,国民对其指纹有不被随意获取的自由","私生活的自由,从维持生命所必要的睡眠、饮食(此等权利应毫无例外地受宪法绝对的保障),到运动、散步、吸烟(这些权利似乎根本不能算是基本权利),包含极为广泛,因此在讨论这些权利的限制时,应按照该自由之性质,来具体检讨该权利应有的界限。"[49]

除了一般行为自由之外,日本宪法学主流观点也认为"幸福追求权"也保护个人的一般人格权。一般人格权和一般行为自由的区别在于,个人在私生活领域做或者不做某种事情的权利属于一般行为自由,与此相反个人的私生活领域免受国家侵入和窥探的权利属于一般人格权。

(四)人格自由发展权说

以上是宪法上的人格权的第三种解释方案。但是这种解释方案也引发了许多批评意见。比如说日本有学者认为,将"幸福追求权"作为一种一般行为自由,

---

〔47〕 〔日〕阿部照哉等:《宪法》(下册·基本人权篇),周宗宪译,94,95 页,北京,中国政法大学出版社,2006。

〔48〕 〔日〕有仓辽吉:《宪法(新版)》,法学别册 No.30,68~69 页,东京,日本评论社。

〔49〕 福冈高判判夕第 625 号 259 页。

会导致该权利的范围过宽,比如会把吸毒或者赌博等行为也包括在内。再比如德国也有学者提出,将基本法第 2 条第 1 款解释为"做或者不做个人愿意的事的权利",会导致该条款的内涵不甚明确,因为什么事情可以做,什么是事情不能做,还缺少一种实质的判断标准加以确定;同时该条款通过法院的解释衍生出的两种权利——"一般行为自由"(个人的外部行为的自由)和"一般人格权"(个人的内部人格不受侵犯)——之间缺乏足够的联系和共同的基础。

对于上述批评,日本学界的意见是,尽管有些个人行为在本质并非极为重要,不能成为宪法上的基本权,但社会也不能对其随意予以剥夺,社会必须确保每个公民能作为个人充分被尊重。当然如果一个行为有害(对他人或对自己),如吸毒和赌博,则仍然应该予以禁止。阿部照哉教授还进一步说,"将人的一般行为,解释为受宪法保护,系符合保障基本人权的旨趣。"[50]针对这些批评,德国学界却反过来发展了另一种解释方案。

宪法上的人格权的第四种解释方案是"人格自由发展权说"。这是德国宪法学者施泰因(Stein)创立的学说。施泰因教授认为,基本法上的人格权条款保障的权利具有以下的特征:首先,人人有人格的"发展"权;其次,人人在人格领域有"自由"发展权抑或自我决定权;最后,人格权是以"人格"领域为保护内容,是"人格"的自由发展权。[51] 三个方面简述如下:

首先宪法上的人格权是人格"发展"权。施泰因教授研究认为,虽然主流观点认为一般人格权涉及所有生活的领域,但在联邦宪法法院的判决中,"人格的发展"一词比"一般行为自由"用得更多。施泰因认为,这是因为该权利不是保护个人的意愿,而在于使人们尽可能发展天赋的能力。在这里形式意义上的自由并不重要,重要的是一个人的人格和人格的发展,因此宪法上的人格权是否被侵犯以及被侵犯的强度,可以通过个人人格的发展在哪些领域以及在多大程度上被阻碍来确定。更进一步说,我们在判断某个人的某一方面生活是否重要或者是否可以被侵犯时,唯一的标准是这个人自身的情况,因为同一种生活领域对不同的个人可能有不同的意义。这是从"发展权"的角度理解宪法上的人格权。

其次,宪法上的人格权是人格领域的"自由"发展权抑或是自我决定权。每个

---

〔50〕 〔日〕阿部照哉等:《宪法》(下册·基本人权篇),周宗宪译,96 页,北京,中国政法大学出版社,2006。

〔51〕 Ekkehart Stein, *Staatrecht*, Tübingen:Mohr Siebeck,2000,S. 250.

人可以自由决定自身是否或怎样发展,个人在自我发展方面享有自治权。如果把第 2 条第 1 款仅仅规定为"发展权",那么国家便可以管束个人或者指示他们向什么方向发展自己,因此仅有发展权不能对抗国家对于自我发展的强制安排,所以宪法上的人格权应该是一种自由权。在这一点上,德国宪法学者阿列克西(Robert Alexy)也有相同的认识。他从消极自由和积极自由的分类来看宪法上的人格权的内涵,消极自由即免于他人干涉的一种自由(free from),积极自由是有能力(比如经济能力、思考能力等)做某事的自由(free to)。他认为宪法上的人格权保障的是一种消极自由。[52]

最后宪法上的人格权是一种"人格"权。个人的人格必须满足特定的条件才可以自由发展,私人的隐私领域的保护理应是重要的条件之一,必须排除国家和公众的探视。如果以个人身处集中营一样的状态,就没有机会退避到他人的目光之外,自由发展自己的人格。此外如果一个人的个人形象(特别是个人享有的声誉和声望)完全被剥夺,他也很难自由发展自己的人格,甚至无法在这个社会立足。所以人格权很大程度上是个人自由发展人格所需的条件的保障,只有满足这些条件个人才能自由发展自己的人格。[53] 对于"人格权"的具体内容,有学者将其解释为一种能力(Befugnis),即个人在那些客观上可以被确定的或被分割的生活领域(保护范围),自由决定是否或多大程度上允许他人收集或传播其个人信息,以及允许他人干预或侵入其人格利益的能力。[54]

从人格权的自由发展权来看,宪法上的人格权又撇开了一般自由权的内容,而仅仅是保障一个人在个人"人格"领域的"自由""发展"的权利,简单说就是一般人格权。这种解释方案不同于上述的"概括权利说"、"人格的核心领域说"和"行为自由和人格权二分说",它是一种具体的、可适用的基本权利,在这一点上它不同于"概括权利说";它是一种可适用的、概括的基本权利,在这一点上它不同于"人格的核心领域说";它仅仅是一般人格权,而不包括一般自由权,在这一点上它"行为自由和人格权二分说"。本书以"宪法上的人格权"作为标题,也遵循这样一种解释方案,本书只就该权利所保障的"人格权"作为研究对象。

---

[52] Robert Alexy, *A Theory of Constitutional Right*, Oxford University Press, 2002, p. 225.

[53] Ekkehart Stein, *Staatrecht*, Tübingen:Mohr Siebeck,2000, S. 250.

[54] Ehmann, Zur Struktur Allgemeinen Persoenlichkeit, *JuS* 1997,Heft3, S. 196.

（五）小结

通过以上分析，我们可以看出，德国和日本学者从不同的角度解读了宪法上的人格权的内涵，但这几种解释方案有一个共同点，那就是都强调宪法是的人格权是一种"关于人格的自由权"，具体说来我们在理解宪法上的人格权时，有以下几点需要重视：

其一，宪法上人格权保护的利益和一般行为自由权不同。后者保护的是个人的外部的行为（Tun），而前者则针对个人的内部状态（Sein）。在这内外两者之间，内在人格（比如生命、健康、身体、姓名、肖像等）的保障更具有基础性的作用，因为只有具备这些内在的条件个人才能充分发展自己，自由自在做真正的自己。

第二，宪法上的人格权是一个包容性又渐趋具体化的权利。在人格利益不能为特别人格权保障时，宪法上的人格权才可能浮现出来，发展出许多具体的人格权，弥补实定法上特别人格权保障的不足。

第三，在众多人格利益当中，和人性尊严联系最为密切的"私密领域"、个人"独立自主性和自我负责性"，是人格权不可侵犯的本质核心领域，基本不能侵犯。

第四、宪法上的人格权具有很强的原则性或概括性。在司法实践中，我们不能直接从宪法条款中得出人格权案例的裁判标准，还需与宪法上的其他权利进行具体的衡量，才能最终得出哪一种权利更值得保护。职此之故，德国民法学家拉伦茨指出《德国民法典》没有规定一般人格权，原因在于"立法者难以给这种权利划界，划界则明显取决于具体案件中财产或利益的相互冲突，究竟那一方有更大的利益"。

在这一点上，《瑞士民法典》也是一样的，该法典虽然在第 28 条第 1 款规定"私生活受到非法侵害的人，可以提出排除侵害之诉"，然而什么是私生活，什么时候受到侵害以及怎样算是非法侵害，该法典如同德国法中关于"一般人格权的范围"一样没有作出规定，在这些方面它们都只是一个一般性的条款，对之详细解释仅能由法院的判决作出。[55]

三、宪法上的人格权的法哲学基础

以上是对宪法上的人格权的概念和渊源的简单介绍。不过叙述至此，还有一

---

〔55〕 ［德］卡尔·拉伦茨：《德国民法通论》，王晓晔等译，170 页，北京，法律出版社，2003。

个关键的问题没有澄清，那就是我们为什么要尊重个人的人格自由？在我们这个自由观念并不强烈的社会里，回答这个问题尤为重要。因为很多人会认为个人的人格自由，在一个人来说并不重要，一个人要想成为一个有利于社会的人，自我约束、遵纪守法的能力才是更有必要培养的。所以，如果我们不能说明自由的价值或重要性，即便宪法规定了人格的自由发展权，这项权利也很难得到很好地实施。说到宪法上的人格权的法哲学基础，必须提及的是康德的道义观念。

（一）作为绝对命令的自由——从"道义论"看人格权

要理解德国思想家康德的法律和伦理思想，我们需要回到他有关本体论、认识论的观点。在认识论上，康德奉行"先验哲学"，他为了回应休谟的怀疑论，提出一切认识都存在某些先验的条件（prior），这些条件才能构成任何认识的前提，如时间、空间、逻辑和因果律等。这些规律是任何认识的先验条件，是任何知识的前提，是不可质疑的观念，没有它们人类将无法获得知识，也无法交流，甚至无法生存。

在道德哲学上，康德也遵循着上述先验主义的逻辑，意图找到道德规范的先验条件，也就是任何人都必须无条件服从的命令（"绝对命令"，categratory imperative）。道德哲学是探索人应该如何行为的问题的学问，它是伦理学和法学的基础。"绝对命令"和"相对命令"（conditional imperative）相对应。具体来说一个人应该做什么，有时可以查找其原因和目的，比如为了获得好的工作而努力学习。对于"人应该努力学习"这种行为规范，康德称之为"相对命令"；相反有些应然的行为却很难找到它的目的，但是我们还是应该遵守，比如"不可偷盗"这个规范，虽然法律和道德都规定"不可偷盗"，但是为何"不可偷盗"，我们很难找到简单的可以证明该规范的理由。所以对于"不可偷盗"这种行为规范康德称之为"绝对命令"，即无条件的、义务性（deontological）的规范。正因为这种无条件性、义务性，康德的理论被称为道义论。

对于绝对命令的内容，康德通过推导得出三个最基本的绝对命令。第一个绝对命令被称为"普遍化标准"，他是这样说的："你必须这样行为，以致你奉行的行为准则可以成为普遍化的道德标准"（handle nur nach derjenigen Maxime, durch die du zugleich wollen kannst, daß sie ein allgemeines Gesetz werde.）。解释一下这一句话的意思是，你应该以任何人都可以作为行为规范的行为方式采取行动。这项绝对命令，类似于我国思想家孔子所说的"己所不欲，勿施于人"。举例而言，"一个人因为经济拮据去向他人借钱，但他却不打算归还。"这种行为是不是正当的呢？依据上述康德的"普遍化标准"，我们要看这种行为可否被普遍化为一条道德标准。具体来说，如果"每个人都抱着不想还的态度借钱"，就不会有人借钱给他，或者没有人能向别人借到钱，再进一步说，借钱这种社会行为也会消失，所以我们说这种行为方式不能作为一项道德标准，也因此"借钱不想还"在道德上应受谴责，不可能被正当化。

除了上述"普遍化标准"之外，康德为了使这种"普遍化标准"得到落实，还具体提出了另外两项绝对命令。康德提出的第二项绝对命令是"目的公式"（formula of the end in itself），他是这样说的："你的任何行为都在任何时候必须将个人视为目的，而不仅仅是手段"。这项绝对命令能够帮助第一项绝对命令得到实现。比如在上述例子中，我们说一个人借钱不准备还是不应该的，之所以是不应该的，除了这种行为方式不能够普遍化之外，还违反了"目的公式"，因为一个人借钱时本来不准备还，但却做出虚假的承诺，说多少天以后归还，这就是仅仅将他人视作获取金钱的手段，所以这是不道德的、不正当的。

按照"目的公式"，一个社会、国家或个人在采取行动、设定计划、实施管理的时候，不能只想着自身的目的，也不能为了自身的目的不择手段，而应该在实现自身目的的同时，一并考虑和设法满足他人的目的，努力使社会、国家、个人和他人达成双赢。具体来说，社会一方面要为每个人提供基本的物质保障，比如最基本的安全，最基本的食物，最基本的医疗等，确保每个人过一种有尊严的生活。另一方面要尊重每个人的个人自由，让每个人通过自己的选择和行动，实现自己的目的，满足自己的需要。

康德提出的第三项绝对命令是"自治公式"。这个公式涉及的内容是，个人意志或意愿是否具有自由性的问题。对此问题的回答，存在两种相反的观点，即自治性和他治性（autonomy and heteronomy of the will）。"他治论"认为，个人的意志是不自由的，一个人的想法主要受自然环境，或者社会因素影响的；一个人想做什么，实际上是由他的遗传因素、他的身体状况、他的财富多少、他所属的国家、他所处的阶层等因素决定了的；总之一个人的行为和想法，是不自由的，受别的因素控制的，是他治的。社会上流行的许多关于犯罪原因的说法，就是这个意见的翻版，比如有观点说，犯罪是社会导致的，一个人之所以犯罪，是因为社会将他逼迫到这条道路上，他无路可走，这就是典型的"意志他治论"的代表。

　　而"自治论"认为个人的意志是自由的，一个人能够自己决定自己的行为，不受外界环境的绝对控制，或者说可以超越外界环境的影响来自己决定自己的行为。还拿前面的犯罪原因为例来说明情况，主张意志自治性的观点认为，尽管外界环境非常凶险，逼迫一个人往犯罪的道路上走，但是一个人是否要犯罪，还是他个人选择的结果，不能完全归咎于自然环境和社会因素。康德就是这一派意见的代表，他认为"个人意愿或意志（will）是自由的"，"由于他的意志是自由，理性的人必定总是将自己视为目的王国的立法者，不管他是该王国的成员还是它的主权者"。"人作为理性的存在，他是目的王国的一个成员，他为自己订立道德律并自愿服从它。"他认为人类的行为不只是源于外部的因素，而更多的是自己选择的结果。既然人的意志（想法）是自己（而不是由外界环境）决定的，我们就应该允许他们自由决定自己的行为，给他们自由。这是从意志自由的角度对个人自由的论证。

　　需要注意的一点是，"目的公式"、"自治公式"和"普遍化标准"一样，都是一种绝对命令。事实上我们很难真正证明，为什么要将一个人视为目的？为什么说人的意志是自治的？应将他人视为目的，而不仅仅是手段，以及一个人的意志是自治的，而不是他治的，这些观点是我们论证一个制度之所正当的前提，只要我们准备论证一个法律和道德的正当性，这个做法本身就隐含着我们将一个人视为目的本身，而不仅仅是手段，也隐含着把一个人当做意志自由，而不是其他外界因素的产物。如果不承认这些前提，可以说我们社会的一切制度建构都是不需要的。总而言之，因为我们要将每个人视为目的，每个人的意志是自治的，我们必须给予每个人自由决定的权利，也就是说我们要确保每个人的人格自由。

（二）与义务并存的自由——从人格主义看人格权

　　但是这样强调个人的人格自由，会不会导致每个人自私自利，伤害他人，危害社会，甚至威胁到自身呢？为了防止这一点，学术界将人格权的法理基础建立在"人格主义"而非"个人主义"之上。

　　所谓"人格主义"，是由康德提出的一种与"全体主义"（日语的说法，也可称为"集体主义"）和"利己主义"相对应的伦理原则，它是以人作为解释和衡量外界世界的手段和标准的一种主观唯心主义思想（A doctrine of subjective idealism that regards personality as the means of interpreting reality）。如上所述，在康德看来，人必须作为"目的本身"，不能仅仅作为手段，而其他一切事物都可以仅仅作为手段，都可以以人作为标准来加以衡量，至于其原因康德认为人具有其他生物不具有的独特个性。（不过这一点在现在许多"动物福利主义者"看来也是有问题的，他们会认为人和动物之间没有截然的分别，动物也有理性思维能力）

"人格主义"与"全体主义"的不同是很明显的。"全体主义"以国家或者集体利益为指针，为了国家和集体的利益，可以牺牲个人。"人格主义"主张每个个人是国家和集体行为的目标，不能为了实现国家和集体的利益而牺牲个人，因为单个个人的价值不低于其他个体相加的集体和国家的价值。[56]

"人格主义"和"利己主义"不同在于，"利己主义"强调一切以个人的利益为主，以单个人作为衡量其他事物（包括其他人）的依据，哪怕牺牲其他人的利益也在所不惜。"人格主义"则不同，它不是以单个人的利益做最高标准，而是以所有个人、每个个人的利益作为最高标准，所以在个人和个人之间发生矛盾的时候，仍需要对双方的利益进行衡量。所以"人格主义"除了重视个人价值之外，还承认个人和社会间的有机联系，"在国家与社会同一性的前提下，藉'共同社会'的概念，缓和个人与社会或国家的对立态势"。[57]

德国联邦宪法法院曾在一件有关人性尊严的案例中，对个人和社会的关系做出了一个明确的定位："基本法中人的形象，并非是一个孤立的、不受限制的个人；基本法是在不侵犯个人固有价值的前提下，本着个人与社会相关联，个人受社会制约的原则，处理个人与社会之间的紧张关系的。"[58]根据这一意见，我们不能把个人权利理解为"从任何义务中解放出来"的状态。[59]举例来说，我们不能放任个人使用暴力（给他使用暴力的自由）剥夺其他人的自由，虽然可以使用暴力，表面上是一种自由，但它却剥夺了其他人（也包括自己）的自由，如果有一个力量更大的人出现，这个使用暴力的人的自由也会被剥夺。总之在私人关系中禁止使用

---

〔56〕　许志雄：《宪法之基础理论》，46～47页，台北，稻禾出版社，1992。转引自胡玉鸿：《人的尊严的法理疏释》，载《法学评论》，2007(6)。

〔57〕　许志雄：《宪法之基础理论》，46～47页，台北，稻禾出版社，1992。转引自胡玉鸿：《人的尊严的法理疏释》，载《法学评论》，2007(6)。

〔58〕　BverGE4，7. 德语原文是：Das Menschenbild des Grundgesetzes ist nicht das eines isolierten souveränen Individuums；das Grundgesetz hat vielmehr die Spannung Individuum—Gemeinschaft im Sinne der Gemeinschaftsbezogenheit und Gemeinschaftsgebundenheit der Person entschieden，ohne dabei deren Eigenwert anzutasten.

〔59〕　Scheuner，'Pressfreiheit'，*VVDStRL*，22(1965)，37，fn. 110.

暴力，比允许使用暴力，会创造更多的选择，产生更多的自由。

除了对个人之间的强制主动干预之外，为了保障公民自由，我们还需要创造一个生产型、照顾型的国家，比如为公民提供义务教育，确保他有能力自由选择。[60] 这是一种社会国家的观念，按照德国宪法学者黑伯乐教授的分析，为此目的制定的法虽然对自由进行了限制，但他们也同样具有创造并维持自由的能力。[61] 德国学者阿列克西则进一步主张一种"全面的自由状态"（overall state of liberty），他说如果一个社会没有不受同类干涉的自由（与同类相关的消极自由），没有参加到集体决定的法律能力（消极的民主自由），没有消除经济剥夺的情形（消极的社会自由），没有以自己的意见和责任参加到政治共同体的能力（积极的民主自由），就不可能达到"全面的自由状态"。因此"全面的自由状态"不只关系到个人的自由、能力和行动，还关系到良好的国家和社会的组织和结构，如权力分立、媒体多元等制度。[62]

不仅德国法院如此看待宪法上的人格权，日本法院也秉持同样的态度。根据日本宪法学界的总结，日本宪法是按照"个人主义"原则设置的。但实际上这里的"个人主义"和上述"人格主义"有着相同的内涵。因为根据日本宪法学界的总结，日本宪法在立宪精神上强调"个人主义"，是为了与"封建制度"诀别，并对二战时盛行的"全体主义"进行反思，而"全体主义"是"将民族或国家等全体视为至上，认为各个人应为此全体服务，系完全从属于全体而存在"。[63] 另一方面日本宪法当然也并非奉行"利己主义"，日本宪法第13条强调的"公共福利"对个人自由的制约，以及第25条对生存权的保障，都是遵循"人格主义"的明证。[64]

不过以人格主义看待人格权时，需要警惕的一点是，不能过分重视积极自由的保护。正如英国哲学家柏林所说，积极自由的政治观过度强调理性的指导功能，因而易于转化为父权式的教化政治，有陷入专制的危险，所以西方自由主义的

---

[60] Scholz，"Das Grundrecht der freien Entfaltung der Persönlichkeit"，*AöR* 100(1975)，97.

[61] P. Häberle，*Die Wensensgehaltgarantie des Art. 19 Abs. 2 Grundgesetz*，3rd edn. Heidelberg，1983，S. 227，152.

[62] Robert Alexy，*A Theory of Constitutional Right*，Oxford University Press，2002，p. 250.

[63] ［日］阿部照哉等：《宪法》（下册·基本人权篇），周宗宪译，91页，北京，中国政法大学出版社，2006。

[64] ［日］阿部照哉等：《宪法》（下册·基本人权篇），周宗宪译，92页，北京，中国政法大学出版社，2006。

精义在强调消极自由。[65] 阿列克西在谈到"全面的自由状态"的实现时,也认为消极自由是"全面的自由状态"的基础乃至目标,一种完全没有消极自由的"完全的自由状态"——每一种行为都是命令或禁止的结果——在观念的意义上是有问题的,甚至也不能称作自由。[66] 在这一点上,日本最高法院也有清醒的认识,"这里所说的幸福追求权,应该属于所谓自由的基本权,要求国家权利不能妨碍个人的幸福追求,在此不能包含那些要求积极的国家关照的二十世纪的权利(如生存权、劳动权等)。"[67]德国联邦宪法法院也是如此看待宪法上的人格权的,认为宪法上的人格权是一种消极权利。[68]

　　从以上的分析可以看出,人格权的思想基础除了前述的"人是目的"、"意志自由"之外,还有"人格主义"——一种介于"全体主义"和"利己主义"、兼顾消极自由和积极自由的伦理原则。不过在消极自由和积极自由之间,对消极自由的保护应视为人格权的主要目标,对积极自由的保护则必须以服务消极自由为条件。

---

〔65〕　［英］以赛亚·柏林:《自由论》(《自由四论》扩充版),胡传胜译,译林出版社,2003。

〔66〕　Robert Alexy, *A Theory of Constitutional Right*, Oxford University Press, 2002, p. 250.

〔67〕　法学协会:《注解日本宪法》(上卷),156～157 页,东京,有斐阁,昭和 26 年。

〔68〕　Robert Alexy, *A Theory of Constitutional Right*, Oxford University Press, 2002, p. 249.

第二章　宪法上的人格权与其他相关权利

不过要想更深入理解宪法上的人格权的内涵,还需厘清宪法上的人格权在整个基本权中的地位,以及宪法上的人格权与宪法上的人性尊严以及民法上的人格权之间的关系。因为在理论和实践中,人们常常将宪法上的人格权与其他基本权以及民法上的人格权混同使用,它们之间的关系亟待清楚界定。比如在前些年被讨论过的"人狗共餐"事件中,当事人认为他人带狗与其同桌共餐,侵害了"人格尊严"。但是这里的"人格尊严"指的是什么呢? 是宪法上的"人性尊严"抑或是"人格权",还是民法上的"人性尊严"抑或是"人格权",这些问题都有待深入探讨。以下先说说人性尊严。

一、人格权在宪法规范上的价值基础——"人性尊严"

在所有基本权利中,和人格权关系最密切的,要算是"人性尊严"。在德国宪法人格权判例中,大多数情况下法院都是将基本法第 2 条第 1 款的人格权和第 1 条第 1 款的人性尊严联成一体作出判决。所以如果要考察宪法上的人格权的内涵和适用,便不能不联系"人性尊严"条款。日本的情况也是如此,日本宪法称"人性尊严"为"人的尊严",并将其作为整个日本国宪法的基础价值,也作为幸福追求权的辅助原则。关于"人性尊严"的研究,宪法学界已经有很多。有的学者称其为"人性尊严",有的学者则叫它"人的尊严"或"人格尊严",所指向的内容是差不多的。说到我国宪法上的"人格尊严",如上所述,有学者将其解释为两个基本权利,也即人性尊严和人格权,这也是非常有见地的分析。[1] 为了更明白地说明它们两者的关系,我们仍需简要从本书的角度对人性尊严的内涵进行澄清。

(一)"人性尊严"的渊源与内涵

1."人性尊严"条款的语意分析

在词源上"尊严"一词来自拉丁语中的 dignitas,英文中尊严叫做 dignity,德

---

〔1〕 林来梵:《人的尊严与人格尊严——兼论中国宪法第 38 条的解释方案》,载《浙江社会科学》,2008(3)。

语则是 Würde。在拉丁语中 dignitas 意味着一种价值、优点、声誉(merit，worth，prestige)。[2] 英文中，dignity 则意味着应该得到尊重的一种性质，真正的价值(quality that earns or deserves respect，true worth)，[3]有价值、被尊敬和被尊重的品质或状态(the quality or state of being worthy，honored，or esteemed)；[4]而在德语中，Würde 则表示一个人所具有的，应该受到其他人尊重的(内在)价值[der（inner）Wert，den man als Mensch hat und den andere Menschen respektieren sollen]。[5] 这些说法虽有差异，但也可以看出几个共同要素，如人、尊重、品质或价值，那么尊严应该指一种应受尊重的品质、价值或者被尊重本身，而人的尊严就是由于人具有某种特别的品质和价值，所以应该较之其他生物受到特殊的尊重，这种特殊的尊重不因其年龄、智力、健康程度的不同，以及其未出生或已死亡而有差别，也不能为该权利人自愿放弃，比如说不能自愿成为他人的奴隶。

2. 人性尊严条款的思想渊源

从思想史来看，人的尊严的渊源可从五个方面加以说明：

第一，人性尊严从哲学上可以追溯到古罗马时期。罗马人将尊严看作在个人在公众中的声誉，尊严系个人为社会作出贡献而获得。沿袭这一观点德国法社会学家卢曼也认为，尊严是一个人人格成功自我实现的结果，因此人性尊严系一种能力、成就、自我肯定的表现。[6]

第二，人性尊严也具有基督教和自然法的渊源。基督教思想认为尊严是上帝的恩赐(a gift)，因此万民皆有同等尊严，对尊严的伤害不需要借助其他理由加以论证，其本身就是罪责。从自然法思想来看，人性尊严是每个人不可放弃、不容破坏的法益，不容置疑。

第三，人性尊严还可以从康德的道德哲学发现。这一点和上述的人格权的思

---

〔2〕　拉丁语英语在线词典，http://humanum. arts. cuhk. edu. hk/Lexis/Latin/，最后访问 2008-06-16.

〔3〕　Oxford Advanced Learner's Dictionary of Current English，edited chiefly by A P Cowie，Oxford University Press，1989，p. 334.

〔4〕　Marrian-Webbster Online Dictionary，http：//www. merriam-webster. com/dictionary/dignity，2008-6-16.

〔5〕　《朗氏德汉双解大辞典》，1988 页，北京，外语教学与研究出版社，1993。

〔6〕　李震山：《人性尊严与人权保障》，5 页，台北，元照出版公司，2001。

想基础一样。和上文说的一样,康德视尊严是人意志自由或(Autonomie 自律、自治、自主)的结果,他认为如果一个人在本质上应该自治的范围内仍受他人控制,即无尊严可言。

第四,人性尊严更是个人主义(个人自治、个人自决)思想的产物。个人主义除了源于上述康德的"人是目的"和"意志自由"的观点,还和 18 世纪的自然法观念、19 世纪边沁和密尔的功利主义思想以及黑格尔和斯宾塞的理性主义思想(把文明看作理性的充分展开,较高阶段的文明要求坚强的制度来保障个人的自治观念)相关联。进入 20 世纪以后个人主义催生了民主制度,德国思想家凯尔森认为只有接受民主的生活方式,才能免于其他人通过强力把个人观点作为真理强加给他人。

第五,对第二次世界大战期间盛行的集权主义思想的反思。"二战"结束后人们对许多激进主义的理论失去信心,而选择将法律建立在自然法和康德哲学的基础上,认为法律必须赋予人性尊严不可侵犯的地位。包括国际人权公约、联合国宪章、世界人权宣言和欧洲人权宣言在内的许多国际公约都规定了人性尊严条款,此外德国、意大利、匈牙利、瑞士,甚至美国的个别州(如蒙大拿)的宪法也同样规定了这一条款。[7] 虽然有学者认为美国宪法不保障人性尊严,但近些年也有很多著名的法学家(如德沃金)和大法官(如威廉·布伦南)主张人性尊严是美国宪法的基本价值。[8]

拿德国基本法来说,我们可以从中很明显地看到天赋人权的印记。在基本法草案第一稿,也就是海伦基姆湖(Herrenchiemsee)制宪会议的起草的宪法文本中,人性尊严条款是这样的:"人性尊严是每个人天赋的(by nature)永久的权利(eternal rights)。"在草案修改过程中,德国基督教民主党主张在"永久权利"之后加上"神赋权利"(god-given rights),而社会民主党和自由民主党以及一些更趋向世俗化的自由党派,反对这种将人性尊严和天赋人权过分结合的做法。因此该条款最后在基本法上采取了更为中立的说法:"人性尊严不可侵犯"。但尽管如此,多数学者还是认为人性尊严是一种先于社会契约的一种权利,或者至少是社会契

---

〔7〕 Glovanni Bognetti, The Concept of Human Dignity in European and US Constitutionalism, in European and US constitutionalism, edited by Geoge Nolte, Cambridge University Press2005, p. 88.

〔8〕 De shaney v. Winnebgo County Department of Social Service 489 U. S. 189(1989).

约的一部分。[9] 换句话说,作为社会契约之结果的国家法律不能剥夺人性尊严。

3. 人性尊严条款的权利属性

关于人性尊严条款的属性,特别是能不能作为个别权利条款的问题,在德国有三种学说,这一点和宪法上的人格权的解释很相似。第一种认为人性尊严是所有基本权利的基石(Bezugspunkt der Grundrechte)或基本权利体系的出发点(Ausgangspunkt der Grundrechtssystemes)。第二种认为人性尊严是基本权利概括条款(grundrechtlich General Klausel)。第三种认为人性尊严既是基本法列举的个别基本权利的概括规定,又可以作为个别基本权之一在裁判中加以利用,意思是当人性尊严受到侵犯时优先适用个别基本权,如信仰自由、劳动权、平等权等,这些基本权保障的目的其实也是人性尊严;只有在特别基本权无法保障人性尊严时,才适用人性尊严条款。[10] 这第三种观点现在已经成为德国学界的主流意见。

4. "人性尊严"条款的解释和运用

关于"人性尊严"的解释,最著名的当属上述康德所创造的"目的公式",意思是所有国家机关、社会团体、公民个人在对待"他人"的时候,都必须将他人当作"目的"本身,而不仅仅是达到某种目的的"手段",以及德国宪法学者杜里希的"客体公式",意思是所有国家机关、社会团体、公民个人在对待"他人"的时候,都必须给予一种特殊尊重,不能像对待其他动物、植物或物体一样对待人。[11]

具体来说,一个社会、国家或个人在采取行动、设定计划、实施管理的时候,不能只想着自身的目的,也不能为了自身的目的不择手段,而应该在实现自身目的的同时,一并考虑和设法满足他人的目的,努力使社会、国家、个人和他人达成双赢。具体来说,社会一方面要为每个人提供基本的物质保障,比如最基本的安全,最基本的食物,最基本的医疗等,确保每个人过一种有尊严的生活。[12] 另一方面要尊重每个人的自我决定权,让他人通过自己的选择和行动,实现自己的目的,满

---

〔9〕 Donald P. Kommers, *The Constitutional Jurisprudence of the Federal Republic of German*, Duke University,1989, p. 308.

〔10〕 李震山:《人性尊严与人权保障》,5 页,台北,元照出版有限公司,2001。

〔11〕 李震山:《人性尊严与人权保障》,13 页,台北,元照出版有限公司,2001。

〔12〕 Paul Tiedermann, *Menschenwürde als Rechtsbegriff：Eine philosophische Klärung*, BWV. BERLINER WISSENSCHAFTS-VERLAG 2007, S. 239-247.

足自己的需要。[13]

因此联邦宪法法院在判决中认为,人性尊严不受侵犯意味着,人是国家的目的(Der Mensch als Zweck des Staats),任何以集体主义为名,将人视为国家机器的一个齿轮,比如设立集中营,设置死刑,进行集体流放等措施,都是侵犯人性尊严的;如果国家行为涉及个人利益,该行为必须在个人有能力对其加以影响的情况下才能实行,也就是说个人必须在国家目的的达成中有自治的空间。

除了在宪法判决中得到适用之外,人性尊严还在部门法中也得以广泛应用,比如德国刑法上禁止死刑和无期徒刑,禁止刑讯和酷刑,禁止使用测谎器和将个人日记作为证据,在民法上禁止政府和个人使用、收集和传播个人信息,禁止以自我贬损谋取利益,在行政法上限制堕胎、允许安乐死以及反对基因工程等措施,在社会保障法上为民众提供最低生活水平、最低标准的住房等,这些部门法上的制度都是在人性尊严的基础上确立起来的。[14]

(二)人性尊严和人格权的关系

以上说的是人性尊严的概念,下面谈一谈人性尊严和人格权之间的关系,因为这二者在德国经常被结合在一起做出裁判,在我国也常常作为同一种权利加以引用,所以清楚界定人性尊严和人格权的关系,是有必要的。在人性尊严与人格权的关系上,德国有学者将两者等同起来,如德国学者布莱克曼(Albert Bleckmann)认为人性尊严与自治同义:"人性尊严的要件,系每个人得在其行为与决定上有自由,而且任何人都享有同等自由。因此基本法的人性观,系平等、自由之个人,在自由发展下,自由决定其生活方式、未来及行为"。[15]但多数学者还是认为,这二者是有很大差别的。

1. 基本权利的"三阶段理论"

关于人性尊严和人格权的差别,表述得比较清楚的要数德国的杜里希(Dürig)教授。杜里希教授认为基本权按照概括和具体的程度不同可分为三个层级:第一层级是最高或最抽象的基本权,即人性尊严;第二层级是由人性尊严衍生

---

〔13〕 Paul Tiedermann, *Menschenwürde als Rechtsbegriff*:*Eine philosophische Klärung*, BWV. BERLINER WISSENSCHAFTS-VERLAG 2007, S. 239-247.

〔14〕 Giovanni Bognetti, The Concept of Human Dignity in European and US Constitutionalism, in *European and US constitutionalism*, edited by Geoge Nolte, Cambridge University Press 2005, pp. 94-95.

〔15〕 李震山:《人性尊严与人权保障》,13 页,台北,元照出版有限公司,2001。

出来的两个同样较为抽象的基本权,一个是作为原则的一般自由权,另一个是作为原则的平等权;第三层级是最具体的、由一般自由权和一般平等权衍生的、特别的自由权和平等权,如信仰自由、男女平等、种族平等。这三个层级之间是一般和特殊的关系。这就是著名的"基本权三阶段理论"(three-stages model)。在这三个层级中,第二层级的一般自由权还可以根据自由的内在和外在的区别分为一般行为自由和一般人格权。前者关注的是个人外在的行为不受限制的权利,后者则是对个人内在的个性不受干扰的权利。[16] 该理论可通过下图比较清楚地展现出来。

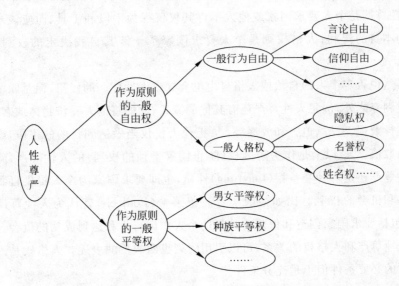

日本宪法理论同样承认人性尊严和人格权之间的上述关系。人性尊严在日本宪法中被称为"个人的尊严"(前面已经说过),它也被看作宪法的最高价值,即"客观法的基本价值";而作为宪法上的人格权的"幸福追求权",也是由"个人的尊严"演绎出来的抽象的、包括性的权利。持有这一观点的典型代表是高桥和之教授,他认为日本国宪法也是以"个人的尊严"作为基本价值,它要求所有公民作为个人都应该被尊重,为使这项权利进一步具体化,一方面公民应有"生命、自由及追求幸福的权利",另一方面公民应作为平等的个人被尊重。[17] 很显然高桥教授

〔16〕　Dürig, in T. Maunz and G. Dürig, *Grundgesetz Kommentar*, art. 1para. 6ff.

〔17〕　高桥和之:《立宪主义和日本国宪法》,119 页以下,东京,有斐阁,2005。

在这里将"个人的尊严"具体化为两方面权利,恰恰等同于上述德国宪法理论上的一般自由权和一般平等权。可见基本权利三阶段理论具有一定的科学性。

笔者认为,基本权利三阶段理论将基本权由抽象到具体划为三层,形成一个有活力的体系,较传统的人身自由、经济自由、精神自由的分类,其结构更严谨,自我更新能力更强。它能够更好地为联邦宪法法院创设个别基本权提供契机,也为人性尊严和人格权的独立品格提供了理论依据。

2. 人性尊严和人格权的差别

根据这一理论,人性尊严和人格权的区别就很容易看出来了。二者的区别在于,人性尊严是个人要求国家或他人不将其仅仅视为手段和工具、而应该永远视为目的本身的权利;人格权则是个人要求国家不干涉其自我决定的权利(自由权)。

虽然说否定个人的自治或人格自由也会导致人性尊严的侵犯,但是除了个人自由被剥夺之外,侵犯人性尊严还有其他的方式,比如将他人看作物体或客体,对他人进行贬损、羞辱、迫害和放逐等,[18]把他人仅仅当做达到目的的手段,或可以代替的数值。[19] 以上是作为防御权(防止国家干预的权利)的人性尊严,除此之外人性尊严还是一种受益权(Leistung)性质,也即要求国家为个人提供自我实现的条件和机会的权利。比如德国学者波德莱希(Podlech)就认为人性尊严的保护,也包括要求国家创造和保障一种帮助个人作出行为和达到成功的机会。因此关于人性尊严和人格权的关系,可以引用阿列克西教授的表述,"人格权是人性尊严保护的必要条件但不是充分条件。"[20]

除了上述的区别之外,人性尊严和人格权还可能存在冲突。有时候为了保护人性尊严,即便是处于个人自我决定的行为也不能允许,比如权利人主动放弃人性尊严的行为,因为人性尊严不能由权利人自由放弃。按照德国学者斯泰恩(Klaus Stern)的观点,人性尊严存在于每个人,属于人的本质中无法派生的要素核心,那个核心就是为自己做主,其显外在者,即为自治、自决,在这层意义下,人性尊严既不能剥夺也不能抛弃。[21]

---

〔18〕 Robert Alexy, *A Theory of Constitutional Right*, Oxford University Press, 2002, p233.

〔19〕 李震山:《人性尊严与人权保障》,13 页,台北,元照出版有限公司,2001。

〔20〕 Robert Alexy, A Theory of Constitutional Right, Oxford University Press, 2002, p. 232.

〔21〕 李震山:《人性尊严与人权保障》,13 页,台北,元照出版公司 2001。

人性尊严和人格权的对立很明显地体现在安乐死案件中,因为如果我们要尊重个人自律,那就可能会赞成自愿情形下的安乐死,但是为了保护病患者自身的人性尊严,则不能简单地承认安乐死的合法性。另一类人性尊严和人格权对立的典型案件是,德国联邦行政法院判决的窥视秀案(Peep-Show)。窥视秀是一种营利活动,企业组织一些女性在一个小房间里进行裸体表演,让观众通过一个小孔窥视表演过程,并向观众收取费用。该案的原告是一个从事窥视秀表演的企业,企业在申请窥视秀表演的营业许可时,被主管机关依营业秩序法(§33aGewO)为由予以拒绝,因此原告向法院起诉该行政机关。法院经过判决认为,在窥视秀表演中裸体女性被物化为一个客体、一个物体,其人性尊严被严重损害了;即使"该女性系出于自愿",也不能豁免人性尊严被损害的事实,因为"人性尊严是一种客观的、不可处分(unverfuegbar)的价值,个人没有权利放弃自己的人性尊严"。因此,对人性尊严负有保护义务的国家机关,在人性尊严遭到"客观"的损害时,有权加以制止。[22]

以上说的是人性尊严和人格权的差别以及对立。但是这二者还存在明显的相互依存关系。因为德国联邦宪法法院经常将两者联合起来裁判案件。

3. 人性尊严和人格权的联系

人性尊严和人格权之间的联系,还是前文已经说到的,人格权是人性尊严的一个方面,一个条件,可以通过人性尊严对人格权进行解释,所以法院才要将二者放在一起进行裁判。具体来说,可以表述为以下几个关系:

第一,人格自律一定程度上证明了人应该具有独特的尊严。德国宪法学者施泰因曾说,正因为人有个性,所以他才应该被认为具有(人性尊严条款要求的)最高价值。[23] 阿列克西也说,为了人性尊严的实现,必须要保障个人"通过自己的意愿控制自己行为"权利。[24] 如果人类像其他生物一样,缺乏基本的自治能力,能够为他人所役使,那他就不必要被赋予独特的尊严。

第二,人性尊严可以为人格权的解释提供依据。这一点需要借助人格

---

〔22〕 BVerwGE64,274,278ff. 见 Big Brother 案,参见张豪:《我国宪法上"人格权"体系的廓清》,载《法治研究》,2007(8)。

〔23〕 Ekkehart Stein, *Staatrecht*, Tübingen:Mohr Siebeck,2000,S. 247.

〔24〕 Robert Alexy, *A Theory of Constitutional Right*, Oxford University Press, 2002, pp. 245-248.

权的范围理论(sphäretheorie)来说明。德国宪法学界根据个人生活与人性尊严的接近程度,把个人人格范围分成三个部分:[25]第一部分是"私密领域"(Intimatsphäre)。它是个人最内部的、最隐秘的、最不为人知的生活部分,和人性尊严联系最紧密,它完全排除国家权力的侵入。[26] 第二个部分是"私人领域"(Privatsphäre)。它是个人家庭内部或私人之间进行交往的领域。[27] 该领域可以根据第 2 条第 1 款的三个限制条款进行干预,但是必须符合严格的比例原则。第三个部分是社会领域(Socialsphäre)。它是个人在公共生活的日常交往的领域,其隐秘性相对较弱,所以在较低的要求下就可以干涉。如下图所示。

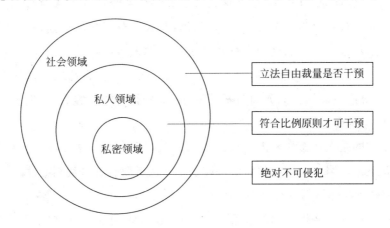

根据上述范围理论,个人生活是否重要,是否值得严格保护,需要从该领域和人性尊严的远近程度来判断。人性尊严在人格权解释方面所发挥的作用可以从德国宪法中的"秘密录音判决"中看得出来,该案讨论的问题是秘密录音能不能作为民事诉讼的证据,联邦宪法法院给出了否定的回答,判决内容如下:"法院一致认为基本法保障个人私密生活的不可侵犯的领域,在此领域中任何公共权力都不能侵入。……这是基本法第 2 条第 1 款的人格自由发展权保护的对象。但是在确定该条款的内容和范围时,必须将它与基本法第 1 条第 1 款人性尊严条款结合起来理解……当该领域的侵犯危及一个人的人性尊严,可能使这个人变成一个物

〔25〕 Stark,M/K,Art. 2 Abs. 1 Rdnr. 64ff.

〔26〕 BverfGE 6,32(41);BverfGE 38,312(320).

〔27〕 Kirsten Lehnig, *Der verfassungsrechtliche Schutz der Würde des Menschen in Deutschland und in den USA*,LIT Verlag,2003,S. 55.

体或者仅仅是达到某一种目的的手段时,即使为了非常重要的公共利益,也不能侵犯个人生活绝对保护的核心领域,在这里比例原则所要求的利益衡量方法根本没有实施的必要。"[28]

从该案判决可以看出,在理解人格权的内容时,人性尊严的确提供了非常重要的帮助。以上是对人性尊严和人格权的相互依赖关系进行的分析。下面再考察一下宪法上的人格权和其他宪法条款的关系。

二、人格权和其他宪法条款的关系

宪法上的人格权不但与人性尊严有密不可分的关系,还和其他宪法权利,特别是所谓的特别人格权有很重要的联系。有关一般人格权和具体权利的关系,前述基本权三阶段理论已经提出了一个很好的认识模型,那就是一般人格权是特别人格权之间是一般法和特殊法的关系,后者可以从前者演化出来,比如名誉权、隐私权都是一般人格权演化的产物。

但是这样的一种认识,还不能彻底解决具体案件的法条援引问题。比如说,在案件判例中法官还需要思考,什么时候引用宪法上的(一般)人格权?什么时候援引特别人格权?更具体地说,在人格权受到侵害时,我们只需要援引一般人格权,还是只需要适用特别人格权,还是需要同时引用二者呢?如果不搞清楚这些问题的答案,法官在人格权案例中就很难做出合理的裁判。以下笔者借助德国和日本宪法上的人格权理论,尝试为这个问题的解答提供详细的分析。

(一)一般人格权和特别人格权不能相互取代

首先我们要说的是,宪法上的一般人格权和特别人格权不能相互替代。一方面,我们不能说有了特别人格权,就不需要宪法上的人格权了。关于这一点,我们前面已经讲过了。因为宪法上的人格权具有弥补基本权利未能完全列举的不足,当某些个人重要的利益,宪法没能给予保护的时候,我们就可以依据宪法上的人格权来加以保护。比如我们后文将要说到的隐私权、信息自决权、知悉自己血统的权利等,都是宪法法院依据宪法上的人格权条款创造出来的权利,在这一点上我们说宪法上的人格权条款绝不可少。

另一方面,我们也不能说有了宪法上的人格权,就不需要特别人格权了。具

---

[28]　BverwGE34,238,245.

体原因在于，假设基本法仅仅有一般人格权没有特别人格权，表面上看一个人在自己的内在人格领域任何方面都有自我决定权，但是宪法为某些特别人格权所设置的特殊保护机制，比如法律保留、宪法保留、完全无保留等制度就失去了。所谓法律保留是指要对某些宪法规定的基本权利予以限制时，必须依据代议制机关制定的"法律"进行，没有法律的依据，不能限制公民的权利。而宪法保留则指对某些宪法规定的基本权利进行限制时，必须有宪法的依据，即使根据法律也不能侵犯。最后完全无保留则是对某些宪法规定的基本权利，无论是依据法律，还是依据宪法都不能予以限制。

这样说的意思是，宪法对于不同的基本权利做了不同的保留（限制）的条件，不能相互替代。比如德国基本法第 4 条规定："信仰与良心之自由及宗教与世界观表达之自由不可侵犯。"根据德国宪法学界的解释，这一条的含义是一个人有权保有一种信仰，一种良心（关于善恶的观念），国家不能以任何方式，无论是法律，还是宪法，加以限制和禁止。这一条规定非常重要，如果没有它，只有简单的人格权条款，对良心自由的保护就不能达到这么高的强度。

关于这一点，我们还可以以德国基本法对某些具体自由权的规定作为旁证。德国基本法第 13 条的"住宅的不可侵犯"条款，该条款为住宅不受侵犯的权利设置法律保留的制度，也就是说如果要公权力机关侵入他人住宅，必须符合宪法规定的具体要件，即按照法律规定的条件和程序——"搜查必须根据法官命令，或遇有紧急危险时，由其他法定机关命令始得为的，其执行并须依法定程序。……"这里的"法定"的"法"仅指一会等代议制机关的立法，不包括行政机关的法律文件。这就是所谓的法律保留，这种规定只有住宅不受侵犯的权利才有，并不是任何权利都可以受到如此严格的保护。如果没有这项具体自由权的条款，上述法律保留的规定就难以确立下来。

总而言之，宪法不能仅有一般人格权，也不能只规定特别人格权，这二者对于个人权利的保护是同等重要的。

（二）一般人格权和特别人格权不能同时引用

其次我们要说的是，尽管一般人格权和特别人格权都非常重要，但是我们不能在案件裁判中同时援引这两个规范。或许有人会认为，既然宪法已经规定了某项特别人格权，当事人怎么还会引用一般人格权作为诉讼依据呢？现实中确有这种情况发生，其目的多数是为了加强论证的力度，以一般人格权进一步论证某项特别人格权的价值？这种情况在德国宪法判例中经常存在,联邦宪法法院也对此表示认可。[29] 在学术上也有观点认为,只要侵犯某个具体的宪法权利就是侵犯宪法上的一般人格权,因为对特别人格权的侵犯从一开始或者到最终都会导致一般人格权的侵犯。[30] 下面这个案例就非常典型。

这是一个涉及《不动产贸易管理法》是否违宪的判决,案件的具体情况是,诉愿人(主张宪法权利受侵害的人)想要购买一宗森林地产,但这宗交易未能获得政府的许可,政府认为这项交易违反了《不动产贸易管理法》。该法第9条第1款第1项的规定,如果一宗地产交易被认为是"不健康的",那么交易就不能得到批准。行政机关认为本案中诉愿人纯粹为了投资的目的购买土地,所以这宗交易是"不健康"。交易未获批准后,诉愿人便以该法案侵犯其财产权和人格自由发展权为由提起宪法诉愿。基本法第14条第1款规定的内容是,"财产权的内容和限制由立法规定,并且这项立法必须在形式和内容上符合宪法。"

在这个案件中,我们很容易看出,政府对地产买卖的限制威胁了基本法第14条第1款的财产权,也即公民对个人财产的处置权利,但政府的行为有没有影响诉愿人的一般自由权呢？这一点就需要讨论了。该案经过几级审理后,联邦宪法法院最后认为,不动产交易管理法这一条本身并没有违宪嫌疑,但是行政机关和联邦法院对这一条的解释却是违宪的。因为联邦法院没有考虑被买卖的土地是否被用作其他用途,比如改善农业,而直接认为纯粹以投资为目的的土地买卖都是"不健康的",这样一种解释与基本法14条第1款第2项的规定是不相符的。

判决论证到这里应该就可以了,但是联邦宪法法院却没有停下来,而是继续引入了一般自由权,也就是人格自由发展权。联邦宪法法院接下来论证道,联邦法院在解释不动产交易管理法时,没有考虑到对财产权具体内容的限制同时也会也涉及公民的人格自由发展权,因此法院对这个条款的解释,虽然主要是妨碍了公民的财产权,但同时也是不合比例地限制了公民在财产领域内的行为自由(die Handlungsfreiheit im Bereich der Eigentumsordnung),从而违反了基本法第2条第1款,所以该解释应该被废除。[31]

---

〔29〕 BverfGE21,73(78ff);BVerfGE19,206(206ff;225).

〔30〕 W. Schmid, *Die Freiheit vor Dem Gesetz*, 50,52;P. Lerche, *übermass und Verfassungsrecht*, Cologne, Berlin, Münish, Bonn, 1961,299, fn. 158.

〔31〕 BverfGE 21,73(86,87).

这是将财产权和人格权结合在一起进行的裁判,可是此案的判决受到许多批评。其主要理由是,联邦宪法法院混淆了人格权和其他基本权的关系,使得任何违宪行为都可以被作为违反人格权的案件。在这些批评意见中,阿列克西教授的观点很有道理,他从两个方面说明了,一般人格权和具体人格权不需要被同时援引。

阿列克西教授认为,如果宪法诉愿人认为他自己的一般人格权和特别人格权同时受到侵害,宪法法院只需援引特别人格权就可以了,而不必牵扯到一般人格权。[32] 原因是一般人格权是在公民的权利得不到具体人格权保障的情况下,才需要作为一种补充手段,来保障公民的重要利益,如果该公民的权利能够得到某种特别人格权的保护,那么就不需要考虑基本法第 2 条第 1 款的一般人格权。这是因为特别人格权是一般人格权在消极自由领域的具体化,如果同一个人的特别人格权同时又以一般人格权的形式被审查,那么一般人格权原则将被两次衡量,这是没有意义的事情;另外从宪法权利规范作为原则和规则的双重属性来看,具体基本权具有规则的特点,如果同一个人的具体基本权和一般人格权的形式同时被审查,也会导致宪法条款丧失作为规则的特点。[33] 这是同一个人的一般人格权和特别人格权该不该同时被审查的问题。

除此之外,阿列克西教授还认为,如果宪法诉愿人以其他人的特别人格权受到侵害为由,主张自己的人格权受到侵害,这时候法院也不需要审查该诉愿人的一般人格权是否受到侵害。比如在一个讨论《商店停业时间法》规定的停业时间是否违宪的案件中,[34] 顾客认为《商店停业时间法》规定的停业时间太早,侵犯了他由基本法第 2 条第 1 款规定的权利。通常来说《商店停业时间法》有可能会妨碍商店营业人的贸易自由和职业自由,但它怎么会限制到顾客的一般人格权呢?对此问题阿列克西教授认为可以这样考虑,如果《商店停业时间法》因为侵犯经营者的贸易自由被宣布无效,那么消费者的购物自由也的确可以相应增加,但是这不能证明侵犯经营者的贸易自由必将影响顾客的购物自由,这两者并没有必然的联系。

我们还可以举出另外一个案例加以说明,德国一部法律禁止加油站在规定的

---

[32] Robert Alexy, *A Theory of Constitutional Right*, Oxford University Press, 2002, pp. 256-259.

[33] Robert Alexy, *A Theory of Constitutional Right*, Oxford University Press, 2002, p. 256.

[34] BverfGE 32,98(107).

时间以外销售汽油,加油站却以消费者的一般自由权(即购物自由)受侵害为由主张该法律违反宪法。法院认为这项规定可能会影响经营者的贸易自由,会使加油站遭受损失,但是消费者的购物自由并不一定会受到侵犯严重影响,因为他们很容易在正常营业时间购买到足够的汽油。总之法院不能够将某一方宪法权利受侵害的事实,作为另一方宪法权利受影响的理由,这样做会使得自身权利未受影响的人以其他人的名义提起诉讼,其结果必然是诉讼泛滥。[35]

最后阿列克西认为,只有一种情况诉愿人可以提出一般人格权侵害诉讼,那就是侵害第三人权利的行为,确确实实也侵害了诉愿人的一般人格权。除此之外诉愿人没有权利以基本法第 2 条 1 款为理由,要求法院审查其他人的宪法权利是否受到侵犯。[36]

总之,按照阿列克西教授的观点,侵犯诉愿人的特别人格权和第三人的特别人格权,都不需要援引基本法第 2 条第 1 款,来审查诉愿人的一般人格权是否受到侵害。这是我们要说的一般人格权和特别人格权是否可以同时援引的问题。

(三)一般人格权与宪法中的非基本权利规范可以结合使用

下面我们谈一谈,一般人格权能否与其他宪法规范同时引用的情况。在德国宪法判例中,经常有诉愿人根据第 2 条第 1 款,要求法院审查其他宪法条款受侵犯的问题,换句话说只要诉愿人认为某一部法律违反基本法的某项条款——并不是某个特别的人格权,他也会提出该条规范侵犯了他由基本法第 2 条第 1 款保护的权利。[37] 将违反宪法上的非基本权规范的条款,视作侵犯宪法上的人格权,其原因也并不复杂。

根据基本法第 2 条第 1 款的规定,人格权需要受到"他人之权利、合宪性制度和道德规范"的限制,也就是说国家机关可以根据他人的权利、合宪性制度和道德规范来限制公民的一般人格权。在这些限制条件中,"合宪性制度"最为重要,其原因将在下文人格权的限制原理部分详述。"合宪性制度"也可以翻译为合宪性的法律,按照联邦宪法法院的解释,它包括所有形式和实质上合宪的法律。[38] 换句话说只要一部法律在形式和实质上合乎宪法,那么它就可以限制个人的一般人

---

[35] Robert Alexy, *A Theory of Constitutional Right*, Oxford University Press, 2002, p. 259.

[36] Robert Alexy, *A Theory of Constitutional Right*, Oxford University Press, 2002, p. 259.

[37] BverfGE65,297(303).

[38] BverfGE632(41); BverfGE 42,20(27).

格权。但是反过来说,如果某部法律在形式或实质任何一个方面不合宪,或违宪,它就不能算是合宪的法律(或"合宪性制度"),那么根据这部法律对公民权利的限制就是违宪的,进一步说也就是侵犯当事人的一般人格权的。

这样的一种解释——将一部法律违宪这件事视为侵犯公民的一般人格权——德国法院在很多案例中都做过。但我们要知道,这样做是很容易导致"客观的宪法原则主观化"的,也就是说任何导致一部法律违宪的客观宪法原则,都可以以一般人格权受侵犯为由提起诉讼,其结果将同样是宪法诉愿的无限扩张。[39]比如有些立法机关超越立法权制定了某些法律规范,这些法律规范就被当事人以侵害其一般人格权提起宪法诉愿。一个典型的案例就是联邦宪法法院审理的"工程师案",案件中联邦宪法法院认为,对工程师这个职业许可的管理,不属于联邦立法的范围,而是州立法的管辖对象,所以联邦政府这项工程师许可立法侵犯了当事人的宪法上的人格权。

那么怎么看待这种做法呢?诉愿人能否依据一般人格权,要求法院审查某一项立法在程序上违反宪法的问题呢?德国宪法学者阿列克西认为,学界在处理这个问题时存在两种理论,就是"法治观点"和"被保护的自由的观点",他认为第二种理论更有道理。

按照"法治的观点",国家行为不仅在内容上应该合宪,在程序上也应该合宪,这是法治原则的要求。如果一部立法在程序上不合宪,从而导致公民某项特别权利受到影响,公民就可以依据这项特别权利提起诉讼。但是如果这部程序上有瑕疵的立法,并没有侵犯到公民的某项特别权利,那么公民就可以依据一般人格权,对这项立法提起宪法诉愿。这就是所谓的"法治的观点"——将一般人格权解读为一种"法治"的要求。该观点将国家遵守宪法的义务主观化了,认为国家违反法治原则,必然会导致个人某种宪法权利的受侵犯,至少是侵犯了一般人格权。

按照"被保护的自由的观点",因为宪法上的程序性规范,比如基本法中关于组织机构的规范,也具有保障个人权利的功能,国家机关违反这些宪法上的程序性规范,也会侵犯到公民的主观权利。如果公民提请宪法法院审查的宪法规范对于被争议的公民权利有保护功能,当事人就可以依据一般人格权提起诉讼。[40]

---

〔39〕 Scholz, 'Das Grundrecht auf Freie Entfaltung der Persönlichkeit', S. 84; in Robert Alexy, *A Theory of Constitutional Right*, Oxford University Press, 2002, p. 252.

〔40〕 Robert Alexy, *A Theory of Constitutional Right*, Oxford University Press, 2002, pp. 252-253.

阿列克西教授之所以主张采取这一种观点，是因为这种观点将影响公民基本权利的行使，作为公民对国家违反宪法程序性规范的行为提起宪法诉愿的条件，这样做能为宪法审查的启动设置一些必要的限制，可以防止宪法审查制度的滥用。

阿列克西教授的观点是正确的。在合宪性审查机制比较成熟的国家，如美国和日本，都对合宪性审查提出了严格的启动要件（threshold doctrines），如果当事人不能提出个人权利受损害的事实，法院便会以缺乏"案件性"（即当事人的权利没有受到直接损害）为由驳回起诉。[41] 相比之下，德国作为抽象型宪法审查的国家，对启动要件的重视远不及具体审查模式的国家，以至于在德国宪法诉愿制度中，往往出现诉讼泛滥、释宪者难以负荷的问题，所以学术界在讨论德国宪法审查制度的改革方向时，许多人都认为应该引进美国司法审查的案件筛选程序。[42] 所以如同阿列克西教授所说的，只有诉愿人权利受损害时，才能允许诉愿人以一般人格权为理由，起诉某些立法违反宪法程序性条款，换句话说我们才能将诉愿人的一般人格权和宪法上的非权利条款相结合。

这就是一般人格权和宪法上的非权利条款的关系。我们说完了一般人格权和其他宪法条款的关系之后，下面谈一谈宪法上的人格权和民法上的人格权的关系。

三、宪法上的人格权和民法上的人格权之间的关系

如同宪法上的人格权和其他宪法权利之间的关系一样，宪法上的人格权与部门法上的人格权，特别是民法上的人格权，同样有着互为补充的关系。关于这一点，我们在前文的人格权的概念史中已经有所涉及，我们说过人格权一开始是一个民法的概念，后来在宪法中首次得以落实，此后民事法院在裁判中，往往会援引宪法条款加以论证。但是这里我们还得要具体说一说，前述各国法院是如何在民事判决中援引宪法的，以及他们为什么要这么做，以及这么做的界限。

（一）在民法上的人格权案件中援引宪法

关于民事法院援引宪法条款进行裁判的现象，前文在讲人格权的发展史的时候，已经提过了。这里需要补充的是，上文曾经说过德国民法典没有规定人格权，

---

〔41〕 Kenneth F. Ripple, *Constitutional litigation*, The Michie Co., 1984, p. 93.

〔42〕 吴志光：《比较违宪审查制度》，10 页，台北，神州图书出版有限公司，2003。转引自郑磊：《合宪性审查该如何启动》，载《法学》，2007(2)。

而是把人格权立法的任务交给了德国基本法,但是我们也不能说德国民法典在人格权保护方面毫无作为,也有一些特别人格权在民法典上得到了明确的规定,比如第 823 条的生命、身体、健康、自由及其他权利;第 824 条的信用危害;以及第 825 条的以欺诈、胁迫和滥用从属关系而进行的性侵害等。

　　另一个需要补充的是,上文曾经说到德国法院在援引基本法上的人格权条款时,是将它作为民法典第 823 条第 1 款中的"其他权利"的一种,但事实上这也是一个非常大的突破。因为这里的"其他权利"刚开始在学说与判例中都是指以所有权为例的排他性、绝对性的权利,并不包括其他人格利益,[43]只是到了后来,德国法院才突破了这一框架,把基本法第 1 条第 1 款和第 2 条第 1 款结合而成的一般人格权,纳入到民法典第 823 条第 1 款的"其他权利"之中。

　　关于这方面的标志性案件,除了上文已有介绍的"读者来信案",[44]还有下文将会详细介绍的很多案例,比如骑士案、艾普勒案(个人隐私的权利)、共同姓氏案(姓名权)、伯尔案(名誉权)、艾普勒案(肖像权)、摩纳哥公主案(要求更正性报道的权利)、出狱报道案(重新社会化的权利)、性别改变的性别转换案(被承认权)、知悉血统案(知悉血统的自我决定权)等。

　　以上是德国的情况,关于日本法院援引宪法上的人格权(宪法 13 条的"幸福追求权")裁判的民事案件,上文也有简单介绍,除此之外这方面的标志性案例是 1969 年发生的京都府学联事件。案件中京都大学学生举行游行示威活动时发生骚乱,警察使用照相机拍下现场情形,并以此作为证据依照《警察法》起诉违法学生。而学生则以宪法 13 条的"幸福追求权"为由提出申诉,认为《警察法》规定的警察可以使用相机拍照侵犯了国民的人格权。案件经过两级审理后由最高法院作出终审判决:"根据宪法 13 条,国民的私生活的自由在国家行使警察权等国家权力时应受到保护。作为这种私生活的自由的一部分,任何人具有未经同意其容貌、姿态不被擅自摄影的权利。不管这种权利是否可称作肖像权,至少,警察官在没有正当理由的情况下,摄影个人的容貌等乃违反宪法第 13 条的主旨,应不被容许。"

　　这是最高法院对宪法第 13 条保障人格权的承认,是一个非常大胆的解释方

---

〔43〕 朱柏松:《人格权保护之法治比较及我国法规范之检讨》,载法学丛书杂志社主编:《跨世纪法学新思维——法学丛书创刊五十周年》,225 页,台北,元照出版公司,2006。

〔44〕 BGHZ13,334,NJW1404(1954)。

案。不过法院最终并没有肯定原告的请求,禁止警察机关使用拍照设备。法院进一步解释说,尽管公民具有肖像不被随意拍摄的自由,"但针对国家权利的行使而言,个人自由也并非没有限制,从宪法第 13 条的规定可以看出,在公共福利受到威胁的情形下,肖像不被随意拍摄的自由需要受到相当大的限制。犯罪侦查乃是警察为了实现公共福利而实施的一种国家行为(警察法第 2 条第 1 项),警察人员为了侦查犯罪事实必须拍摄照片,尽管拍摄时会捕捉到犯罪人员以外的第三人的容貌,那也是不可避免的。"[45]

以上是对京都府学联案的判决进行的详细说明,类似的典型案例还有和歌山时事晚报事件(名誉权)、宴会之后案和爱与虐杀事件(隐私权)、大阪机场公害诉讼(环境权)以及发型规制案和受迫听众案(自我决定权)等,甚至有学者依此条款主张厌烟权、日照权、入滩权等权利。这些案件下文还有详细的介绍,总之日本法院和德国一样也是非常积极地将宪法引入民事判决。

其实这种做法不仅是德国和日本的情况,在美国民事诉讼中,也常常有法院援引宪法条款解决私人之间人格权纠纷,这主要体现在名誉侵权案件中。[46] 比如非常著名的纽约时报诉苏利文案(New York Times Co. v. Sullivan),[47]它使公共官员的名誉权向宪法上的言论自由作出了让步。在一般的名誉侵权案件中,只要侵权人具有虚假陈述即构成侵权,不需要证明行为人的"故意"。而审理此案的法官认为,对于公共官员的诽谤则需要证明媒体有实质恶意(actual malice),换言之如果媒体不是明知报道错误,或者不是粗心大意地不顾报道是否真实,那么即使媒体报道的事实存在错误,他们也不承担名誉侵权的责任。这样做的用意就在于保护媒体在对公众人物的公共事件进行报道时有充分的报道自由,以防止诽谤诉讼对言论自由的寒蝉效应(chilling effect)。[48]

从中也可以很明显地看到宪法条款在民事案件中所起到的作用。当然美国法上被援引的条款不是宪法上的一般人格权,而是言论或表达的自由。可是这样以宪法条款来裁判民事案件的做法对不对呢?这是否有必要呢?下面我们来看一看围绕这个问题引发的争论。

---

[45] 最判昭和四五・九・一六[大法庭]民集二四卷一〇号一四一〇页。

[46] [美]理查德・A.爱泼斯坦著:《侵权法》,1126 页,北京,中信出版社,2003。

[47] 376 U. S. 254(1964).

[48] Curtis Publishing Co. v. Butts; Rosenbloom v. Metromedia; Gertz v. Robert Welch, Inc.

（二）以宪法裁判民事案件的理由

首先我们要说的是，在民事案件中嵌入宪法条款，特别是一般人格权条款的理由。关于这一点，我们必须要提到一个"私法的宪法化"（Constitutionalisation of Private Law）现象。[49] "私法的宪法化"不只是德国的现象，也是日本和美国的现象。

如上所言，德国和日本民法上并未制定一般人格权的条款，相反人格权在宪法中落脚。然而宪法中的人格权和民法上的人格权毕竟不同，按照德国宪法学家伊利内克的话说，宪法上的权利是一种主观"公"权利，与民法上的权利——主观"私"权利不同，前者针对国家机关，特别是立法机关，后者针对私人。不过在伊利内克所处的时代，宪法权利并未能成为可以主张的主观权利，而只是一种客观价值的宣示，一种指导国家行为的纲领。直到宪法审查制度确立以后，宪法权利才真正成为可以用来裁判的主观权利。而且与此同时宪法审查制度也牵动着部门法的神经，使得部门法不得不向宪法确立的价值靠拢，许多私法的制度都根据宪法的精神做出了调整。上文所到的德国和日本法院直接援引宪法上的人格权条款填补民法上的人格权保障的不足，以及美国法院援引宪法上的条款对名誉权制度进行修正，都是这方面的典型例证，这也就是所谓的"私法的宪法化"。

可是支持这种现象的理由是什么呢？为什么普通法院可以援引宪法规范呢？关于这一点有几种学说。

第一是宪法的"水平效力"或"第三者效力说"。所谓"水平效力"或"第三者效力"说，意思是，认为宪法不但能在公共领域约束国家机关的行为（垂直效力），而且还可以在民事领域约束私人的行为（水平效力）。根据宪法发挥效力的方式的不同，水平效力或第三者效力有可以分为直接效力说和间接效力说。前者认为在民事案件中可以直接引用宪法条款作出判决；后者则是通过对民事法律中的概括条款所作的合宪性解释，来贯彻宪法的精神。按照这种观点，宪法上的人格权规范就不仅能约束国家机关，也能够直接裁判民事案件（直接效力），或者透过民法上的抽象条款的解释来间接裁判民事案件（间接效力）。这是第一种学说。

第二是与其他宪法权利"对抗说"。这是日本民法学者五十岚清的观点，他认

---

[49] Tom Barkhuysen and Siewert Lindenbergh, *Constitutionalisation of Private Law*, Murtinus Nijhoff Publisher, 2006.

为虽然民事判决直接援引宪法条款似有问题,然而在日本当前的法治状态下,这种做法也非常有必要。因为人格权只有成为宪法权利,才能有能力和其他宪法权利相对抗。"在宪法的言论自由权侵害民法上的人格权的案例中,将人格权上升到宪法层次,也有助于两者在平等的状态下进行利益衡量。纵然可以说,如果没有言论自由的保护,不管宪法怎样保护人格权,也只是画饼充饥(因为言论自由也是人格自由发展的一个重要方面),但是势单力薄的个人之人格权常遭颇具强势的媒体肆意侵害,这种现状也应该更加引起重视。"〔50〕在这里,表面上看五十岚清教授谈论的话题,似乎和是否援引宪法裁判民事案件的问题不一样,但事实上他说人格权应该成为宪法权利,才可以对抗言论自由这些由强势的媒体享有的权利,其隐含的观点就是作为宪法权利的人格权与作为民法权利的人格权本质上没有严格的界限。反倒是人格权成为宪法权利之后,能够更好地发挥对公民私法领域的人格权的保障效果。这就是将民事法院援引宪法裁判民事案件视为当然的。这是第二种学说。

第三是"国家保护义务说"。"国家保护义务说"是针对学界对水平效力或第三者效力的批评提出来的学说,它一方面反对基本权利具有私人之间的效力,另一方面却认为如果个人之间的权利侵害行为,是国家未能提供充分的保护导致的,那么国家应该在民事判决中援引宪法做出裁判。〔51〕 这是因为按照德国基本法第1条第3款的规定,基本权利是拘束立法、行政及司法、有直接效力的权利,也就是说司法机关有义务实施宪法。按照这种观点,司法机关在裁判过程中,一方面要遵循禁止过度原则(übermassverbot),不得为了保护特定公民的权利,过度侵犯其他公民的基本权;另一方面也要落实禁止不足原则(untermassverbot),不可以允许私人之间不合比例地、缺乏理由地侵犯他人的基本权,这就是"国家保护义务说"。以人格权为例,按照这种学说,国家除了经由民事立法积极保护公民的人格权外,当民事立法在保护人格权方面做得不够时,国家还需要通过民事判决为公民的人格权提供充足的保护。

司法机关也有保护基本权利的义务,这种学说在日本宪法学界也有很大的影响。在日本学术界有一种观点认为应该效法美国,在运用宪法裁判案件时,采取

---

〔50〕 ［日］五十岚清:《人格权概述》,18～19页,东京,有斐阁,2003。

〔51〕 Gert Brüggmeier, Constitutionalisation of Private Law-The German Perspetive, in Constitutionalisation of Private Law edited by Tom Barkhuysen and Siewert Lindenbergh, Murtinus Nijhoff Publisher,2006,74.

一种"回避宪法判断的原则"。该原则是美国大法官布兰代斯在 1936 年的 Ashwander v. TVA 案中创立的,它要求"法院在行使法律的合宪性判断职能时,应该特别尊重议会的判断,最大可能地承认民主代议制过程的自治范围,遵从所谓自制的政策"。[52] 但是也有许多学者提出,日本宪法审查制度不同于美国,它在宪法上有明文规定,具有整合协调全部法律体系的作用,法院裁判案件时不必要采取"法律判断先行说"(主要依据议会立法进行裁判),也可以采取"宪法判断先行说"(从宪法权利入手考虑案件如何裁判)。这里的"法律判断先行说"和"宪法判断先行说"是上述宪法判断策略的概括描述,在同时存在宪法问题和法律问题时,前者主张先采取法律解释的方法解决案件,只有此路不通时才进入宪法判断;后者则相反。这就是说援引宪法整合法律体系、保护公民权利,是司法机关的责任和权力。这是第三种学说。

第四是议会实施宪法能力怀疑说。第三种学说认为法院具有落实宪法的义务,所以它有责任在判决中援引宪法。但是我们还知道国家机关是存在权力分工的,按照这个分工立法机关才是实施宪法的最重要的主体,司法机关的任务应该只是根据立法机关的制定法进行裁判,怎能随意绕过制定法直接援引宪法呢? 要回答这个问题,我们就得引出第四个理由,那就是议会实施宪法能力怀疑说。意思是立法机关并不总是能够采取恰当的方法落实宪法精神。

曾担任美国联邦上诉法院华盛顿特区巡回法院法官的米科瓦(Mikva)在一篇文章中说,许多结构性的和政治性的障碍,阻止了国会进行有效的合宪性考量,某些时间和资料的限制,也会导致国会忽略宪法问题。具体来说,这些障碍和限制表现为,议员构成复杂多变,他们的意见受现实影响颇深,容易为一时政治环境所限,不得不设法尽快通过法案,尽管它意识到可能存在的宪法问题,也会弃宪法原则于不顾。由此宪法的许多细节问题——通常是"抽象的并且鲜为人知,不能引起媒体和公众的重视"——经常被"打击犯罪和控制行政机构"等更急迫的事务所掩盖。[53]

另有学者研究得出,议会审议机制虽采多数决并反复博弈,但其立法并不能反映多数意见,所以才需要司法机关出来代表民意,援引宪法规范做出合适的裁

---

〔52〕 [日]芦部信喜:《宪法诉讼的理论》,44 页,东京,有斐阁,1973。

〔53〕 Abner J. Mikva, How Well Does Congress Support and Defend the Constitution?, 61 *N. C. L. REV.* 587(1983).

判。"公共选择理论"的代表人物埃勒(Arrow)就主张这一看法。埃勒教授通过分析得出一个定理(Theorem),说明了"复杂的立法机构的集中投票并不一定反映多数意见,却极易导致投票安排上的无尽的循环(endless cycling based on the ordering of votes)",因此"民主过程的结果是杂乱空洞,其在程序上易受操控而殊难正当"。[54] 所以司法机关在实施宪法上的作用必不可少,由法院直接引用宪法做出裁判也是一种正当的选择。这是第四种学说。

(三) 以宪法裁判民事案件的批评

以上我们介绍的是法院援引宪法条文(比如宪法上的人格权条款)裁判民事案件的几点理由,从中可以看出宪法在民事案件中也有适用的必要。但是如同上文所说,自从宪法上的人格权条款被直接运用到私法裁判中,德国法学界就出现了许多强烈的反对声音,在美国和日本也是如此。下面我们还得对这些反对意见进行介绍,最后才能得出一个妥善的解决方案。

第一,宪法不具有私法效力,因此在民事裁判中引用宪法条款,超越了法院的职权。[55] 前文我们说到过,有观点主张基本权利具有直接或者间接的水平效力。但是许多学者从宪法的立法史来看,比如德国民法学者拉伦茨和卡纳里斯认为,宪法只是针对公权力机关制定的法律规范,不应该具有私法上的效力。[56] 还有学者认为在民事裁判中引入宪法条款,会侵蚀了私法自治原理,会导致"私法的末日"。[57]

此外即便是为了矫正"基本权利水平效力说"而发展起来的的"国家保护义务说",也受到许多批评,这方面的批评意见主要有两点,首先不是每一种私人之间的侵权都源于国家未能提供足够的保护;其次国家有义务防止公民的基本权不受私人侵犯,本身就以私人之间存在基本权为前提,这只是伪装的基本权利水平效

---

[54]　Abner J. Mikva, How Well Does Congress Support and Defend the Constitution?, 61 *N.C. L. REV.* 587(1983).

[55]　王泽鉴:《人格权之保护与非财产损害赔偿》,载王泽鉴:《民法学说与判例研究》(第 1 册),46 页,北京,中国政法大学出版社,1997。

[56]　Medicus, Der Grundsatz der Verhätnismässigkeit im Privatrecht, *Acp* 192(1992), 35; Zöllner, Regelungsspielräume im Schuldvertragstrecht, *Acp*196(1996),1; Diederichsen, Das Bundesverfassungsgericht als oberstes Zivilgericht, *Acp* 198(1998),171.

[57]　Gert Brüggmeier, Constitutionalisation of Private Law-The German Perspetive, in *Constitutionalisation of Private Law*, edited by Tom Barkhuysen and Siewert Lindenbergh, Murtinus Nijhoff Publisher,2006,p.74.

力说。如果前述的基本权利的水平效力有问题，那么"国家保护义务说"也不能成立。因此在民事判决中，法院只应该援引民法，不能适用宪法规范。这是反对在法院在民事审判中适用宪法的第一个理由。

第二，在民事裁判中引入宪法条款，违反了三权分立的体制。三权分立意味着立法机关通过民主程序制定法律，而司法机关只是适用立法机关制定的法律解决社会纠纷。之所以要最大程度地尊重立法机关的制定法，是因为立法机关最了解社会现实，对社会变化的敏感度最强，能根据社会的变化即时调整法律规范。美国宪法学者图什耐特认为，国会和选民之间具有更紧密的联系，它比法院具有更强的民意基础，因此具有更高的宪法解释权。[58] 其他学者也认为司法机关应该相信"国会一定能在宪法界限内立法"，[59]"一定能慎重考虑宪法，决不会通过违宪性的法律"。[60]

既然国会具有更强的解释宪法的能力，法院就不能越俎代庖，在民事判决中引用宪法，而应该等待国会通过立法细化人格权规范。这种做法在日本和美国宪法实践中被称为"回避宪法判断"的原则。在美国历史上的罗斯福新政时代，顽固的保守派法官常常判决罗斯福"新政立法"违宪，这既导致国会和法院出现严重的对立，又阻碍了美国政府顺应时代需要，适时调整经济政策。直到20世纪40年代末20世纪50年代初布兰代斯法官时代，最高法院才在经济政策的审查方面，采取司法消极主义立场，而只在公民权利和自由保护方面保持司法积极主义。[61]总之为了充分尊重立法机关，避免和立法机关起争执，在普通案件的审理中法院尽量少地援引宪法。这是反对在法院在民事审判中适用宪法的第二个理由。

第三，在民事裁判中引入宪法条款，会导致司法机关滥用宪法审查权。以上我们谈到过三权分立体制，说司法机关应该尊重立法机关的判断，尽量少地引用

---

〔58〕 Mark Tushnet, *Taking the Constitution Away From the Courts*(1999), in Should the Supreme Court Presume That Congress Acts Constitutionally? The Role of the Canon of Avoidance and Reliance on Early Legislative Practice in Constitutional Interpretation, *Harvard Law Review*, Vol. 116, No. 6. (Apr., 2003), pp. 1798-1820.

〔59〕 Rust v. Sullivan, 500 U. S. 173,191(1991).

〔60〕 William N. Eskridge, Jr., *Public Values in Statutory Interpretation*, 137U. PA. REV. 1007, 1020(1989).

〔61〕 中谷实：《根据法律解释回避宪法判断》，载樋口阳一编：《宪法的基本判例》，199 页，东京，有斐阁，1985 版。

宪法进行宪法判断。其实按照三权分立体制所建构的司法机关的传统职能,也是法院避免引用宪法条款的理由。按照日本宪法学者高桥和之的观点在诸多国家机关中,司法机关的传统职能首先是私权保障,亦即解决私人之间的权利纷争;司法机关的构造也是依照传统的私权保障的模式设定的,并没有以宪法审查这一新的功能作为前提,所以当司法权本来的传统的功能和新的功能并存时,以本来的功能解决纠纷,不至于发生无谓的风波,是没有风险的。[62]

除此之外,法院的宪法审查权在德国基本法上有明确的规定,而且也集中控制在专门的宪法法院。但在美国,一方面宪法没有明文规定法院有违宪审查权;[63]另一方面任何一个普通法院都有宪法审查权,在这一点上日本也是一样。因此在美国和日本,禁止法院随意援引宪法还有一个特别的目的,就是防范下级法院滥用宪法审查权。按照日本宪法学者芦部教授的话说,法院应该"非常审慎地进行宪法判断"。[64] 所以按照有些学者的观点,法院笃守宪法判断的回避原则,并非仅仅旨在尊重立法的自主性,也是司法自制(judicial restraint)的手段。[65] 因为法院对议会立法的审查是"法院所承担的最重大、最棘手的(the gravest and most delicate)任务。"[66]总之为了尊重立法机关的宪法解释权,恪守司法机关的传统职能,法院在裁判中应该尽量少地援引宪法,而应该仅仅根据国会立法作为裁判标准。这是反对法院在民事审判中适用宪法的第三个理由。

第四,在民事裁判中引入宪法条款,会加剧法律的不确定性。因为宪法上的人格权本身的内涵并不明确,民事法院任意引用该条款进行裁判,会造成人们理解法律的困难,使人们在法律面前无所适从,这最终会损害宪法上的法治原则。这是德国民法学者拉伦茨在1955年一篇文章中提到的。[67] 法治原则的意思是,国家机关按照法律来管理国家,没有法律的依据,国家不能采取行动,而公民也是

---

[62] [日]高桥和之:《立宪主义和日本国宪法》,15 页,东京,有斐閣,2005。

[63] David P. Currie, The Constitution in the Supreme Court: The Powers of the Federal Courts 1801-1833, 49U. CHI. L. REV. 646, 660 (1982)

[64] [日]芦部信喜:《宪法诉讼的理论》,44 页,东京,有斐閣,1973。

[65] Ashwander et al v. Tennes Valley Authority et al. , 297U. S. 288,355(1936)(Brandeis, J. , concurring).

[66] Rust v Sullivan, 500 U.S. 173, 191 (1991)(quoting Blodgett v. Holden, 275 U. S. 142, 148 (1927)).

[67] Larenz, Das 'allgemeine Persölichkeitsreht' im Recht der unerlaubten Handlungen, NJW1955,521.

在法治的框架中行事，没有法律的禁止，他任何事情都可以做，可是现在法院随意根据一般人格权这样的抽象条款作出裁判，国家机关和公民个人都会丧失行为的指导标准。这是反对在法院在民事审判中适用宪法的第四个理由。

通过以上介绍可以看到，反对法院援引宪法的观点似乎更加有力，那么我们应该怎么做呢？如何既能解决民法上的人格权保护不足问题，又能避免法院过多地代替立法机关做判断呢？我们下面要看一看，美国、日本和德国的主流学者是怎么处理这个问题的。

（四）民事裁判如何引用宪法保障人格权

我们先来说说美国和日本。为了更好地考虑这个问题，我们需要更详细地说明一下上述"回避宪法判断的原则"，因为这是法院援引宪法的最主要的障碍。

"回避宪法判断的原则"是在美国宪法上发展起来的，并深刻地影响了日本宪法实践。回避宪法判断的原则和合宪性推定原则极为相似，都是以司法谦抑为基础的判断方法，两者的区别在于前者不对法律进行判断，即使存在违宪现象，后者则通过解释使法律不再违宪。[68] 如上所述，该原则最初由美国最高法院法官布兰代斯（Brandeis）在 Ashwander 案中创立的，在该案中他提出整个诉讼过程中回避宪法判断的 7 个规则，其中第 1、2、3、5、6 项涉及起诉或受理阶段如何介入宪法判断，第 4 和 7 项才是实质意义上的回避宪法判断的方法。第 4 项要求，"即使在记录中适当地提出宪法问题，倘若存在别的理由适用于当下的案件，法院也不得进行合宪性判断。倘若一个案件可以两种途径判决，一个涉及宪法问题，另一个只涉及普通法问题，法院只能适用后者。"第 7 项要求，"当国会立法行为的有效性问题被提出时，即使合宪性受到严重的怀疑，原则上法院首先应确定能否通过对立法的解释来避免合宪性问题。"[69]

除了第 4 和第 7 项，其余几项内容为，1、在友好的、非对立性的诉讼程序中，法院不会作出法律的合宪性审查，因为仅仅在最终阶段，并且在决定那些真正的、严肃的和关键的双方争议必不可少时，合宪性判断才是合法的；2、法院不能在必须决定合宪性法律的问题之前预先决定它的合宪性问题。法院不能习惯于决定合宪性问题，除非绝对必要作出这种案件时；3、法院不可作出比当下准确的案件

---

〔68〕 翟国强：《宪法判断的方法》，法律出版社，2009；韩大元：《论合宪性推定原则》，载《山西师范大学学报》（哲学社会科学版），2004（3）。

〔69〕 297 U. S. 288.

事实所必须的还要宽的合宪性法律的规则；5、倘若某人不能证明自己因为某部法律的适用而受到伤害，法院也不能审查法律的效力；6、利用法律获得利益者，不能提起合宪性审查。[70]

对于布兰代斯规则的第 4 和第 7 两项，日本宪法学者高桥和之教授还做出区分对待，他称第 4 项为纯粹的回避宪法判断方法，第 7 项为合宪限定解释原则。关于合宪限定解释原则，常被人提及的案件是美国宪法上的 United States v. CIO 案。[71] 此案中美国产业工会联合会会长利用联合会主办的定期刊物，发表文章呼吁会员投票支持参与马里兰州联邦议会议员选举的特定候选人。因为该刊物出版发行的经费由联合会支出，该会长便因触犯 1925 年的《联邦腐败行为防治法》而受到追诉，该法第 313 条禁止公司和劳工社团向总统或联邦议员候选人捐献或支出经费。最高法院经过审理认为，如果本案的行为适用《联邦腐败行为防治法》第 313 条，该法条的合宪性必将产生重大的嫌疑，因此就对"支出"进行严格解释，认为本案涉及的基金所作的"支出"并非该条禁止的"支出"，因此该会长的行为并不违法。这就是典型的合宪限定解释，为了合乎宪法，对法律进行限制（限定）解释。

上述的所谓"回避宪法判断的原则"在日本也被最高法院尊重。日本宪法学者中谷实这样来解释"回避宪法判断的原则"——回避宪法判断是指对于以宪法为争点的案件，即便案件具备充分的诉讼要件，当事人也具有提起宪法诉讼的资格，但也可引用"不符合法律上的构成要件而无罪"之类的措辞，只在法律层面上处理案件，从而回避宪法判断的一种消极主义的技术。[72] 中谷实的这段话，其实是针对日本宪法上著名的"惠庭案"说的。

"惠庭案"是一件讨论日本自卫队是否合宪的案例，案件中有民众因反对日本成立自卫队，而将自卫队训练场使用的多处电话线割断，该行为因触犯《自卫队法》121 条被提起刑事诉讼，《自卫队法》第 121 条规定，"损坏或者伤害自卫队所有的或使用的武器、弹药、航空器和其他用作防卫作用的物资的人应负刑事责任。"在诉讼中被告人主张，日本《自卫队法》第 121 条以及整个《自卫队法》，特别是据此成立的自卫队，都同时违反了宪法第 9 条以及前文诸条的和平主义理念。最高法院在判决中，回避了《自卫队法》是否合宪的问题，而只就《自卫队法》本身

---

〔70〕　297 U. S. 288.

〔71〕　335 U. S. 106(1948).

〔72〕　[日]中谷实：《宪法诉讼的基本问题》，122 页，东京，法曹同人，1993。

进行解释。法院认为依据罪刑法定原则,自卫队法第 121 条的"其他用作防卫作用的物资"应严格地解释为,与武器等类似物品有关,在法律上经常和这些物品作相同评价,和这些物品具有密切的或高度类似性的物品,而电话线不属于这一类型的物品,所以被告应被判无罪。[73]

针对该判决,日本宪法学者高桥和之评论道,倘若对割断电话线的行为适用《自卫队法》第 121 文,将会产生违宪嫌疑的,所以法院在判决中,将"支出"的外延中很少的违宪部分排除掉,这种限定解释或限缩解释是合宪解释的一种。[74] 第 7 项原则在另些学者看来还包括两种类型,比如日本宪法学者芦部信喜教授将其分成法律违宪判断的回避和法律合宪性嫌疑的回避。实际上前者类似合宪限定解释,而后者则与第 4 项规则近似,因为后者也是通过法律的解释来回避合宪性嫌疑。[75]

以上介绍的是美国和日本司法实务界,要求法院尽量避免宪法判断。但这是不是意味着法院应该永远回避宪法判断呢? 这是不是意味着宪法就不能作为审判的标准呢? 当然不是。妥当的方法,按照美国宪法学者恩尼斯特·扬(Ernest A. Young)的看法,毋宁是准确划定宪法判断的界限。为此扬教授专门提出了"抵御规范说(resistance norm)",所谓"抵御"是指当法院发现国会立法侵犯宪法价值,譬如取消联邦政府对《人身保护法》或《移民法》的管辖权时,法院就应该要求国会澄清其立法意图,并采取办法"抵御"这种企图。[76] 扬教授把宪法规范看做"抵御规范",目的是要求法院尽量向政府行为礼让(yielding),只有在迫不得已的情况下才可以进行宪法判断,至于什么时候进行宪法判断,就取决于政府利益的大小、有争议的立法在制度上的支持(institutional support)程度以及立法目的的清晰性。[77] 也就是说,法院不仅要对政府行为保持尊重,也要时刻警惕政府立法可能存在的恣意滥权,经过个别衡量之后再决定是否作出宪法判断。

---

〔73〕 札幌地判昭和 42 年 3 月 29 日下刑集 9 卷 3 号 359 页。

〔74〕 〔日〕高桥和之:《宪法判断的准则》,载芦部信喜编:《宪法诉讼讲座》第 2 卷,11,12,14 页,东京,有斐阁,1987。

〔75〕 〔日〕芦部信喜:《法令的合宪解释》,载小岛和司编:《宪法的争点》(新版),ジュリスト增刊,259 页,东京,有斐阁,1985。

〔76〕 Ernest A. Young, Constitutional Avoidance, Resistance Norms, and the Preselvation of Judicial Review, 78 *TEX. L. REV.* 1550 (2000).

〔77〕 Ernest A. Young, Constitutional Avoidance, Resistance Norms, and the Preselvation of Judicial Review, 78 *TEX. L. REV.* 1552 (2000).

这种态度在日本学者提出的"宪法判断裁量说"中表达得更为准确。"宪法判断裁量说"意思是说,法院是否进行宪法判断,要根据事实情况具体分析或具体裁量。这种学说虽然仍是以"法律判断先行说"(先进行法律判断)为基础,但它要求为回避宪法判断而进行的法律解释,必须在法律语言和立法目的上是合理的。如果综合考虑案件的重大性、违宪状态的程度和影响、案件涉及的权利性质和判决效果(以宪法判断解决纠纷和以法律解释或其他理由解决纠纷,所产生的影响如何不同)等因素之后,有充足理由进行宪法判断时,即使以宪法之外的判断能够最终解决诉讼,法院也可以涉足宪法判断。[78]

这就是"宪法判断裁量说"。从这段叙述可以看出,该说是一种介于法律判断先行说和宪法判断先行说之间的中间学说。关于启动宪法判断的条件,左藤幸治教授说得更简洁:"当案件与国民重要的基本权相关,类似案件频频发生,宪法争点亦甚明确等情形存在时",宪法判断可被承认。[79] 佐藤教授此处提到的重要的基本权,高桥和之教授认为主要包括学术自由、教育自由等精神自由等。他认为规制精神自由的法律受到合宪性质疑时,应该采取宪法判断优先的原则。这是因为精神自由是现代社会民主制度的根本条件,而且精神自由又非常敏感,倘若受到违宪法律的制约,极易产生畏缩效果。"畏缩效果"来自美国法理论,又称"寒蝉效应"(chilling effect),是指人民害怕遭到国家的刑罚,或是必须面对高额的赔偿,不敢发表言论。[80]

总之,上述的"抵御规范说"和"宪法判断裁量说",都主张在宪法权利受到极大威胁的情况下,法院可以援引宪法进行裁判,具体考量的因素包括,政府利益或公益的大小、基本权侵害的程度、基本权类型(精神自由抑或经济自由)、案件发生率、判决效果等。

这种学说在德国宪法学界也有类似的表述。前文我们讲过,德国学术界对于宪法直接适用于民事判决有很多批评,其中基本权利在私法上的直接效力说受到的批评最多,而间接效力说和国家保护义务说受到的批评则相对较小。但是上述这些批评并没有改变联邦宪法法院援引宪法解决民事纠纷的惯例。为了解释这一现象,许多学者采取一种中间立场,主张为了保护公民的基本权利,民事法院在

---

〔78〕　[日]中谷实:《宪法诉讼的基本问题》,125页,东京,法曹同人,1993。

〔79〕　[日]左藤幸治:《宪法》,253页,东京,有斐阁,1981。

〔80〕　[日]高桥和之:《立宪主义和日本国宪法》,17页,东京,有斐阁,2005。

特定情况下，仍然可以援引宪法对私法自治进行干预。比如德国宪法学者阿列克西就认为，虽然说"私法自治本身是宪法意欲保护的对象，但私法在多大程度上应该自治，什么情况应受宪法制约，仍然是一个衡量的问题。"[81]从这里可以看出，阿列克西教授在解决宪法权利是否适用于私法纠纷的问题时，仍然一如既往地使用了他所谓的利益衡量方法。[82]

不但如此，在谈到学界对基本权利水平效力和国家保护义务等学说的批评时，阿列克西教授干脆承认基本权利的直接效力说，他引用德国宪法学者莱斯纳(Leisner)的话说，"任何一种水平效力最终总是直接的。"[83]他认为，如果不承认基本权对私人的约束力，就不可能产生间接水平效力和国家保护义务。另一位承认基本权的水平效力的学者认为，之所以要承认基本权利在私法上予以适用，是因为，第一，宪法已经规定，有一些基本权私人之间不能侵犯；第二，立法机关已经通过补充、修正民事立法，使基本权利在私人之间得以适用了；第三，甚至某些国家已经在宪法中明文规定，私人之间也应该尊重基本权，一劳永逸地解决了基本权的第三人效力问题。[84]

鉴于这种学说，我们可以说，宪法条款在民事案件中的适用是不可避免的，至多只能是要求法院在审判中尽量先引用普通法律，只有在迫不得已时才开启宪法判断的大门。具体到本书所谈的宪法上的人格权规范，我们也应该采取这种态度，那就是以民事法律作为解决人格权纠纷优先适用的规范，在民法不能切实保护公民的人格权时，援引宪法上的人格权条款也是没有问题的。至此这一章关于宪法上的人格权和其他权利之间的关系，就谈到这里了。下一章我们将着重讨论宪法上的人格权的内容。

〔81〕 Robert Alexy, *A Theory of Constitutional Right*, Oxford University Press, 2002, p. 363.

〔82〕 张魏：《德国基本权的第三者效力问题》，载《浙江社会科学》，2007(1)。

〔83〕 Leisner, *Grundrechte und Privatrecht*, 378；Robert Alexy, *A Theory of Constitutional Right*, Oxford University Press, 2002, p. 363.

〔84〕 Gert Brüggmeier, Constitutionalisation of Private Law-The German Perspetive, in *Constitutionalisation of Private Law* edited by Tom Barkhuysen and Siewert Lindenbergh, Murtinus Nijhoff Publisher, 2006, p. 74.

第三章　宪法上人格权的类型化

本章我们要介绍的是,宪法上的人格权具体包括哪些内容。首先需要声明的是人格权如同前文所述,作为一种建构、保护和展示个人个性特征的包括性的自由权,其权利的范围非常广,像生命权、健康权这些宪法和部门法已经列举的权利,也应该包括在内。但是在这里我们却不对生命权、健康权这些权利进行分析,主要原因是它们相对于本章所说的未列举的人格权,具有相对精确的含义和界限,所以它们可以在制定法中做出明确的规定。而本章所说的这些人格权的类型,比如隐私权、肖像权、名誉权,因为其本身的内容、范围和界限迄今为止还尚未定型,许多国家才不愿贸然在部门法中将这些具体的人格权实定化,而只是交由司法机关通过个案裁判,从宪法上的人格权衍生出来。

正因为此,关于宪法上的人格权的具体类型,就会出现不同国家有不同的发展重点。各国司法机关根据自身面临的经济社会现实和人格侵害方式的不同,发展出不同的人格权保护类型。所以本章关于人格权内容的介绍,我们会看到除了一些共同的人格权类型之外,还有一些有很大差别的人格权类型。不过正是因为有这些差别,我们才说根据我国实践创造性地发展我们的人格权制度,是非常有意义的。由于人格权理论主要是在德国和日本流行和发展,本书将仍从德日两国的判决入手了解人格权的类型。

一、德国宪法上的人格权类型

前已提及,德国法院对基本法第 2 条第 1 款的解释也不是一成不变的,起初该条款被作为其他自由权之基础的概括抽象条款,后来被解释为"人格的核心"的保护,最后又扩大为一般自由权和一般人格权,有学者称之作外部自由和内部自由。外部自由以行为自由为基础,赋予个人做他喜欢的事情的权利,只要这种行为不干涉他人的权利,不违反合宪性制度,不违反道德规范。不过外部自由和内部自由并非毫无联系,根据自己的意愿采取行动,其实也是个人人格发展的主要因素。[1] 那么德国法院认为哪些重要利益，对人格发展比较重要呢？或者说他们所要保护的人格权包括哪些方面呢？主要有个人对文字、隐私和个人信息、语言、肖像、名誉和血统等方面的自我决定权。

（一）对未发表的作品的权利

基本法的通过标志着德国法治实践发生重大转变，由德国联邦宪法法院执掌的宪法审查制度得以真正建成，基本权不再仅仅是客观的价值宣示，而成为实实在在的主观公权利。但是如前所述，值得玩味的是，宪法上的人格权成为主观权利起初并非联邦宪法法院的功劳，而是由联邦法院（即德国最高民事法院）在1954年的"来信刊登案"（Veröffentlichung von Briefe）中发展出来的，该案亦被称为"读者来信案"（Leserbriefe）。[2]

关于该案的具体情况前文已经做过介绍，主要内容是《明镜》杂志刊载了一篇涉及前希特勒政府财政部长哈马尔·沙赫特的报道，该部长委托律师给杂志社写信，要求澄清报道中的一些错误，但是杂志社却将律师的来信经过删节后，作为读者来信刊登出来。律师向法院起诉，认为杂志社刊登其要求澄清事实的信件侵犯了他的一般人格权，法院肯定了律师的意见，判决杂志停止侵害和损害赔偿。

之所以将宪法上的一般人格权作为诉讼依据，是因为信件一经寄出，就成为他人的所有物，个人没有能力控制它的使用，而且根据现行法律（民法典和著作权法），个人也无权决定已经寄出的信件的用途。但是我们知道私人信件被公布出来，对当事人的心理是有很大影响的，它关系到个人对自己外在形象的控制，对个人人格的建构，对自己私生活的处置，会让人成为他人、社会、国家操控的对象。因此最后法院以宪法规范中的一般人格权条款来保护个人的私人信件，从中可以看出人格权保护与基本权利、个人尊严以及精神健康的紧密联系。这是人格权发展初期的典型案例。

（二）个人隐私的权利

从上述案件中，我们已经看出法院对私生活保护的端倪，但真正将隐私权作为保护对象的还是1969年的微型人口普查案（Mikrozensus），美国学者称其为人口普查第一案，为了和1983年的人口普查第二案进行区分。[3] 保护隐私权是现

---

[1] Edward J. Eberle, *Dignity and Liberty*, Praeger Publisher 2002, p. 73ff.

[2] BGHZ13,334,NJW1404(1954).

[3] BverfGE27,1.张千帆：《西方宪政体系》（下），353页，北京，中国政法大学出版社，2005。

代社会的产物，是二十世纪以后的事情。社会学家将隐私权保护看做是都市生活必要的前提，因为在城市生活中，个人太多地暴露在社会视线中，如果不给个人一个从公共生活引退的权利，个人将会出现严重的心理问题，无法形成健全的人格。因此之故，隐私权就成为人格权保障的核心内容，在德国法律理论上该权利又被称为"平静独处的权利"(Recht, in Ruhe gelassen zu werden)。

在微型人口普查案中，联邦政府为一次小型人口普查设计了许多调查问卷，主要涉及公民的性格爱好、生活习惯、度假习惯、职业、生活标准以及母亲是工作还是留在家里抚养小孩等问题，这样的调查引发受公众的不满，认为它侵犯个人宪法上的人格权。在判决中法院首先承认公民在私人生活领域有防止国家的非法干涉的权利，"国家不能制定法律或者采取任何措施，违反或者侵害基本法第2条第1款保护的个人自由的本质核心"，"基本法保障作为个体的公民在私人生活领域不可侵犯的个人自由，通过这种自由个人可以自由地构建自己的生活"。[4]

至于人口普查中的问卷调查是否侵犯个人隐私领域，是否违反基本法第2条第1款，法院认为，"不是对个人信息的每一种调查都违反个人尊严，都侵犯个人对自己生活的最内部领域的自我决定权"，[5]因为根据德国权利体系，任何权利都是一个衡量和比例的问题，没有一个权利绝对优先，可以排除任何其他的权利。作为人格权的个人隐私领域，必须和社会秩序中别的价值相调和，当政府调查的问题"侵入到本质上是秘密的个人生活的私密领域"时，它原则上侵犯了个人自决权。"在现代工业国家，个人自决权是防止行政技术使个人信息社会化的一道屏障。如果一项调查仅仅探寻个人'行为'，一般不会侵犯个人的隐私领域；如果该调查使用匿名方式，使信息和任何特定个人的联系不再紧密，即使触及个人人格，也还是与人格拉开了距离。"[6]

在该案中，联邦政府统计调查的内容是个人的度假和娱乐习惯。尽管这种问题牵涉到个人生活领域，但国家没有"强制揭露隐私领域的个人信息，也没有进入那种一般来说不允许外部探察的具有秘密特性的关系中"，同时这种信息也能够通过一般的途径得到，"尽管比较困难"，所以国家对这种信息的调查不构成违

---

〔4〕 BverfGE79,256(268).

〔5〕 BverfG27,1(7).

〔6〕 BverfG27,1(7).

宪。[7] 而联邦政府为此通过的法律也符合法治国原则,因为该法律规范足够明确,采取的措施也符合比例原则,是以一种适当的方式达到合法的目的。

从以上的判决中,我们可以看出,虽然该案没有判决提出宪法诉愿的一方胜诉,但它还是肯定了一般人格权保护个人的私生活领域的自我决定权,这反映出联邦宪法法院对个性本质核心的完整性的保护,为的是以对抗现代社会、经济和科技对人类社会的新挑战,让宪法与时代合拍。[8] 这是德国法院保护个人隐私的典型案例。

(三) 信息自决权(informationelle Selbstbestimmung)

时隔不久,德国宪法史上就出现了 1983 年人口普查第二案。该案更进一步发展出了个人在个人信息公开和使用方面的自我决定权。[9] 该案涉及这一年颁布的《联邦人口调查法》调查德国人口和社会结构的合宪性问题。该法案要求公民填写详细的收入来源、职业、教育背景、工作时数以及交通方式等相关信息,而且还规定为了进行区域规划和环境保护,这些统计数据可以移送给地方政府。对此很多公民提起宪法诉愿,质疑该法案侵犯了公民宪法上的人格权。

联邦宪法法院在此案中通过宪法上的一般人格权,创造了个人信息自决权。法院认为基本法第 2 条第 1 款和第 1 条第 1 款保障个人原则上自己决定何时以及在什么范围内公开个人信息的权利。[10] 这就是个人信息自决权。虽然说个人信息自决权也不是毫无限制的,个人没有绝对意义上不受干涉地对"自身"信息的控制权,但要干涉个人对自身信息的控制权,必须存在更强的公共利益。这种干涉还要由符合"规范明确性"(Normenklarheit)要求的法律来规定,该法律还需遵守比例原则。

在这种原则上,我们可以说,为设定社会计划或完成公共事务而进行的人口普查是合法的,但是那些不能达成该目的的信息收集和储存,则是不合法的。另外个人信息的收集还需满足组织上的和程序上的规范要求,比如说区分该信息是以实名方式收集的,还是为了统计调查目的以匿名形式收集的。如果自动数据处理系统能使特定个人的个性特征,可以实名方式被识别,被重新组织和广泛传播,

---

〔7〕 BverfG27,1(8).

〔8〕 Edward J. Eberle, *Dignity and Liberty*, Praeger Publisher 2002, p. 73.

〔9〕 BverfGE65,1(42);BverfGE44,353(372ff.);BverfGE56,37(41ff);BverfGE63,131(142f).

〔10〕 BverfGE65,1(41).

这便侵犯了公民宪法上的人格权。

经过以上论述,法院最后判决认为,《人口普查法》的某些规定,比如该法第 6 条第 1 款违反宪法,法院认为关于人口普查的立法必须清楚地指明信息收集的目的和条件,以至于公民可以知悉哪些信息将被收集,以及为什么目的被收集。除了这一条之外,法院还判决其他几个条款侵犯了公民的信息自决权。首先该法授权地方政府把统计数据和地方住房登记进行对比是不合宪的,这将导致特定个人被识别出来,信息不再是匿名的。其次由于立法机关不能证明收集某些信息的重要性,法院认为收集这些信息对于完成地方政府的施政目标,并不必要,所以该条款违反了比例原则。[11]

联邦宪法法院通过人口普查第二案确立起来的信息自决权,是德国法治实践中一项独特的权利,该权利的核心在于要求国家在利用个人信息,维持施政目标的过程中,不可把个人当作信息数据的等同物来对待,换句话说不能将人物化或商品化,使得个人在这一过程中没有任何参与和决定的权利。这一点构成了德国的信息自决权与美国的隐私权的关键差别,因为后者只是以个人的不为人知的私生活作为保护对象的。这是德国法院保护个人信息的典型案例。

(四) 个人名誉的权利和言论不受错误引申的权利

人格权发展的另一类典型案例涉及个人形象的保护,以及不受错误事实侵害的权利,该权利和名誉权类似。名誉作为与人格价值相联系的利益,在罗马法上已经为一种典型的诉讼形式,即侵辱或者称为凌辱(injuria),但它的含义不仅是精神上(即名誉)的伤害,也包括许多生理上的侵害。德国的名誉保护主要落在刑法之内,民法和宪法上的名誉权保护直到 20 世纪才慢慢发展起来。19 世纪末 20 世纪初,随着现代社会公共传媒行业的高速发展,基本权利当中的言论自由(德国基本法第 5 条第 1 款)在很多国家都获得了至关重要的地位,因为资讯的快捷和通畅对政治决策的民主有推动作用。然而资讯的快捷传播,会使许多未被完全证实的信息得以扩散,倘若传播机构再借此事实展开批评,便极易导致个人的社会评价降低,个人名誉受到损害,即便是个人名誉未受影响,这种行为也会歪曲个人意欲建构的个人形象。

---

〔11〕　Donald P. Kommers, *The Constitutional Jurisprudence of the Federal Republic of German*, Duke University 1989, pp. 335-336.

个人名誉作为一般人格权的保护对象,包括外部名誉和内部名誉,前者指一个人在社会上的客观评价,是一种要求社会给予正当评价的权利;后者又称名誉情感,是一个人对他人评价的心理感受,是一种精神问题,名誉情感受到伤害会产生严重的沮丧和抱怨。按照德国宪法学者艾曼的表述,这种分类最早源于德国哲学家叔本华(Schopenhauer)。[12]

伤害名誉的言论可分为两种情形对待,一是事实描述(Tatsaschenbehauptungen),一是价值判断(Werturteile)。要判断事实描述是否侵犯名誉权,主要看两个因素,一是事实是否真实;二是此言论是否为了"为了保护正当的利益"(Wahrnehmung der berechtiger Interessen)。一般来说,只要不是有意违反事实,某些言论可以受到言论自由的保护,但为了保护正当利益而发表言论时,也必须采取为达到该目的所必须的和适当的方式(erforderlich und geeignet)。[13]

在德国法院判决的一个案例中,市民 K 在一个人头攒动的超级市场,发现该市市长 B 将一瓶鱼子罐头藏进口袋,K 通知了市场保安 D,在收款处保安 D 大声呵斥 B,并以盗窃嫌疑将 B 带到办公室进行检查,由于 B 市长仅将此鱼子罐头在口袋里藏了一会儿,又将其放回了购物车,结账时又按规定付款,所以保安未能从他身上找到任何东西。但是因为市长 B 身份特殊,此事引起巨大轰动。B 感觉到很大的屈辱,认为自己的名誉受到了毁损,便向法院起诉超市赔偿精神损失。在该案中我们必须要说,顾客 K 的不真实叙述,和保安 D 的检查行为,也有公共利益的考虑,也即为了防止商店被盗,所以他们上述行为不能说是不合理的,不这么做可能无法查处犯罪。但是法院最后还是判决超市方面败诉,法院认为超市保安在检查市长 B 的身体时,所采取的手段存在问题,即使超市对市长 B 存在盗窃行为的怀疑有一定的事实根据,但超市方面也应该尽可能秘密地指出 B 的问题,而不是大张旗鼓,闹得沸沸扬扬,导致市长 B 的名誉显著下降。[14] 以上是事实描述引发的名誉损毁诉讼。

除了事实描述可能引起名誉毁损之外,基于事实所进行的价值判断,也同样会侵犯他人的名誉权。一般来说如果依据事实对某些公共利益相关的问题进行评论,即使有些过激,也不算侵犯名誉毁损。因为价值判断的言论是评论者对自

[12] Ehmann, Zur Struktur des Allegmeinen Persönlichkeitrechts, *Jus* 1997, Heft3, S. 198.

[13] Ehmann, Zur Struktur des Allegmeinen Persönlichkeitrechts, *Jus* 1997, Heft3, S. 198.

[14] Ehmann, Zur Struktur des Allegmeinen Persönlichkeitrechts, *Jus* 1997, Heft3, S. 198.

己思想的表达,评论者应享有较宽的行为自由。不管评论人的见解有无价值、正确与否、是否感情用事以及是否有理性依据,只要不是针对被批判人进行恶意诽谤,不使用人身攻击的字眼,仍然属于正当言论的范围。

而且如果是在竞选活动中,即便使用了攻击性的言论也不构成侵权。在某一个涉及选举的案件中,基督教民主党(CDU)被竞争对手指控为欧洲的国家社会党(纳粹),德国宪法法院判决认为选举前后各政党为选举而进行的论辩活动,因为有助于公共舆论的形成,即使使用了人身攻击字眼,伤害了对方的名誉,也不构成名誉侵权。[15] 但是如果在非政治活动中,没有任何事实根据地对他人进行纯粹谩骂和侮辱,如称某人傻子、蠢货或胆小鬼等,就应该被看做侵犯名誉权(名誉情感)的行为。[16] 这是针对价值判断损害名誉权的判决标准进行的分析。

不过有些言论虽然不符合事实,但并没有伤害到当事人的名誉,也就是说不会降低当事人的社会评价,或者内在情感,这种言论应该被禁止吗? 对此,德国宪法上的索拉雅案提供了明确的结论,该案创造了不受虚构采访的权利。[17] 案件事实是,某小报上刊登了一则涉及前伊朗王妃索拉雅的报道,报道虚构了一次对王妃的采访,还杜撰了一些王妃的隐私。看到报道后,该王妃向德国法院提起了诉讼。法院根据宪法上的人格权条款判决小报败诉,承担经济赔偿责任。法院认为,任何人在社会和公共生活中都享有自由发展人格和保持尊严的权利,该权利是宪法保护的其他基本权利的基础。个人在人格和尊严受尊重的利益可以延伸到个人生活领域,在这个领域个人应该具有独处、自己做出决定并不被任何形式的干扰的权利,在私法领域该权利属于一般人格权的保护对象,(作为一般条款)一般人格权弥补了人格保护的漏洞。[18]

法院继续说道,宪法上的一般人格权赋予个人独处,防止非法的干涉的权利,不管这种侵犯来自公权力的还是来自私人;一个人应该可以控制自己的事务,例如自己的写作、语言、身体和心理的状态,这种权利应该包括允许谁、何时以及在什么情况下得到和使用这种个人信息,这是一般人格权所保护的个人内部领域。法院最后判决说,"在该案中,小报的出版者虚构的对王妃的采访对于(所追求的)

---

〔15〕 Bverfg JZ 1983,100 黄立:《民法总则》,110 页,北京,中国政法大学出版社,2002。

〔16〕 Ehmann, Zur Struktur des Allegmeinen Persönlichkeitrechts, *Jus* 1997, Heft3, S. 198.

〔17〕 BverfGE34,238(246);BverfGE54,148(154ff.).

〔18〕 BverfGE34,269(281).

公共意见的形成没有任何作用,对于这样的报道,隐私的保护永远处于优先地位"。[19] 总之虚构采访不仅威胁了权利人的自我决定权,决定谁、何时以及什么情况使用个人信息的权利,也伤害了个人的隐私。该案从一般人格中发展出个人不受虚假采访的权利。

与个人名誉保护类似的是,对个人言论不受错误引申的权利,这是联邦宪法法院判决的伯尔案(Böll)提出来的。诺贝尔奖获得者伯尔(Heinrich Böll)获奖后发表的一些言论,被某电视台错误引申,导致他被公众批评为恐怖主义的支持者。于是伯尔向法院提起诉讼,认为电视台错误解释了他的发言,侵犯了他的人格权。电视台辩称他们对伯尔的言论没有进行错误的报道,因为虽然伯尔当时没有明确表达这种意见,但从他的言论中可以推断出这层含义。州最高法院判决伯尔胜诉,但联邦最高法院却给出了相反的答案,最后联邦宪法法院再一次反转,同意了原告的诉求。

联邦宪法法院认为,电视台对伯尔言论的这种推断,可能会扩大作为解释者的媒体的自由裁量权,使个人的话语被解释得迥异于本来的意思。[20] 具体来说,法院沿用索拉雅案的推理形式,认为错误的引申不被保护,因为个人有不被错误引用的宪法利益。错误地引申伤害了个人由宪法保护的隐私权,这个权利首先包括对自己的名誉和语言的权利,换句话说个人有权禁止他人,把自己没有表达过的,而且会伤害由其自身树立的社会形象的语言归于自己。直接引用在辩论中是一项特别锐利的武器,它对于被批评者的人格权特别有害,错误引申如果在电视上广泛传播,将会严重贬低了个人的形象,个人很难重新恢复自己的名誉。[21] 从此案可以看出,联邦宪法法院认为媒体对受访人意见的随意引申也伤害了个人的一般人格权,它包括个人不受错误引申的权利。这是德国法院保护个人名誉、个人不受虚假报道和错误引申的典型案例。

(五)肖像权

宪法上的人格权除了保护隐私、名誉、言论之外,还对个人肖像进行保护,这也是德国《民法典》没有明文规定的人格权利。如上所述,人格权是一种个人自决

---

[19] BverfGE34,269(283).

[20] BverfGE54,208(217).

[21] BverfGE54,208(217).

权,那么它就当然包括个人决定以何种形象出现在公众面前的权利。[22] 也就是说,个人可以决定自己以什么样的形象,在什么时候,在什么场合呈现于公众面前。因此一个人对自己肖像的权利,也是人格权的一种表现形式。[23] 在德国对个人肖像权的保护,已为《艺术作品著作权法》所规定,该法第 23 条第 1 款规定,如需传播和展出某人的肖像,必须取得当事人的同意。可是这一条并没有规定个人肖像不得被随意拍摄或制作,对此联邦最高法院利用一般人格权进行了补充,法院认为即便不进行传播和展出,仅仅是制作他人肖像也是不被允许的。法院还对随意制作他人肖像,规定了明确的法律后果,权利人可以获得赔偿。[24] 这是宪法上的人格权在保护肖像方面的作用。

另外在肖像权保护方面,公众人物(德国法称之为当代历史人物 Person der Zeitgeschichte))的肖像可以不经同意被制作和使用,这是《艺术作品著作权法》第 23 条第 1 款的规定,其原因在于对公众人物的报道受基本法第 5 条第 1 款言论自由的特殊保护。所谓的公众人物,不仅指本来即很著名的"绝对公众人物",而且也包括原本籍籍无名,而由特定的重大事件为他人广为知晓的"相对公众人物"。然而联邦最高法院却援引宪法上的一般人格权条款,对《艺术作品著作权法》的规定作出了"合宪性解释",法院对条款进行了限缩解释,认为即便是"当代历史人物"中的"绝对公众人物",其个人生活最狭窄的范围也受隐私权的保护,该权利可以用来对抗他人刊登其肖像进行新闻报道的利益。[25] 这也是以宪法上规范来纠正相关著作权法在肖像权保护上的不足。

德国法院在肖像权保护方面的典型案例是 1958 年"骑士案"(Herrenreiter Urteil),该案的事实情况是,被告某壮阳药(Okasa)的生产者,在其产品销售广告中擅自使用原告照片,将原告作为壮阳药的代言人,照片上的原告穿一套骑士装束,表现出很强的雄性特征。原告相当富有,是当地一家啤酒厂的股东,按照他的说法,无论被告支付多高的费用,他都不会同意为该壮阳药做广告。在此案中,德国联邦法院主张,个人有权自由决定个人的内在领域,擅自利用和传播他人照片侵犯了被害人的肖像权,侵入了个人的内在领域。

---

[22] Degenhart, Das allegemeine Persönlichkeitsrecht, *JuS* 1992, Heft 5, S. 365.

[23] BverfGE35,292(224);BverfGE54,148(154).

[24] [德]迪特尔·施瓦布:《民法导论》,郑冲译,210 页,北京,法律出版社,2006。

[25] [德]迪特尔·施瓦布:《民法导论》,郑冲译,210 页,北京,法律出版社,2006。

不过在人身损害赔偿方面,根据当时《德国民法典》第 253 条有关侵权责任的规定,使用他人肖像做广告的行为,不属于可请求金钱赔偿情形。于是德国联邦法院就类推适用《德国民法典》第 847 条关于侵害自由的规定(现已废止)——侵害他人自由可以获得人身损害赔偿,认为基本法第 1 条第 1 款及第 2 条第 1 款(如前所述两条结合成为宪法上的人格权条款)保护的肖像权属于《民法典》这一条规定"侵害自由",所以被告应该支付原告 10000 马克的精神损害赔偿金。[26] 不过在判决中,德国联邦法院并没有承认宪法条款可以直接作为民事裁判规范,而是通过对民事规范的合宪性解释,将民法典上"自由权"解释为包括宪法上的人格权。[27] 在此案中宪法规范起到的作用也不可小觑。这是宪法上的人格权在肖像保护上的运用。下面说说人们在个人生活领域的自决权。

(六)知悉自己血统的权利(das Recht auf Kenntnis der eigenen Abstammung)

个人在狭小的生活领域的自我决定权,是个人人格形成的"基本条件",也应该作为宪法上的人格权保护的对象,受到国家和他人的尊重。[28] 个人排除国家和他人的干预,知悉自己血统的权利即是上述"基本条件"的一个方面。[29] 如前所述,宪法上的人格权保障的是个人人格(个性)的自由发展。而一个人的基因来源也是个人个性当中重要的因素,了解这一事实对个人的发展意义重大。

根据《德国民法典》第 1596 条第 1 款,刚过成年人标准的公民不能要求法院宣布其是否婚生,以确定其血统,除非父母已离婚、婚姻被撤销、被宣布无效或者分居三年以上,并且不再期望恢复婚姻关系。该规定在 1989 年发生的一个案件中被认为剥夺了个人知悉自己血统的权利而被判无效。[30] 法院理由是,民法典"仅在法律所列举的几种情形下,允许已经成年的公民通过各种检测手段,确定其自身的血统,侵犯了公民的一般人格权",原因是"人格自由发展权和人性尊严保障每个公民在私生活领域拥有自我决定权,在这个领域个人可以发展和保护其个

---

〔26〕 许瑞超:《德国基本权利第三人效力的整全性解读》,载《苏州大学学报(法学版)》,2017(1)。

〔27〕 龙卫球:《自然人人格及其当代进路考察——兼论民法实证主义与宪法秩序》,载《清华法学》,2002(2)。

〔28〕 BverfGE79,256(268).

〔29〕 BverfGE79,256.

〔30〕 § 1596 BGB (1) Das Kind kann seine Ehelichkeit anfechten, wenn... 2. die Ehe geschieden, aufgehoben oder für nichtig erklärt ist oder wenn die Ehegatten seit drei Jahren getrennt leben und nicht zu erwarten ist,daß sie die eheliche Lebensgemeinschaft wiederherstellen, ...

性。个性的发展和某些个人情况紧密联系，其中包括个人的血统。"[31]因为种族和血统揭示了一个人的基因信息，对于个人理解和建构自己的人格（了解自己是什么样的人，和希望自己成为什么样的人）具有"至关重要的作用"。[32]所以宪法上的人格权应该包括一个人知悉自己血统的权利。

这是德国法院对个人知悉自己血统的权利的确认。不过尽管保护个人自我决定非常重要，法院还是在一定程度上肯定了《德国民法典》在个人知悉自己血统方面的规定。首先法院认为，虽然个人知悉自己血统的权利非常重要，但也要和宪法规定的其他权利作衡量。其次法院认为，《德国民法典》禁止个人随意获取个人的血统信息，其目的也是确保家庭的和谐发展，而这一点也为基本法第6条（国家有义务给予婚姻和家庭生活一种"特殊保护"）所保护。为了保护婚姻家庭制度不受破坏，未成年人知悉自己血统的权利也需要受到限制。[33]

在对个人知悉自己血统的权利和婚姻家庭制度进行权衡之后，法院最后得出结论说，联邦议会在制定民法典时，太过于重视家庭和谐，以致漠视了儿童利益。[34]因为确定儿童的血统并不一定破坏家庭的和谐，特别是当儿童已经成人之后。有时候和继父在一起生活的儿童只是希望了解其血统，并没有想要脱离家庭的意思，还有时候已经和其生父建立了抚养关系的儿童，了解其血统也是希望得到法律的确认。[35]最后法院按照比例原则对这两方面的利益进行衡量之后，认为立法机关即使为了保障家庭的和谐，也应该采取一种对儿童人格权侵害性最小的立法措施（durch mildere, aber gleich wirksame Mittel），不分情况地禁止儿童了解其血统情况，是违反宪法上的人格权条款的。[36]

这是知悉自己血统的权利的第一案，到1994年的时候联邦宪法法院又对知悉自己血统的权利的第二案做出了判决，法院再次宣布民法典1598条因侵犯人格权违宪。[37]该条规定儿童成年以后两年内可以要求法院宣布其非婚生性，超

---

〔31〕 BverfGE79，256(268).

〔32〕 BverfGE79，256(269).

〔33〕 BverfGE79，256(270).

〔34〕 BverfGE79，256(270).

〔35〕 Edward J. Eberle, Dignity and Liberty, Praeger Publisher 2002，p.143.

〔36〕 BverfGE79，256(271-174). also Edward J. Eberle, Dignity and Liberty, Praeger Publisher 2002，p.143.

〔37〕 BverfGE90，263.

过此期间,将不允许申请。法院认为,如果儿童在两年内不行使,权利将会丧失,该规定同样限制了公民的知悉自己血统的权利。[38] 通过以上两个案例,我们可以看出法院在婚姻家庭生活中进一步赋予儿童的自我决定的权利,这也是二十世纪下半叶自由主义思想向家庭扩张的结果,个人希望摆脱任何限制,哪怕是来自家庭的。以上是宪法上的人格权在家庭关系方面的反映。

（七）个人在性取向上的自决权

宪法上的人格权下一个发展的对象是保护个人的性取向上的自我决定权。因为性取向乃是基本法第 2 条第 1 款和第 1 条 1 款引申出的私生活的重要部分,所以个人在性取向方面的自决权也应该受到宪法保障。德国法院从两个方面保障个人在性取向上的自决权,一是要求国家或者教育机构不干涉个人在性生活方面的私密领域,这是一种防卫性的、"消极的"（passive）权利;[39] 二是要求国家为具有变性倾向的公民提供性别转换的条件,这是一种"积极的"（aktive）权利。[40]比如,做过变性手术的人,要求政府更正其身份登记中的男性身份,就属于这种积极的权利。[41]

与此相关的案例主要有"变性案"和"变性者平等保护案"。在"变性案"中,原告是一名通过变性手术,成为女性身份的男子,因为政府户籍登记机关仍将其登记为男性,所以才向法院起诉,要求户籍登记机关变更其身份信息。[42] 法院承认该男子的要求的合法性,责令户籍登记机关履行职责,变更该男子的性别信息。法院认为,性倾向属于个人人格中最隐私的部分,除非存在极为重要的公共利益,任何国家权力都不能涉入。个人根据其自身的生理和心理特征,决定自己的性别属性的权利,是个人人性尊严和人格自由发展的前提条件。[43] 除此之外,法院还引述最新科学研究报告,认为决定个人性取向的最重要因素,不是个人生理特征,

---

〔38〕 原文为"Hat der gesetzliche Vertreter eines minderjährigen Kindes in den Fällen des § 1596 Abs. 1 Nr. 1 bis 3 die Ehelichkeit nicht rechtzeitig angefochten, so kann das Kind, sobald es volljährig geworden ist, seine Ehelichkeit selbst anfechten; die Anfechtung ist nicht mehr zulässig, wenn seit dem Eintritt der Volljährigkeit zwei Jahre verstrichen sind."翻译时有节选。

〔39〕 BverfGE47,46(73).

〔40〕 BverfGE49,286(297ff); 60,123(134).

〔41〕 BverfGE60,123(134).

〔42〕 BverfGE49,286(290).

〔43〕 BverfGE49,286(298).

也不是关于性别变更的法律规范,也不是性行为自身,而是个人心理和身体协调发展的需要。[44] 因此,联邦宪法法院最后决定,个人有权要求户籍登记机关更改其重新选择的性别信息。

以上是对"变性案"的介绍,关于变性的另一个案件是"变性者平等保护案"。该案的内容是一名要求变性的人没有通过政府的许可,原因是他的年龄超过了法律的规定,民法典规定只有25周岁以下的人才能申请实施变性手术。于是他向法院提起诉讼,认为民法典的规定侵犯了他的平等权,法院认可了他的意见。法院认为,变性跟一个人的年龄没有多大关系,年龄大的人并非不能变性,变性应该关注的是个人的意愿和手术的可能性。[45] 法院最后判决民法典的规定违反宪法,应作出修改。该案虽然称为平等保护案,跟平等权有关,但它的主要内容也还是奠基在人格自由发展权上面,法院认为性别的选择是个人人格发展的重要因素,应该允许个人自我决定。

针对上述两个与变性相关的案例,有学者分析认为,德国法对待性自决权与美国不同,后者将性生活方面的自我决定看作是一种自由权,而前者则更愿意将它视为人格的一部分,从追求人格或个性的自我发现和发展的角度来论证性自决权。[46] 这是一般人格权在性取向方面的表现。下面我们要提到的是一名即将出狱的罪犯,要求媒体不再重复报道以往犯罪经历的案件。

(八) 重归社会的权利

此案从宪法上的人格权中创造出了"罪犯重归社会的权利"。此案被称为"雷巴哈案"(Lebach),也有许多国内学者做过介绍。[47] 案件涉及的是一名刚刚出狱的抢劫犯,了解到电视台即将报道其入狱前抢劫军火库致四名人死亡的案件,他向法院提起诉讼要求禁止电视台对他多年前的犯罪经历进行报道。他还了解到电视台的报道还会涉及他个人的其他私生活,如同性恋倾向等。法院同意了他的请求,认为在此案中罪犯重归社会的人格利益和私生活不被公开的独处利益,优

---

[44] BverfGE49,286(299).

[45] BverfGE60,123(133).

[46] Edward J. Eberle, Dignity and Liberty, Praeger Publisher 2002，p. 134.

[47] 林来梵,张卓明:《论法律原则的司法适用——从规范性法学方法论角度的一个分析》,载《中国法学》,2006(2);熊静波:《和人格权的冲突与调和——从基本权利限制理论角度观察》,载《法律科学》,2007(1)。

先于电视台的报道自由，因此电视台不得继续对这件多少年前发生的案件进行重复报道。[48]

在论证上述权利时，法院主要抓住两个方面，一是人格自由发展权和人性尊严权，认为为了保障每个人自由发展自己的人格，必须允许他自己决定自己的生活情景是否以及多大程度上向社会公开，只有这样人们才可以自我发展和建构自己的生活。二是将罪犯的这种人格权和电视的报道自由权进行衡量，认为虽然媒体对案件的报道与人们知悉社会事件的利益相联系，但在对一个严重犯罪行为进行"重复报道"的情况下，上述报道所保护的人们对最新社会信息的知悉利益是不存在的。所以在此案件中，罪犯重返社会的人格利益优先于媒体的报道自由。

从这个案件以及上述的系列案件中，我们可以发现德国人格权保障方面的一个根本性原理，就是尊重个人随时重新建构自己的形象，自己的性格，自己的人生目标的权利。无论从心理学，还是从社会学上看，这个利益都非常重要。从心理学上看，尊重个人重新建构自己的人格或性格，让每个人自己决定自己的人生，是个人人格健康发展的必要条件。从社会学上看，尊重个人重新建构自己的人格或性格，让每个人自己决定自己的人生，是保证一个人更好地社会化，更好地和他人相处的重要基础，如果一个人不能自己决定自己的未来，很可能产生反社会、反人类的倾向。基于这样一种认识，我们可以说保障人格权的重心，其实就是要求个人之外的其他人，能够尝试"忘记"这个人的过去，"无视"这个人的私生活，只要这种忘记和无视，不会伤害到其他人。总而言之所谓的人格权就是一种要求他人"忘记"和"无视"的权利。

最后我们总结一下，以上我们通过德国联邦宪法法院判决的一系列案件，对德国宪法上的人格权的具体落实过程进行了详细的介绍。总而言之，宪法上的人格权是在个人人格利益得不到特别人格权保障时，主动发挥补充保障人格利益的功能的权利，宪法上的人格权原则性和概括性更强，在实践中它还需与其他宪法原则进行衡量，才可以得出最终的保护结论。职此之故，在德国民法学者拉伦茨看来，这正是《德国民法典》没有规定一般人格权的原因，因为立法者难以给这种权利划界，最终要保护哪一方利益取决于具体案件中财产或利益的相互衡量。[49]

---

[48] BverfGE35,202(220).

[49] ［德］卡尔·拉伦茨：《德国民法通论》，王晓晔等译，170页，北京，法律出版社，2003。

这是德国宪法上的人格权具体化的实践经验,下面我们再看看日本法的情况。

二、日本宪法上的人格权类型

上文我们讲过,日本宪法上的人格权是宪法第 13 条的"幸福追求权"条款(全体国民都作为个人而受到尊重。对于生命、自由和追求幸福的国民权利,只要不违反公共福利,在立法及其他国政上都必须受到最大限度的尊重)。我们也讲过日本宪法上的这项"幸福追求权"也经历过一次从概括权利向个别权利或新兴权利转变的过程。不过关于这个过程,在这里还需要交代一下,为什么会发生这样的转变。笔者认为主要原因是科技进步的挑战,以及德国法社会学家卢曼所说的系统分化的结果。关于这个问题的介绍,主要体现在国内一些翻译著作上,专门研究日本宪法上的人格权的论文并不多,仅有的研究也不太注意宪法上的人格权变化的底层逻辑。

日本宪法上的人格权(幸福追求权),它一开始是被解释为概括的权利,不是可以在案件裁判中加以适用的权利。在许多案件中,比如引诱搜查案、开设赌场被罚案、风俗营业时间限制案等,当事人主张自己的幸福追求权被政府的某些法令所侵犯,但这些主张大多没有被肯定,原因就在于"幸福追求权仅仅是一种纲领性的条款"。[50]

至于原因,主要在于受到美国法的熏陶,以及尊奉原教旨主义解释(原意解释)的结果。比如日本早期宪法解释学都从美国人权法案中寻找解释该条款的基础,日本法学协会在五十年代编纂的宪法注解对"幸福追求权"的解释是:"幸福追求权,是个人人格的生存不可缺少的权利和自由的概括描述,这些权利的根源是天赋的人权思想与美国的自然权思想。所以这里所说的'幸福追求权',应该属于所谓自由的基本权,要求国家权利不能妨碍个人的幸福追求,不包含那些要求积极的国家关照的二十世纪的权利(如生存权、劳动权等)。"[51]

这是从思想史角度来看日本宪法上的幸福追求权的内涵。此外,根据原教旨主义解释的逻辑,该条款也不适合作为个别的权利,而只是强调日本宪法上的基本权利不是绝对的,这些基本权利必须和公共福利和公共福利进行衡量,要二者

<hr />

〔50〕 〔日〕芦部信喜等编:《演习 宪法》,192 页,东京,青林书院,昭和 59 年。
〔51〕 法学协会:《注解日本宪法》(上卷),156～157 页,东京,有斐阁,昭和 26 年。

兼顾,不能太过于重视其中的一个方面。因为按照这一条的原文,个人行使这些权利,必须在公共福利允许的范围内。学者们认为,该条款的目的,仅在于说明这一点,没有其他考虑。

可是这种学说为什么会慢慢被替代呢?笔者认为是一种卢曼所说的系统分化的结果,意思是一个系统有本能的内在的超前发展的倾向,一直要发展到它受到强大力量阻拦的地方。比如下文所介绍的这些权利,肖像权、隐私权、名誉权和各种情况下的自决权等,都是人格自由这种理念和力量逐渐发展,而前方又没有特别重要的对抗性因素加以阻挡的结果。

不过除了这个因素以外,时代的进步和科技的发展也是一个重要的因素。比如 20 世纪 60 年代以后摄影技术大量普及,导致更多个人肖像被摄取的问题,工业化的高速发展,带来严重的噪声、粉尘等环境公害,这些因素都迫使法律界采取对策创造新型基本权,于是"幸福追求权"便被摆到了发展新型基本权利的地位。日本宪法学界普遍认为,可以从宪法上的"幸福追求权"条款中推导出"14 条以下个别的权利中未列举的权利",日本最高法院对这一理论创新表示认可,比如在"旅券发放拒绝案"中,田中和下坂两法官在判决的"补足意见"阐述道:"宪法的人权和自由的保障类型,是历史上被承认的重要的事物中提取出来的权利,并没有网罗殆尽。所以除此之外的权利和自由并不是不存在的,也并非不予保障的。……它们没有被赋予特别的名称,但仍是一般自由权和幸福追求权的一部分。"[52]

关于"补足意见"这里需要简单做个介绍。日本法院判案时允许不同法官可以提出不同的意见,判决结论和依据按照多数法官的意见作出和撰写,对于与判决意见不同的少数意见,也同样写在判决书中,少数意见中的支持判决结论的意见称为"补足意见",而反对案件结论的则成为"反对意见"。[53]

法院不仅通过这个案件发展了新兴基本权,还在后来的一系列案件中,将宪法上的幸福追求权条款,从宣誓性的、仅仅是客观价值的规范发展成为真正的特别主观基本权(或者人格权),这些具体人格权包括肖像权(京都府学联事件)、隐私权(宴会之后案)、名誉权、环境权、日照权、厌烟权、和平生存权(长沼内规案)、

---

〔52〕 [日]有仓辽吉:《宪法(新版)》,法学别册 No.30,68~69 页,东京,日本评论社。
〔53〕 刘凤景:《日本最高法院的少数意见制》,载《国家检察官学院学报》,2006(4)。

情报权、知的权利以及自我决定权（有关家庭生活、生活方式、拒绝治疗的安乐死的自律权）等，下面将逐一进行介绍。

（一）肖像权

首先介绍肖像权，这是"幸福追求权"最早发展出的具体人格权。从比较法上看，肖像权最早的保护对象是肖像的营利使用权，后来才慢慢延伸到保护肖像的制作权。从 19 世纪中叶开始肖像权已经为法国判例法所承认，进入 20 世纪后以德国的 1907 年的《美术作品著作权法》第 22 和 23 条（前已提及）为开端，欧洲和拉丁美洲各国的著作权法或民法（如意大利民法第 10 条）都相继承认肖像权；美国对肖像权更多是作为隐私权在制定法（如纽约州 1903 年制定的《民权法》第 51 条）和判例法中加以保护，[54]美国法将公民禁止他人以营利目的使用肖像的权利称为"公开权（right of publicity）"。按照日本学者五十岚清教授的说法，从比较法上看，现在所谓的"肖像权系指，禁止他人在没有权限的情况下绘画、雕刻、摄制或其他方法制作、发表自己的肖像的权利。"[55]

在日本，一开始民法上并没有肖像权的明文规定，肖像权的概念只是在学说上被使用着，这一点在明治时期已经出现了。"二战"以后相应的判例也渐渐发展，于是肖像权概念进入了日本宪法和部门法判例中。这方面代表性的案件是前文已有提及的警察拍摄游行示威人员的刑事案件——1969 年的京都府学联事件，京都大学学生在举行游行示威活动期间发生骚乱，警察使用照相机拍下现场，并以此作为证据依照《警察法》起诉违法学生。而学生则以宪法 13 条的"幸福追求权"提出申诉，认为《警察法》规定的警察可以使用相机拍照，侵犯了国民的人格权。

案件经过两级审理，最后由最高法院作出终审判决："根据宪法 13 条，国民的私生活的自由在国家行使警察权等国家权力时应受到保护。作为这种私生活的自由的一部分，任何人具有未经同意其容貌、姿态不被擅自摄影的权利。不管这种权利是否可称作肖像权，至少警察官在没有正当理由的情况下拍摄个人的容貌，是违反宪法第 13 条的主旨的，应不被容许。但针对国家权利的行使而言，个人自由也不是毫无限制的，该权利必须在公共福利的情形下受到相当大的限制，

---

〔54〕　[日]五十岚清：《人格权概述》，163 页，东京，有斐阁，2003。
〔55〕　[日]五十岚清：《人格权概述》，163 页，东京，有斐阁，2003。

这一点从该条款的规定可以看出。犯罪侦查乃是为了公共福利而赋予警察的一种国家行为，警察具有侦查犯罪、保障公共福利的职责（警察法第二条第一项）。所以警察人员在侦查犯罪的必要时可以拍摄相片，即便在拍摄对象中除犯罪人员之外还包含第三人的个人容貌，有时也不能禁止。"[56]

可以看出，虽然该案承认了公民具有肖像权，但反过来也承认了警察的拍摄行为具有必要性和合法性。与此相关的另一个案件——马克·莱斯特（Mark Lester）案，也适用了上述最高法院的判决要旨，审理该案的地方法院认为，"一个人的肖像被随意暴露在他人眼前，会给其带来的反感、羞耻、不快等精神痛苦。这种精神痛苦不应该为人们所承受，不遭受这种痛苦应该被看做法律上必须保护的生活利益。作为一种人格利益，这种利益如果只停留在伦理和道德领域，肯定不足以得到充分的保护，而必须被提升到以法律手段进行保护的程度（对该权利是否称为肖像权另当别论）"。[57] 虽然日本法院未将其称作肖像权，但关于肖像不被随意拍摄、传播或使用的权利，已经成为日本公法和私法领域一项独立的权利类型。

将肖像权视为一项重要的人格权有着相当有力的现实和理论原因。如上所述，19 世纪就发明了拍照和摄影器材，拍照和摄影技术也突飞猛进，这些设备和技术带来的负面社会影响是不可低估的。如今更加具有风险性的隐形摄像设备、高倍望远设备以及互联网传播技术，使得肖像摄制与传播更加容易快捷，其损害的程度也就更加扩大，所以保护个人的肖像不被随意摄取，禁止偷拍、窥探等规范，已经成为西方国家人格权保护的关键内容。美国法学家庞德所说，法律的作用和任务在于承认、确定、实现和保障利益，或者说以最小限度的阻碍和浪费来尽可能满足各种相互冲突的利益。[58] 可以见得肖像权的保护是顺应了这个潮流的。下面再说说日本的隐私权保护。

（二）个人隐私权

日本的隐私权理论受美国的影响比较大，在美国隐私权被定义为"静静地不被惊扰的权利"，[59]日本也是如此，许多学者称隐私权为"私生活不被擅自公开的

---

[56] 最判昭和 45·9·16［大法庭］民集 24 卷 10 号 1410 页。

[57] 东京地判 51·6·29判时 817 号 23 页。

[58] 沈宗灵：《现代西方法理学》，292 页，北京，北京大学出版社，1992。

[59] ［美］沃伦、布兰代斯：《隐私权》，载《哈佛法律评论》，1890（4）。

法律保障或权利"。[60]　不过最近一些年,随着电子计算机等技术的发达,人们对个人情报的收集、存入和利用等方面的控制权,其必要性日益增加,个人隐私权又逐渐被理解为"个人情报控制权"。[61]　因此有学者认为,日本的隐私权保护经历了一个从私法上的隐私权到宪法上的隐私权的发展,一个从消极被动的、要求他人尊重自己独处不被打扰的隐私权到积极主动的、控制个人信息的隐私权的发展过程。然而"个人情报控制权",在作为控制权对象的个人情报的范围方面,或者说究竟控制哪些情报这些方面,尚有不甚明确之处,使得这一权利的正当性受到一定的质疑。对此佐藤幸治教授主张还是使用个人隐私权的概念,认为"与人的精神活动过程和本身内在状况等相关的,具有高度机密性质的情报,构成个人隐私权的内容。"[62]

在日本,隐私权作为私法上的权利得到确认的标志性案件是 1964 年的"宴会之后案件"。在该案中,某作家在创作小说《宴会之后》时,以现实中的一个人物作为原型,被作为原型的这个人,对作家提出了控告,认为作家采用"偷窥"式的手法描写了其私生活场面,侵犯了他的人格权。法院判决指出,个人尊严这一思想是近代法的根本理念之一,也是日本宪法所立足之处,只有人格得到尊重、私生活受到保护,人性尊严才能得到切实的维护,而毫无正当理由地公开他人的私事构成侵权。从本案可以看出,以某人为原型的小说创作是有风险的,如果能够让人一眼就看出小说描写的就是某个特定的人物,而小说又揭露了该人的个人私生活,就极有可能构成侵权。不过在本案中,法院并没有提到隐私的概念,只是从个人尊严角度进行了论证。

第一次认可隐私权的是上文在肖像权保护部分中提到的 1969 年的"京都府学联案件",法院同时将肖像权和隐私权作为判决依据。不过在这些案件中,日本法院对隐私权的定位基本上还是一种消极、被动的权利,在 1986 年的一个案件中,积极、主动的以控制个人信息为重点的隐私权概念开始出现了。该案说的是,一名在日本居住的韩国人在办理居留登记手续时拒绝按手印,户籍机关不予办理证件,此人便向法院提起诉讼。法院在此案中提出了隐私权具有控制个人信息的

---

〔60〕　东京地判 1964.9.28 下民集 15 卷 9 号 2317 页。

〔61〕　佐藤幸治、中村睦男等:《注释日本国宪法》(上),292 页,东京,青林书院 1984。

〔62〕　[日]浦部法穗:《基本人权总论》,武树臣译,载于沈宗灵、黄楠森主编:《西方人权学说》(下),92 页以下,成都,四川人民出版社,1994。

特点。法院指出指纹属于人人不同的、终生不变的身体特征，是识别个人最为可靠的手段，因此该信息本应当由个人加以自由管理，而且由于按手印在犯罪侦查中具有重要的作用，被强制按手印自然会令人产生不快、屈辱感，这样看来作为个人基于个人尊重理念而享有的私生活上的自由，公民享有不被违背意志强制按手印的自由。在这里法院提出了三个理由对拒绝按手印的自由进行论证，一是个人尊严，二是私生活的自由，三是不愉快、屈辱感等心理伤害。这一定义将隐私权的内涵大大地扩张了。

在另一个案件——"在日中国台湾人身份调查表订正请求诉讼"中，一名退伍军人要求原属部队及日本厚生省（相对于中国的社会保障部）纠正其逃兵身份的不实记载，法院认为当个人信息为他人所掌握时，如果该个人信息是与当事人的前科经历、病历、信用状况等有关的极为重大的事项，在该信息明显违反事实时，信息登记机关仍然放任不管或提供给第三人，从而给当事人带来社会生活上的不利益乃至损害的，该当事人为了避免遭受不利和损害，可以要求保有该个人信息的当事人删除或者订正与事实不符的部分。

这是一个非常重要的案例，它引进了欧美等国的所谓的"信息控制权"，给予当事人要求修改订正错误个人信息的权利。不过这里日本法院仍然使用隐私权的概念，只是对隐私权的内涵进行了扩大，法院指出"所谓隐私权，乃是指个人自由地决定在何时、用何种方式、以何种程度向他人传递与自己有关的信息的权利"。

如此说来，隐私权所保障的已不限于传统意义上尚不为人所知、不愿或者不便为人所知的个人私事（即一般而言的隐私），而是扩展到了所谓的个人信息，即可以通过它识别出个人身份的所有信息。然而在这种观念下界定的隐私权，极易与他人或社会积极主动地获取或披露某种信息的知情权产生冲突。因此如何协调隐私权和这些权利和自由的关系是不可回避的问题。这一点留待后文人格权的限制原则部分阐述。

除了通过司法判例发展隐私权之外，日本立法机关也尽可能地通过立法手段完善对隐私权的保障。比如1988年，日本出台的《关于对行政机关所持有的电子计算机处理的个人信息加以保护的法律》，目的是保护中央政府机关电子计算机处理的个人信息；随后又相继出台了《个人信息保护法》《关于保护行政机关所持有的个人信息的法律》《关于保护独立行政法人等所持有的个人信息的法律》《信息公开与个人信息保护审查会设置法》以及《对〈关于保护行政机关所持有的个人信息的法律〉等的实施所涉及的相关法律进行完善等的法律》等等法律规范。其中《个人信息保护法》针对政府部门和非政府部门规定了保护个人信息的若干共同事项(包括原则、主管大臣、罚则等),《关于保护行政机关所持有的个人信息的法律》和《关于保护独立行政法人等所持有的个人信息的法律》则适用于政府部门和行使行政职能的特殊法人。这些都是以政府机关作为规制对象的立法,对于非政府部门的私人企业,日本法律界则主张应尽可能针对其特定领域(如个人信用信息、医疗信息等)和具体情况制定个别法或者加强其自律,以避免因实施严格的个人信息保护,给企业增加过多的负担,从而影响经济的发展。

以上是日本判例和立法对隐私权的保护,总而言之日本法律界不但在司法判决中积极落实宪法上的人格权条款,引入隐私权甚至个人信息控制权的概念,而且还在可能的范围内通过制定法,进一步完善隐私权的保护。在所有人格权保护的对象中,关于隐私和个人信息的制定法是最多的,在德国和美国也是如此,因此在这个领域出现了制定法和判例法二分天下的图景。这是需要引起注意的。下面我们要说说个人名誉的保护。

(三)个人名誉权

日本社会对名誉的保护也是很早就有的事,特别是对天皇和官员的名声加以特别严格的保护,以此来显示尊卑观念,所以在古代日本社会,同样存在着这数不胜数的文字狱、以言获罪现象。进入现代社会以后,名誉保护的对象扩充到每一个普通人,所以尽管现代社会言论自由的范围逐渐扩张,但是有损他人名誉的行为仍然受到禁止,诸如刑法中的名誉毁损罪(第230条)、民法上作为不法行为之一的名誉毁损(第709条、第710条、第723条)都是从部门法上保护名誉权的例证。

但是上述关于名誉毁损的法律,都带着一种阻止对国家公权力进行批评,甚至压制言论自由的色彩。[63] 所以包括民众在内的许多人,对名誉权过度保护总是存在着或多或少的戒备心理。为了使名誉权和宪法上的言论自由相抗衡,也为了扩大名誉权保护的救济手段,日本最高法院多次引用宪法上的"幸福追求权"作为名誉权的保护依据,这方面的典型案例就是著名的"北方杂志案"。[64]

---

〔63〕 [日]浦部法穗:《基本人权总论》,武树臣译,载于沈宗灵、黄楠森主编:《西方人权学说》(下),92页以下,成都,四川人民出版社,1994。

〔64〕 最大判昭和61·6·11民集40卷4号872页。

该案的具体情况是,日本旭川市原市长 Y1,被选定为 1979 年 4 月举行的北海道知事选举的候选人,在 Y1 积极筹备竞选期间,他得知《北方杂志》的发行人 X 将在该年 2 月 23 日出版的《北方杂志》4 月号上,发表一篇针对 Y1 的负面报道,题目为《某权力主义者的诱惑》,该期刊的印刷及其他相关事宜正在进行当中。Y1 还得知这篇报道的具体细节,比如这篇文章说,能够胜任北海道知事一职的,应当是聪慧、具有强烈责任感、人格清白的人,而 Y1 并不具备这些要件;因为 Y1 从小就是"爱撒谎、装腔作势、狡猾"的人,是一个"言语的魔术师、兜售(政治上的)伪劣货色的江湖骗子"、"在美丽的假面下掩盖着丑恶的性格"、"为了一己私利而不择手段的机会主义者"、"白天是骗人的欺诈师,夜里是乘黑作案的凶贼"、"母狗屁股般的市长"。除此之外,该文章还揭露了该市长的许多私生活,比如"为了得到新结识的在俱乐部作女招待的女人的欢心,不惜用卑劣的手段与无辜的妻子分手,令其自杀"、"为得到老父及年轻母亲的宠爱而赶走异母兄弟"等。

了解了这一情况之后,Y1 于同年 2 月 16 日向北海道札幌地方裁判所申请临时禁令(假处分),要求法院禁止印刷、制作及发布这一期杂志,目的是防止本人的名誉权受到不可挽回的伤害。Y1 的临时禁令申请于同日得到准许并被执行。于是杂志社 X 反过来以上述申请和处分违法为由,对 Y1、Y2(选举活动组织者)及国家提起多项诉讼,要求上述主体赔偿各项利益损失共计 2025 万日元(一审要求3050 万日元,后缩减至此数额)。

本案一审(札幌地方裁判所 1980 年 7 月 16 日)、二审(札幌高等裁判所 1981年 3 月 26 日)均判决驳回杂志社方面 X 的诉讼请求。为此,X 继续以临时禁令违反宪法第 21 条 2 项禁止(对刊物等)实行检查的规定为由,向日本最高法院提起上诉。最高法院最后的判决 是这样的:

（一）对杂志及其他出版物的印刷、制本、贩卖、发布等采取临时禁令的事先停止出版行为,与行政机关以事先规制为目的而对出版物所进行的全面、一般的审查不同,是针对个别的私人间纷争,由司法裁判机关进行的、基于当事人的申请并就停止请求权等私法上的保全权利的有无、保全是否必要等问题作出审理判断后而采取的措施,并不是所谓"检查";

（二）名誉遭受违法侵害者,除可要求损害赔偿(民法第 710 条)及恢复名誉(同法第 723 条)外,对于作为人格权的名誉权,出于排除现实进行的侵害行为或预防将来会发生的侵害的目的，应解释为还可以要求加害者停止侵害。申言之，名誉与生命、身体一样，俱为极重大之保护法益，作为人格权的名誉权，应与物权一样被视为具有排他性的权利。

（三）针对言论表达行为的事先抑制，必须按照保障、禁止（对刊物等）实行检查的宪法第 21 条的宗旨，本着严格而又明确的要件，方可容许。对出版物的发行等所采取的事先停止行为，正属于这种事先抑制。在以公务员或公职选举候选人为对象进行评价、批判的场合，可被认为已属与公共利害相关的事项。…按照宪法第 21 条第 1 项的趣旨，此种表达行为包含受宪法特别保护的优先于私人名誉权的社会价值，原则上应予容许。但是，如果其表现内容不真实，或者已被证实并非出于公益目的，并且使被害人有遭受重大的、难以恢复的损害之虞时，可例外予以事先禁止。

（四）在对关系社会公共利益事项的表达行为提出事先抑制的临时禁令程序时，原则上应展开口头辩论或者对义务人进行审理调查。以给予其对表达内容的真实性主张举证的机会。如果根据权利人提出的资料能够证明表达内容不真实或并非出于追求公益的目的，或者权利人被确认有遭受重大的、难以恢复的损害之虞时，即使不经过口头辩论或者对债务人进行审理调查就发出停止侵害的临时禁令，也不能认为有违宪法第 21 条的旨趣。

以上是日本最高法院的判决，这里引用的内容很长，但总的来说也很简单，就是主张禁止杂志刊登某一种言论，颁发所谓的事前临时禁令，并不一定违反宪法上禁止事前检查言论的规定。因为有时候错误的、具有侮辱内容的言论，可能造成不可挽回的精神损害，不能不加以事前禁止。还有一点需要提及的是，在这个案件中法院在将禁止对刊物等实行检查的宪法第 21 条 2 项作为对抗名誉权的理由时，援引宪法上的人格权（"幸福追求权"）条款是非常值得注意的，这是以宪法条款（幸福追求权）对抗宪法条款（禁止事前检查言论），方可得出事先禁止的临时禁令并不违宪的结论。该案之后又出现了许多涉及"名誉权或名誉感情"（名誉情感的界定见前文德国名誉权部分）的判例（如福冈地判平成 4·4·16 劳判 607 号 6 页），有些性骚扰的案例（如名古屋高金泽支判平成 8·10·30 劳判 707 号 37 页），也以名誉情感受侵害作为诉讼理由，但是由于性骚扰的形态各式各样，并非总是以名誉侵害有关,所以日本法院经常使用"性自由或者性的自己决定权"等权利进行判决。这一点与下述的个人决定权甚为类似。

(四)自我决定权

个人人格的维持与发展,除了要以肖像、隐私、名誉等某些重要利益的受保护为条件之外,尚有一些细微的、表面上不太重要的个人事务也是人格自由发展的前提。对这些个人事务的保护,日本法院以自我决定权加以命名。据日本宪法学者浦部法穗教授的介绍,自我决定权是从个人尊严的观念引申出来的、个人自行决定某些私人事项、不受国家权力介入和干预的权利。关于个人事务的自我决定权,除了宪法明文规定加以保障的自由之外,还有诸如服装、发型等方面的自我决定权,也应该作为未列举的权利,从"幸福追求权"推导出来。不过这些个人事务的自我决定权,在美国法上一般被称为个人隐私权。[65]

根据日本学说,这些宪法没有列举的个人事务的自我决定权分为三类:与家庭的形成和维系相关的事项、与生命和身体的处置相关的事项和与生活方式相关的事项。[66] 因为第一类问题,如避孕,堕胎等在日本,不像在美国,很少作为重要的宪法问题,有可能成为问题的是同性恋伴侣和婚姻制度架构之间的关系。而后二两类问题才真正成为日本宪法理论和实践最近发展的方向。

1. 与生命和身体的处置相关的自我决定权

生命和身体乃是人格存在的基础,不过这些权利,如上所述已经在日本宪法上有所规定,比如生命权、健康权、身体完整权。这些都是相对更为重要的人格权利益,我们这里要说的日本法院从宪法上的人格权引申出来的,与身体相关的自我决定权,其实是相对不那么重要的人格利益。但是日本法院还是主张倘若没有正当的理由,即便是这些不太重要的人格利益,也不应该加以限制。

比如在著名的"'耶和华见证人'教派信徒拒绝输血案"中,日本法院就以身体上的自我决定权作为判决的讨论依据,当然最后法院还是否定了拒绝输血者的自我决定。这个案件的情况是,一名为"耶和华见证人"的教派的信徒,因左脚受伤并肿大需要实施切除手术,但该信徒在同意并强烈希望对患处采取切除手术的同时,却基于该教"应该避开鲜血"的教义,拒绝手术时进行必要的输血,病人不同意

---

〔65〕 〔日〕浦部法穗:《基本人权总论》,武树臣译,载于沈宗灵、黄楠森主编:《西方人权学说》(下),92页以下,成都,四川人民出版社,1994。

〔66〕 〔日〕安藤高行:《基本的人权》(改订增补版),114页,东京,法律文化社,2005。

输血,医院当然不能实施手术。针对医院的这个决定,该信徒及其父母向法院提起诉讼。该信徒的父母要求法院判决由患者的父母代表患者,委任医院实施手术,以及必需时进行输血。该信徒本人则主张尽管其明确拒绝输血,但法院却仍然向其输血,违反了他的自我决定权,应该向他做出损害赔偿。[67]

在这里其实有两项诉讼,一个是父母提出的要求代理子女决定是否进行手术和输血的请求,二是子女提出要求医院对未经允许给其输血的行为作出精神损害赔偿。但是这两项诉求的焦点是一样的,就是患者对自己身体和生命的自我决定权,和对患者生命健康权的保护,哪一个更重要? 针对上述两项诉讼,法院作出两项判决,首先,患者拒绝输血乃基于真挚的宗教上的信念,不能认为其行为具有违法性,所以父母无权代理子女作出许可医院进行手术和输血的决定。[68] 其次,案件中为"耶和华见证人"教的患者实施需要输血的手术时,必须充分说明输血治疗的必要性,最后应当得到患者的同意,患者的同意是"每个人自己决定自己生活方式的自我决定权"的表现。(东京高判平成 10·11·9 判时 1629 号 34 页)这两项判决也得到了日本最高法院的肯定,后者也将拒绝伴随输血的医疗行为的意思表示,视为个人人格权的一项内容。(最判平成 12·2·29 民集 54 卷 2 号 582 页)

这是信仰特定宗教的患者拒绝输血引发的争议,法院的意见是尊重个人在医疗行为方面的自我决定权。除了这个案例之外,其他关于医疗的自我决定权的案件也有很多,比如某医生未经患者特别同意,以患者作为临床科学试验的对象,法院也认为这种行为侵害了患者自我决定权。(金泽地判平成 15·2·17 判时 1841 号 123 页)

不过按照这种观点推论下去,如果患者拥有拒绝输血的权利,那么患者是否也具有拒绝治疗的权利,或者说也有决定"尊严死"的权利? 这个问题就相当复杂了。虽然在日本还没有出现不可能痊愈的患者拒绝治疗或者要求尊严死的案件,但在学术上这方面的讨论也很常见。主流观点认为,虽然在尊严死案件中,患者的自决权和患者生命权的冲突,是一个极为复杂和困难的问题,但是具有理性判断和意思表示能力的患者,毕竟和判断、表达能力不全,或者处在中间状态的患者,不能相提并论,所以按照上述东京高裁(东京高等法院)的判决,至少具有充分

---

〔67〕 [日]安藤高行:《基本的人权》(改订增补版),115 页,东京,法律文化社,2005。
〔68〕 大分地决昭和 60·12·2 判时 1180 号 113 页。

判断能力的患者,如果明确地表示拒绝延长生命治疗的意思,依据宪法第 13 条他们的决定也是应该受到尊重的。[69]

以上是关于尊严死的问题,与此相近且更进一步的问题是安乐死。与尊严死仅仅是消极地撤除治疗手段不同,安乐死是积极采取手段帮助病人自杀。学说上有关安乐死是否允许的问题,在日本讨论也很激烈,许多观点将其作为患者的人权问题对待,甚至还有法院为安乐死设置了许可条件,如东海大安乐死事件(横滨地判平成 7·3·28 判时 1530 号 28 页)。

除此之外关于身体和生命的自我决定问题,在日本还涉及参加登山和冒险等危险性体育或趣味活动的人,有没有处置自己生命和身体的权利问题。法院的意见是,原则上允许个人进行自我决定,但是在组织这些活动时,必须采取必要的方法,保证危险的区域不会造成人身伤亡,比如对登山者将要进入的山区进行严格的规制。否则法院将不承认登山者和组织者之间签订的放弃对个人身体和生命进行保护的协议。

以上是对日本法上有关输血、治疗、尊严死、安乐死和危险性活动方面的自我决定权的介绍,我们可以看到日本法院给予个人在这些领域充分的自我决定权。这些决定其实是伴随着很大的风险的,而下面要说到的个人生活事项的自我决定,则风险性不大,按道理应该给予更广泛的自由。但由于这些生活事项对个人人格的塑造来说,重要性也不大,所以法院保护的力度便相对较小。

2. 与生活方式相关的自我决定权

这些较为琐屑的个人生活事项,在日本曾经引起争议的是着装、发型的问题,主要是中小学生穿什么衣服,留什么发型是否可以自己决定的问题。关于这些问题的决定,是否可以被看做是宪法上的自由权,在法律实务界也有争议。

迄今为止日本法院对于限制发型和着装的案件有两种论证模式,第一是不援引宪法 13 条"幸福追求权"条款,来讨论个人在生活方式上的自决权问题,而是从这种限制是否与社会上的通常观念相符,是否显著地不合理,来判断学校等机构限制人们服装、发型的合法性。[70] 第二是虽然承认个人穿衣、蓄发属于宪法第 13 条保障的个人自由,但反过来有认为,因为这种权利和个人人格关系较远,所以学

---

[69] [日]安藤高行:《基本的人权》(改订增补版),116 页,东京,法律文化社,2005。

[70] 但是芦部信喜教授则基于人格利益说,认为发型的自由是宪法自由之一。芦部信喜:《宪法学》II,404 页,东京,有斐阁,1994。

校等机构对它进行规制，也不需要存在高度的或者重要的社会利益。[71]　这两种论证模式导出的判决结果是一样的，只是论证策略有所不同，所以应该说是比较中肯的。

关于穿衣、蓄发为什么可以作为宪法上的人格权，有法院说，"自由选择发型的权利，乃是个人对重要的私人事务，排除公权力干涉一种自我决定权，这种权利可以依据宪法 13 条得到保障。"[72] 也有法院说，"宪法上的人格权规定不应该被解释为有限的、已经列举的权利，而应该包括宪法上未列举的权利，这一点从宪法第 13 条中可以看得出来。"[73]

另外在宪法第 13 条保障的国民私生活上的自由的内容方面，有法院还提到，任何人不得被随意限制和禁止取得摩托车执照的权利，[74] 以及被拘禁者有不被禁止吸烟案的权利（吸烟的自由）。不过对于吸烟是否作为一项权利的问题，也有学者（如安藤高行教授）指出，该案的判决重点仅仅在于禁止吸烟违反宪法，并不应将吸烟作为一种宪法上的权利。[75] 这是我们介绍的个人在生活事项方面的自我决定权。下面再说说个人人格保护在环境污染方面的表现。

（五）环境权

环境权以其定义来说，应该是一个人享有良好的生存条件，特别是自然环境的一个权利。按照日本学者的总结，环境权是个人"控制环境、享受良好环境的权利"，特别是"对肆意污染环境、妨碍人们舒适生活的社会主体，提出排除和预防妨害的权利"。[76] 人类进入工业化时代以后，一方面，我们的生产能力获得了很大的提高，物质生活极大地丰富了；另一方面，雾霾、噪声等社会公害不断滋生，破坏了人们平静、安宁和卫生的生活环境。在后发工业化国家，这些问题还有其特别的地方，就是我们的许多环境损害有我们自己选择的成分，是我们节省成本、加大产出所造成的结果。然而关于环境的立法日本的情况怎么样呢？环境权怎么会成为人格权的一个内容呢？这种发展又有一个什么样的过程呢？

---

〔71〕　[日]安藤高行：《基本的人权》（改订增补版），117 页，东京，法律文化社，2005。
〔72〕　东京地判平成 3・6・21 判时 1388 号 3 页。
〔73〕　东京地判昭和 38・7・29 判时 342 号 4 页。
〔74〕　高松高判平成 2・2・19 判时 1362 号 44 页。
〔75〕　[日]安藤高行：《基本的人权》（改订增补版），117 页，东京，法律文化社，2005。
〔76〕　[日]仁藤一、池尾隆良：《"环境权"的法理》，载《法律时报》43 卷 3 号，第 154 页。

首先我们要说一说日本学者对环境权和人格权的关系的论述。根据上面的说明，一般来说环境权不应该是属于宪法上的人格权的范畴。然而根据日本宪法学界对于人格权解释的一种有力的学说，"幸福追求权"是"人为了像人一样生存而不可欠缺的权利"，这种意义上的"基本人权"，既然是人的生存不可缺少的权利，那么它就应该不仅仅是具有自由权性质的权利，它还应当包括所谓的社会权性质的权利。[77] 按照这种看法，"环境权"也就顺理成章地成为"幸福追求权"的内容之一。

其次我们要说一说环境权在日本的发展情况。在日本环境权起源于20世纪60年代，随着经济的高速发展，产品的生产和运输带来了严重的环境破坏。为防治此类公害，日本的环保人士和环境污染受害人，纷纷大力呼吁改善环境，主张一种享受平稳的、安全的和舒适的环境的权利。根据常见的人格权法理，由环境污染导致的精神和身体伤害，并不是不能根据侵权责任法得到救济，问题主要在两个方面，一是环境污染导致的精神和身体伤害不容易证明，导致很多环境污染的损害得不到救济；二是即便损失可以证明，常常也只能通过事后救济的方法弥补环境污染造成的损失，而很难在污染发生之前采取办法加以禁止。因此环境权的提出，其实是希望对环境污染行为进行事前禁止。

可是日本法院依据什么规范来主张环境权呢？学说上对于环境权的法律依据，存在宪法第13条（幸福追求权）保障说、宪法第25条（生存权）保障说以及第13条和第25条竞合保障说。之所以根据宪法第25条主张"环境权"，主要是因为环境权关系到国家对个人生活的照顾，带有某种社会权的色彩。但是如上所述，环境权除了有社会权的一面，比如维持和实现将来良好环境的权利，也有自由权的一面，比如对过去和现在的环境破坏所产生的损害要求赔偿和排除的权利；再者以宪法第25条的生存权为代表的社会权，主要是为了保护被压迫阶层或者处于不利生活状况之下的人而设的，这一点跟环境权还是有很大差别的。最后日本宪法学说和判例对于生存权的具体权利性仍存在争议，而幸福追求权的具体权利性则比较容易被认可。鉴于以上几个原因日本宪法学的主流观点仍然认为，以宪法第13条"幸福追求权"作为环境权的基础较为恰当。[78] 不过对于环境权本

---

〔77〕 ［日］浦部法穗：《基本人权总论》，武树臣译，载于沈宗灵、黄楠森主编：《西方人权学说》（下），92页以下，成都，四川人民出版社，1994。

〔78〕 ［日］安藤高行：《基本的人权》（改订增补版），118页，东京，法律文化社，2005。

身的具体权利性,也有持否定观点的学者,他们认为环境权"即使作为权利,也只是抽象的权利"。[79]

肯定环境权的典型案例是"大阪机场公害案"。[80] 该案的具体情况是,居住在大阪机场附近的居民 X 等(自一审开始至第三审为止共计 302 人),以受到飞机噪音侵害为由,向法院起诉 Y(国家),要求法院判决政府停止在夜间使用机场,并对原告已受损害予以损害赔偿。本案一审、二审法院皆判决原告胜诉,并认可了原告的赔偿请求。二审法院(大阪高等裁判所)的判决理由如下:个人生命、身体的安全及精神的自由,乃人生存之最基本的事物,毫无疑问应在法律上受到绝对的保护。同时人之为人,享受平静的、自由的、与人性尊严相当的生活,亦应得到最大限度的尊重。这种权利的根基在于宪法第 13 条,宪法第 25 条从反面也可作同样的解释。也就是说个人的生命、身体,以及与精神及生活相关的利益,为每个人人格的本质,其整体可谓之人格权,不容任何人擅加侵害,对于上述侵害应当有权加以排除,换句话说受害人不仅有权对环境污染造成的疾病等身体侵害行为,要求人身损害赔偿,而且对于环境污染造成的明显精神痛苦或生活上妨害,也有权要求停止侵害、排除妨害。此外即使上述侵害尚未现实化,只要存在极为迫近的危险,受害人也可以请求法院颁发事前禁令,事前禁止上述侵害行为。

在谈到上述事前禁令的法律依据时,二审法院指出人格权是一个人要想成为人,其在生存上必不可少的、可作为人的本质的东西,即便它在实体法上没有明确的规定,也可以作为基本权利加以承认。此外虽然人格权的内容一般是名誉、肖像、隐私以及著作权等,但这只不过是因为人格利益在这些方面显得格外突出,实际上人格权的外延尚难以用抽象、单一的概念加以确定,所以我们仍然可以对人格权做综合的把握,将个人要求在良好的环境中平静、安宁地生活,当做人格权的内容。

以上是二审法院对大阪机场公害案的判决,该意见也基本上得到了日本最高法院的认可。与二审法院所不同的是,最高法院仅认可原告主张的损害赔偿金(慰抚金)的请求,但对原告要求被告停止侵害的请求,也就是在每天夜间禁止飞机起落,则以不合法为由予以驳回(判决中存在不同意见,而且判决后双方也达成

---

〔79〕 [日]芦部信喜:《宪法学》Ⅱ,364 页,东京,有斐閣,1994。

〔80〕 大阪高判昭和 50・11・27 判时 797 号 36 页。

了夜间飞机不再起落的和解）。之所以说不合法，最高法院认为原告在此案中，起诉的对象大阪机场是一个国营企业，管理该国营企业的是航空行政权的运输大臣，原告要求在一定时间段停止飞机起降，将不可避免地导致航空行政权行使的取消或变更。所以正确的做法是提起行政诉讼，而不是像本案一样以民事诉讼来解决纠纷。

不过从最高法院对二审意见作出的修正来看，日本学界将人格权作为环境权的依据这一点并没有改变。上文我们说过，人格权是个人建构、保护、展现个人独特个性的权利，环境权所保护的内容其实也符合这个界定。环境权是个人要求一种静态的、内部的、不被扰乱的宁静的生活状态的权利，维持这样的一种生活状态非常重要，它能为个人提供一种自由的、放松的、不受干扰的精神生活，是个人建构和保持自己的独特个性的基本条件。以上是对环境权和人格权的关系的介绍。下面几项权利仍然是对个人和平的、自由的、静谧的生活状态的保护。

（六）其他追求丰富充实的生活的权利

人格权的内容除了上述几项之外，在日本宪法上，还有两项比较重要的发展，一是宗教上的人格权，二是要求享有固有文化的人格权。

宗教上的人格权的典型判例是日本山口地方法院的一个案件，该案原告要求按照死者的宗教信仰安葬其遗体，但受到其他家属的反对，遂提起民事诉讼。法院判决指出，"根据宪法第 20 条规定的宗教自由以及第 13 条的自由和幸福追求权，司法机关属于该条规定的'立法和国政'的一环。当信教自由受到侵害，要求司法救济时，司法机关有义务采取行为予以保障。每个人对于自己或其亲属的死亡，有不受他人干涉的、静谧的、按其宗教上的情感和思想采取行为的利益，这可被解释为宗教上的人格权"。[81]

该案虽然是从宪法第 20 条宗教信仰自由出发进行论证的，但在寻求司法上的救济基础时却援引宪法第 13 条。这种论证也是有道理的，因为这里所说的宗教上的人格权，与通常的宗教信仰自由不同。此案争议的目的并不是希望排除他人对宗教信仰自由的侵害，而是要求一种与自己信仰相符合的宗教环境的权利，因此可以说，此案所创造的权利其实是作为"幸福追求权"之一环的要求丰富、充

---

〔81〕 山口地判昭和 54·3·22 判时 921 号 44 页。

实的生活的宗教上的人格权。[82]

要求享有固有文化的人格权的典型案件是札幌地方法院 1997 年判决的二风谷水坝案件,案件涉及日本阿伊努族居民与北海道土地征收委员会的纠纷,北海道政府为建设水坝,强制征收该民族居民的土地,居民向法院起诉北海道土地征收委员会,要求法院撤销该委员会做出的强制征收该民族居民土地的裁决,理由是他们希望保持其原有的渔猎生活习惯。这其实是一个行政诉讼案件,法院判决指出:"少数民族固有的文化,不为多数民族同化,是维持其民族性的本质内容。所以属于该民族的个人,具有保存其民族固有文化的权利,这是该民族居民保存其个人人格所不可缺少的权利",因此"根据宪法第 13 条,原告阿伊努族居民具有保存本民族固有文化的人格权"。[83] 但是法院考虑到水坝已经开工建设,并没有撤销北海道土地征收委员会关于强制征收阿伊努族居民土地的裁决。这是以人格权保护民族独特固有文化的案例,因为少数民族居民保存其本民族固有文化,也是他们维持和发展其独特人格的重要条件,值得法院援引人格权条款加以保护。

三、小结

通过以上两节对德日两国宪法上的人格权类型化的介绍,可以看出两国在人格权保护上存在很多共同点。

首先,两国宪法上的人格权都建立在同样的思想基础之上,即人性尊严或人的尊严原理。所以在两国法律实践中,任何对于个人发展具有重要意义的个性特征或生活状态,都给予严格的保护,以最大限度地实现个人人格的自由发展。

其次,两国宪法上的人格权所面对的时代问题也极为近似。某些典型的人格权在两国司法实践中同时占据着重要作用,如名誉权、隐私权、肖像权、信息自决权等,每一种权利的构成要件也非常类似。如两国在保护名誉权和隐私权时,都强调了公众人物的名誉权受较大限制,名誉权的阻却要件中都有真实性抗辩。这都体现了现代各国人权理论的相互影响和借鉴,特别体现了像日本这样的法治后发国家对他国法治理论的引介。

---

〔82〕 [日]安藤高行:《基本的人权》(改订增补版),122 页,东京,法律文化社,2005。

〔83〕 札幌地判平成 9·3·27 判时 1589 号 33 页。

虽然如此,两国各自发展出来的人格权仍存在各自不同的特点。

首先,在德国因为纳粹政府的负面影响一直延续,宪法在限制国家权力方面的作用往往被提得很高,宪法实践也极力反对国家对个人的完全的掌控,反对国家不断扩大自己的影响力。而日本在这方面表现得并不明显,它更多的关心工业化或者社会优势力量对个人生活的负面影响,重视环境保护,关注民生和福利。

其次,在德国,宪法对于个人"性生活"方面自我决定的尊重也较日本来得直接,比如承认变性的自由、同性恋的自由,这也是西方社会的重要特征,可以说是后现代发展的结果,这一点在东方社会看来并不被视为严重的问题。日本社会的人格权保护更多地是关注生态环境、宗教信仰、民族文化、着装发型等问题,这是日本社会集体主义氛围浓厚的结果。总之两国由于不同的文化背景和社会现实,其人格权的发展也呈现出各自的特点。以上是本书第三章的内容,下面进入第四章,谈一谈宪法上的人格权的限制方法。

第四章 人格权的限制与"对限制的限制"

人格权和其他权利一样并非毫无限制,它们仍然具有自身的界限,需要和他人权利、公共利益进行衡量,但是我们知道人格权是一个人生存所必需的一些内在的条件,所以将人格权和其他人的权利进行衡量时,也不能毫无原则,特别是不能为了保护社会的利益、他人的权利,而将人格权削减到近乎没有的程度,导致人格权的空壳化。对人格权限制的讨论,本章还是从德国和日本两个方面展开,先分开说明两国限制人格权的各种方法和原则,再总结两国人格权限制方法和原则的相同和不同点。

一、德国宪法上的人格权的限制

(一)宪法规范中规定的限制要件

首先来说说德国宪法上的人格权有什么限制方法。因为宪法上的一般人格权保护的内容极为广泛,所以德国宪法对人格权的限制也非常广泛。比如根据基本法第 2 条第 1 款,宪法上的人格权受限于"他人之权利、合宪性制度和道德规范",这一点上文已经说到过。但是这几个词的意思是什么呢?

在三项限制条件中,"他人的权利"是指与人格权享有者处于同等位置的其他人的权利,在许多国家这一点都被作为限制人格权的手段。然而根据德国宪法学界对该条款的解释,他人的权利已经被包括在广义理解的人格权的第二项限制条件"合宪性制度"中了,换句话说这种他人的权利,已经在现有的立法和司法中得到体现了,不需作为独立的限制条件了。[1]

三项限制条件的第三个"道德规范",在德国法中常常和历史上传承下来的道德观念相提并论,比如在 1957 年的"同性恋案"中联邦宪法法院提出,虽然个人自愿的同性恋行为属于个人的人格自由,但同性恋行为明显和道德规范相冲突,所

---

〔1〕 Bodo Pieroth & Bernhard Schlink, 2 *GRUBNDRECHT STAATRECHT*, C. F. Müller Juristischer Verlag 1990, S. 98.

以根据道德规范可以限制同性恋行为。[2] 这就是援引道德规范限制个人的人格权。不过后期的其他同性恋案,则拒绝以这项限制条件约束个人的人格权,也就是说不以道德规范作为同性恋行为的限制,同性恋在德国被合法化了。[3]

之所以现在德国法院不愿意以道德规范作为限制人格权的条件,是因为道德规范在今天的德国法上,并没有明确的规范依据。尽管德国法明确地奠基于基督教法,植根于德国的道德理想主义,也有比较明确的道德基础,许多法律条文中仍然存在着许多道德性质的法律概念中,如"善良风俗(gut Sitten)","善意(True und Glauben)",这两个原则甚至还构成民法的秩序基础,但是即便是这些道德性的条款,德国联邦宪法法院在解释它们时,也常常需要利用宪法原则对他们进行合宪性解释。所以,仅仅以道德规范作为限制人格权的基础是没有实际意义的。

那么说到这里,关于人格权的限制条件,最后只剩下"合宪性制度"一项了,这的确是德国宪法实践中人格权的最重要限制要件。因为第 2 条第 1 款保护的范围极为宽泛,所以联邦宪法法院把合宪性制度解释为所有有效的法律规范,包括各种位阶的联邦法和州法、行政机关的行政法规、根据这些行政法规而采取的个别措施(比如说某种具体行政行为)。当然在判断一项"合宪的"或者有效的法律规范能否限制人格权时,还要考虑"法律保留原则",这意味着某些涉及公民基本权利的法律规范只能由议会制定。[4] 此外尽管任何合乎宪法的法律规范都可以限制人格权,但是这种对人格权的限制,不能侵犯到人格权的本质,也就是说不能导致一个人完全丧失人性尊严。

这是人格权限制的第一个方法——形式性的方法,就是说凡是合乎宪法的有效的法律都可以限制人格权。不过这样的形式的方法,尚不能最终解决人格权能够由哪些立法,或者哪些判决限制的实体问题。对此我们还需要说一说人格权的本质内容和前面讲过的人格权的范围理论。

(二)人格权的本质内容

我们可以用艾尔弗斯案判决为例,来说明人格权的本质内容。[5] 艾尔弗斯

---

〔2〕 BverfGE6,389(432).

〔3〕 Bodo Pieroth & Bernhard Schlink, 2 *GRUBNDRECHT STAATRECHT*, C. F. Müller Juristischer Verlag 1990, S. 98.

〔4〕 Bodo Pieroth & Bernhard Schlink, 2 *GRUBNDRECHT STAATRECHT*, C. F. Müller Juristischer Verlag 1990, S. 102.

〔5〕 BverfGE6,32.胡建森主编:《外国宪法诉讼案例及评述》,693 页,北京,北京大学出版社,2004。

案说的是一个右翼政治家,在申请出国旅行时,被德国政府限制的问题。这个政治家名叫艾尔弗斯,他是基督教民主联盟的成员,也是联邦议会的议员。他多次批评联邦德国的防卫政策,并积极参加国内外反政府的集会和游行。他之所以向当局申请延长护照,是为了去参加一个国外的政治集会,继续向外宣传自己的政治主张。由于联邦政府认为他的政治主张对国家安全构成威胁,所以就拒绝了他的护照延长申请。于是艾尔弗斯向法院提起诉讼。起初他是以基本法第 11 条规定的迁徙自由受侵犯为由提起诉讼的,当法院判决说迁徙自由不适用于出国旅行时,他又提出了基本法第 2 条第 1 款的人格自由发展权。

正是在这个案件中,联邦宪法法院对合宪性制度进行了更详细的分析。首先联邦宪法法院承认出国旅行属于第 2 条第 1 款保护的范围。[6] 其次他又说该条款所保护的行为自由必须受到"合宪性制度"的限制,合宪性制度上文说过就是"不违反宪法"的法律规范。此案中政府据以限制艾尔弗斯出境的法律是有关出入境管理的规范,其目的是保护国家安全,所以它具有宪法依据,可以限制公民的出入境自由。再次法院又指出"合宪性制度"是 1919 年制定的魏玛宪法中的一个惯用说法,如果拘泥于文本的解释,任何符合宪法的法律都可以限制这项基本权,实际上会导致人格自由发展权变得毫无意义。[7] 最后法院提出了人性尊严作为"限制的限制"原则。他主张,基本法建立了一个有价值的秩序,个人的独立自主、自我决定、责任感和人性尊严必须在政治秩序中被尊重,任何法律必须和这些基本法的价值目标相一致。这些价值目标的最高标准是人性尊严,人性尊严的含义前文已经提到过。在这里提到人性尊严,意义上是要求国家在限制个人自由时,不能侵犯人性的本质,也就是不能使一个人变成完全的手段,工具,或者物体。用联邦宪法法院的话说,"每个人都应该被给予一个自由发展人格的领域……这个个人自由最核心的领域,不允许公共当局的侵犯"。

以上是对合宪性制度的缩略解释,要求国家在限制人格权时,不能侵犯人格自由的本质。不过,经过上述论述之后,联邦宪法法院仍然宣布该案原告艾尔弗斯败诉,法院认为艾尔弗斯去往外国旅行的利益虽然是一般行为自由的一部分,但是在本案中国家安全的利益优先于一般自由权。[8] 针对这个结论,许多学者

---

〔6〕 BverfGE6,41(42).

〔7〕 BverfGE6,40(41).

〔8〕 BverfGE6,42(43); BverfGE65,1(41).

提出异议,比如美国宪法学者埃贝勒(Eberle)认为国家利益在艾尔弗斯案中不能得到很好的论证,因为很难证明艾尔弗斯的旅行会使国家处于危害当中。他还认为该案判决是冷战时代的产物,与此同时的许多美国案件也有近似的判决,比如某些涉及共产党组织被取缔,马列主义思想被禁止讲授的案件。[9] 总之在涉及人格权被限制的问题时,合宪性制度是一个条件,而人性尊严原理又可以作为限制合宪性制度的一个原则。下面要说说人格权限制的"范围理论"。

(三) 人格权的范围理论

根据人格的内容和人性尊严的远近程度,将人格权的保护范围分为三个方面,这就是我们上文已经讲过的人格权的范围理论,该理论可以一定程度上为人格权限制的实质条件提供论证。我们已经知道,人格权的三个领域是"私密领域""私人领域"和"社会领域","私密领域"是人类自由最不可侵犯的领域,完全排除国家权力的侵入;"私人领域"是除去个人核心的私密领域之外的家庭内部和私人之间的生活领域,可以根据人格权的三个限制条件(他人权利、合宪性制度和道德规范)进行干预,但是必须符合严格的比例原则要求。"社会领域"是个人生活最外部的领域,是个人日常的交往活动中所涉及的生活领域,其隐秘性相对较弱,只要是存在合理的社会利益就可以干涉。

关于这几个领域怎么区分?以及这几个领域的人格权在限制上有什么不同?我们可以从前面已经说过的雷巴哈案来具体分析。雷巴哈案说的是一个即将出狱的罪犯,发现某电视台要再次报道他入狱前的犯罪经历,于是向法院提出禁止该报道的请求。案件的判决我们已经介绍过了。这里主要想从权利限制的角度,来说说该案件的判决理由。判决说,因为我们每个人都生活在团体之中,我们都会和别人打交道,通过自己的行为影响他人,影响社会,所以我们对自己私人生活的自我决定权必须受到制约;而且这种社会联系越紧密,国家就越有理由为保护公共利益对这个人的行为进行限制。[10] 所谓的社会联系越紧密,干预的必要性就越大,这就是上述范围理论的翻版,这也是不难理解的道理。这是雷巴哈案。

另外本书第一章曾经说过一个秘密录音案,法院判决个人私密领域的谈话不能予以录音,因为它侵入了个人私生活最核心的领域。但另外还有一个秘密录音

---

[9] Communist party v. Subversive Activities Control Board, 367U. S. 1(1961); Dennis v. United States, 341 U. S. 494(1951). Edward J. Eberle, *Dignity and Liberty*, Praeger Publisher,2002,p. 73.

[10] BverwGE 35,202,220-221.

案,也涉及秘密进行的录音能否作为诉讼证据的问题,与前一个案件不同的是,本案当事人所录制的是商业谈判中的对话。法院的意见是,秘密录音侵犯的对象是个人生活的私密领域,还是私生活领域(前者绝对不可侵犯,后者在一定的条件下可以加以限制),很难以一种抽象的方式予以回答,而只能根据案件的具体情况逐个回答。因为此案录音的对象是商业的对话,所以没有触及个人生活不受侵犯的私密领域,该录音可以作为民事诉讼的证据。[11] 区别对待私人谈话和商业谈判,从本案的判决中,我们很容易看出范围理论发挥的作用。

最后我们还要提一件涉及个人日记的案件。案件中,某人(后成为诉愿人)被指控为蓄意谋杀,证据包括他个人的私生活日记。这些日记是此人在心理医生指导下记录下来的,日记中记载了此人与多名女性发生性关系的过程,以及此人心理上害怕被指控的焦虑。法院要考虑的问题是,个人日记属不属于个人生活的最不可侵犯的领域? 个人日记能否在刑事侦查中使用? 对此问题,联邦宪法法院的意见分裂为 4 比 4,最后只能维持原来的刑事法院的判决,即认为个人日记可以作为法院的证据使用。具体说来,赞成刑事案件可以使用日记的观点,认为日记的内容涉及他人和社会领域,所以不再属于不可侵犯的核心领域:

> 一种情形是否属于核心领域,取决于它的内容是否属于高度个人化的,以及它和他人或社会生活的联系的紧密性。所以宪法本身不要求完全排除私人日记或类似的私人记录用于法庭之上。信息被写在日记中,并不足以完全排除国家的进入。是否能够使用应考虑到日记内容的性质和重要性。例如,如果这些记录包含未来的计划或过去犯罪的记录,他们不属于个人生活不可侵犯的领域。同时在刑事诉讼过程中,一开始不存在障碍,阻止法院阅读这些纪录,为了确定其中是否存在诉讼中有用的信息。

> 当然即使个人日记不属于绝对保护的领域,在刑事诉讼中使用个人日记,也需要存在重要的、优越的公共利益。在这里,这种重要和优越的公共利益就是,联邦宪法法院反复强调的有效的刑事追诉与刑事预防。……不过另一方面,人权的自由发展权也不是无足轻重的。如果为了有效实行司法,必须侵犯个人权利,那么也需要充分尊重基本法第 2 条第

---

〔11〕 BverwGE 34,238,248.

1款和第1条第1款共同保障的权利,这样才能做出正确的利益衡量,这意味着必须在具体案例中确定哪个宪法原则更有分量。

> 笔记不属于私生活绝对保护的领域。诉愿人(犯罪嫌疑人)在笔记中记录的个人想法,将这些日记从他能够控制的私密领域剥离出来,加大了被搜查的可能性。……这些日记虽然没有涉及特定的犯罪计划和犯罪记录,但日记的内容与特别严重的刑事犯罪有关,……对第三者具有特定的危害,所以本案的日记可以在刑事诉讼中加以使用。[12]

这是支持日记作为刑事诉讼证据的意见,强调了日记内容与犯罪的相关性。但是与此相反,反对将日记作为诉讼证据的意见也很强烈。这种观点认为,日记是否作为绝对保护的领域不依赖于日记的内容。不管它的内容如何,它都不能失去其不可侵犯的性质,因为记日记这件事与他人无关,因此也不会和社会发生联系。支持日记作为诉讼证据的意见所说的,日记中包含了某些对犯罪侦查和刑事诉讼有关的信息,这一点其实不能改变日记本身的个人性特征。因为我们不能说信息本身具有社会联系,而具有社会性的仅仅是刑事犯罪活动。具体来说,法院的论证是这样的:

> 日记属于个人生活中绝对保护的领域。他们可以排除任何国家机关的进入……日记是人们与自己的对话,是自言自语,是个人在一种僻静的场合与自己的交谈中,避开了第三人的耳目,并希望它始终保留在这种不为人知的领域,所以日记并不会因为记录在纸上便失去了最个人的特点。可以肯定地说,思想是自由的——并且如果一个人核心的领域不被触及,他就可以摆脱国家的强制和侵入——同样对思想的保护也应该延伸到以日记形式出现的自言自语……。这些日记是在犯罪前十七八个月记录下来的,本身没有涉及他人和公共领域。它们仅仅反映了作者的对某事的印象和感觉,根本不包含任何与其后来被指控的犯罪行为相关的内容……如果仅仅因为可能从中了解犯罪人的人格结构,便可以否定犯罪人的私人日记在刑事诉讼过程中被绝对保护,那么实际上核心领域和可以衡量的领域之间的区别在刑事诉讼中就被抛弃了。[13]

---

〔12〕 BverwGE 80,367,347-377.
〔13〕 BverwGE 80,367,380-382.

　　以上我们介绍了两个关于日记,录音等个人私生活物品能否作为证据的案件,我们可以看出法院是根据这个信息与公共利益,或与个人最核心的私生活的联系有多紧密,来判断该物品是否允许使用,侵入或者强制公开。这就是范围理论在裁判人格权案中的利用,可见范围理论在人格权案件中具有重要的地位。

　　但是如同上述案件一样,范围理论在许多问题的解决上仍然是力不从心的,所以围绕范围理论,长期以来存在很多的批评。这种批评主要集中于下列两点:首先不可侵犯的隐私领域和较弱的社会领域的界限是不确定的,三个领域不能绝对划分(界限的不明确性);其次特定领域对于不同的人有不同的内涵,不能一概而论(个人领域的相对性)。[14] 所以有学者说德国联邦宪法法院上述区分社会关系的标准,事实上是不合适的,任何社会行为或者个人之间的交往在法律上总是重要的,没有哪一种人际交往是不具有私密性特性的。[15]

　　对于这些批评,联邦宪法法院在后期的判例中不再以一个行为属于哪个社会领域,来判断该行为是否应该受到严格保护。比如在上文介绍过的人口普查案中,论证信息自决权时,法院没有考虑国家所调查的个人信息属于哪个领域,而是反过来认为,通过个人的理解和组合,一个对某人来说没有利益的信息资料可能产生重要的作用,所以不存在没有用处的信息资料。[16] 这就避开了信息与社会联系的程度,以及信息属于什么生活领域的问题,而是在肯定个人对自身信息的控制权的基础上,讨论政府收集、利用个人信息的正当性问题。这里考虑的重点是从比例原则出发,审查政府收集、利用个人信息的必要性,这是下文要重点说明的问题。但是即便范围理论在某些案件中被逐渐淡化,但在后期的判例和学说中,除了涉及个人向外界表现自我时所伴随的信息自决问题以外,人们还是倾向于利用范围理论来论证个人"从外界引退的权利。"[17]这说明范围理论还是在一定程度上具有解决实际案例的能力。

(四) 以比例原则为中心的人格权限制原理

　　下面我们要说一说审查人格权限制行为是否合法的最重要的原则——比例

---

　　[14]　Vgl. Stain Müller u. a., Grundfragen des Datenschutzes, BT-Drucksache 6/3826,1972, S. 48ff.

　　[15]　Podlech, AK, Art. 2 Abs. 1 Rdnr. 38.

　　[16]　BverfGE65,1(45).

　　[17]　Schmitt Glaeser, Hdb. StR, S57ff.; Stark, M/K, Art. 2 Abs. 1 Rdnr. 64ff. Vgl. Bodo Pieroth & Bernhard Schlink, 2 GRUBNDRECHT STAATRECHT, C. F. Müller Juristischer Verlag 1990, S. 97.

原则。前面我们说过,因为人格权的内容非常宽泛,所以任何在程序上符合宪法的法律规范(合宪性制度)都可以限制人格权。但是仅仅从程序上对法律规范提出要求还是不够的,许多符合立法程序的法律规范,仍有可能过分限制公民的人格权。于是德国法院就引出一些实质性的判断标准,比如比例原则来审查立法是否过分限制公民人格权,还将这种审查称为"对限制的限制"(Schranken-Shranken),意思是对限制人格权的立法进行限制。

这样一来,德国法院在审查一项立法是否过分伤害人格权时,需要考虑两个方面要求——程序正义和实质正义,程序正义考察的是一项法律是否经由合格的立法者依照适当的立法程序创制,[18]实质正义要求该法律的内容是否和不成文的宪法原则相一致,如自由民主原则、法治国家原则、福利国家原则。对这些宪法原则的尊崇,是基本法的制定和解释者有意的选择,目的是要避免纳粹时期因为盲信极端实证主义所造成的巨大的不正义。

直接以"正义"作为规范内容的是德国基本法的第 20 条第 3 款:"行政与司法应该拘束于法律和正义"。在实际裁判中也有直接诉诸"正义"一词的,比如在上述的伊朗王妃被虚假采访的索拉雅(Soroya)案中,法院判决指出,正义原则在一定程度上可以排斥议会的立法。[19] 运用如此抽象的法律规范进行裁判,也是德国法院积极、自由的宪法解释态度的体现。一般情况下,法院会选择更为具体的原则作为裁判的依据,比如法治国原则和比例原则。

按照德国学者的说法,法治国源于 18 世纪德国普鲁士的腓特烈大帝时期,这是个开明专制时代,腓特烈大帝提出的法治国,是一种基于理性和法治的国家,在这种国家中行政机关的自由裁量权受到理性的约束,法律必须具有公正的内容和符合公正的程序,不能具有溯及力,应该有坚实的正当性基础。[20] 法治国原理最重要的内容是比例原则,比例原则要求法律所要达到的目的必须是合理的,法律所采取的手段必须能够达到目的(妥当性原则),法律所采取的手段必须是必不可少的(必要性原则),法律所采取的手段必须和法律所要达到的目的成比例,或者

---

[18] Sabine Michalowski, Lorna Woods, German Constitution Law—The Protection of Civil Liberties, Dartmouth, Ashgat 1999, p. 112.

[19] BverfGE34,269.

[20] David P. Currie, The Constitution of The Federal Republic of Germany, The University of Chicago Press, 1994. pp. 318-319.

说法律实施所造成的牺牲不能大于所得到的利益(均衡性原则)。[21]

这是对比例原则的一般解说,除此之外还有学者按照严格和宽松的程度的不同,将比例原则分为三重标准,如美国的合理关联性审查标准、中度审查标准和严格审查标准,德国的明显性审查、可支持性审查和严格内容审查。在这三重标准中,除了美国严格审查标准,和德国的严格内容审查之外,其他几个标准,实际上在必要性原则和均衡性原则的要求上有所缓和,也就是说立法所采取的手段,不一定非得是必不可少的,完全均衡的。之所以降低对立法机关的要求,很多时候也是因为立法者解决问题的时间是紧迫的,解决问题的能力也是有限的。

我们可以再拿前述的雷巴哈案为例,来分析法院如何运用比例原则来衡量人格权与国家打击和预防犯罪的利益,以及人格权和言论自由之间的大小轻重。首先法院承认打击犯罪、调查犯罪有助于实现公共利益的提升,然后法院又反过来认为打击犯罪和调查犯罪的利益也需要和人格权予以衡量:

> 国家打击犯罪和调查犯罪的公共利益,并不总能处于优先地位,也不总能为侵入个人领域提供理由。与最高的宪法价值紧密相连的人格权,需要干涉时,必须将这种干涉和基本法第2款第1款以及第1条第1款的人格权相权衡。

怎么权衡呢? 法院提出的标准就是比例原则。法院认为首先要考虑的是,电视台对即将出狱的罪犯进行报道,是否有助于打击犯罪或者调查犯罪,这是适当性原则的要求。如果满足了这个要求,然后再考虑有没有更轻微的限制人格权的方法也能达到同样的目标,这是必要性原则的要求。倘若这个要求也满足了,法院就需要进一步考虑打击和调查犯罪的利益和人格权所保护的利益,哪一个更重要,这是狭义比例原则的要求。在运用这三个子原则考量电视台的报道行为时,很容易看出"适当性原则"首先就不能得到满足,因为对即将出狱的罪犯以往的犯罪细节的报道,对打击和调查犯罪并没什么好处。适当性原则得不到满足以后,必要性、均衡性原则就不需要考量了。

这是将打击犯罪和调查犯罪的利益和公民的人格权放在一起进行衡量,除此之外法院还将公众了解时事新闻的利益和公民人格权保护进行权衡,在这一点上

---

〔21〕　法治斌,董保城:《宪法新论》,189~192页,台北,元照出版有限公司,2005。

法院考虑的是，公众的对社会现实的知情利益，是否能为电视台登载即将出狱的罪犯的姓名、照片，以及报道该罪犯的犯罪情节提供有力的证明，法院指出：

　　……对私人领域的干涉不能超过国家打击犯罪和他人知悉信息的利益所需要的范围，并且对犯罪人（原告）造成的不利必须和犯罪的严重性或者犯罪对公众的影响相协调。因此公布犯罪人的姓名和照片并不是在任何情况下都被允许，虽然有关犯罪的实时报道可以揭露犯罪人的姓名和照片，而且原则上也能提及他的个人生活细节，只要该细节和犯罪有紧密关系，能够显示出犯罪的动机和其他条件，并且从现代刑法角度来说对犯罪者的主观恶性或过错的评价至关重要。

　　（但是）由于宪法对人格权的保护，大众媒体不应该在实时报道之外，不受时间限制地侵入犯罪者的人身和私人领域。相反应该说，当实时报道的利益得到满足之后，犯罪人的隐私权便显得更加重要，可以用来限制公众讨论犯罪人的私生活，或者以此作为娱乐手段。即使犯罪人曾经犯了极为令人鄙夷的罪责，引起过公众的普遍关注，他也仍然可以作为一个社会共同体的成员，有权以宪法诉讼的形式要求保护个人的人格。……该罪犯的罪行虽然严重，但对犯罪事实的重复报道，却无助于保障公民及时获得社会信息的利益，如果这种报道威胁到犯罪者重新回归社会的权利，它便是不被允许的。[22]

从此案可以看出，人格权是否需要保护，要看与之相对的权利如何重要。当某人选择实施犯罪时，我们对他的人格权就不再严格保护。因为他已经自愿将其个人特性呈现在公众面前，其人格已成为上述社会领域的范畴，公众知悉即时信息的利益便处于优先地位。但是如果时过境迁，犯罪人出狱后开始新生活时，他的人格权便重新重要起来，因为我们需要给他一种弥补过错和重新做人的机会，公众知悉真情的利益也逐渐下降了。从此案还可以看出，即便是社会领域的人格利益（犯罪人的犯罪细节）也有可能得到保护，这主要取决于相互冲突的利益孰轻孰重。

下面我们再以梅菲斯特案（Mephisto）说明比例原则在判决中的作用。梅菲

---

〔22〕 BverfGE35，202，Sabine Michalowski，Lorna Woods，*German Constitutional Law：The Protection of Civil Liberties*，Ashgate 1999，pp. 131-133.

斯特案说的是著名演员亨德里克·赫夫根(Hendridk Höfgen)起诉作家克劳斯·曼(Klaus Mann)的事情,原因是该作家在小说《梅菲斯特》将他描写成一位出卖灵魂获取功名的人,因为亨德里克·赫夫根在纳粹时期非常活跃,案件发生在1971年。克劳斯·曼是德国著名作家托马斯·曼的儿子,小说则是以德国作家歌德的作品《浮士德》中的魔鬼的名字梅菲斯特命名,小说的主人公也是以亨德里克·赫夫根为原型。亨德里克·赫夫根认为该小说侵犯了他的名誉权,向法院起诉克劳斯·曼,案件在诉讼过程中,亨德里克·赫夫根去世了,于是他的养子继续作为原告参与诉讼。

在该案中,原告援引是《德国民法典》823条第1款(故意或过失非法侵害别人的生命、财产、自由和其他权利,应当向他人赔偿损失)、基本法第1条第1款(人性尊严)和第2条第1款(一般人格权),认为民法典这一条中的"自由"和"权利"包括基本法中人性尊严和一般人格权,从而也包括名誉权和荣誉权。[23] 而此案的被告也以基本法第5条(包括艺术自由),作为对抗原告主张的权利。案件是怎么判决的呢? 法院是如何对这两个权利进行权衡的呢? 比例原则在其中怎么被利用的呢?

首先在判决中联邦宪法法院(该案经过多次审理最终被提交到联邦宪法法院)指出,包括克劳斯·曼主张在内的任何基本权,都必须联系基本法的价值秩序加以解释。因为基本法是以自治的个人作为制度基础的,所以作家在创作艺术作品时所享有的表达自由,也必须和基本法保护的人格权相一致。如果表达自由和人格权发生了冲突,二者必须同时让步,法院必须结合案件的具体情况对二者进行衡量。这是对两项权利的重要性做出了肯定。

其次法院指出,为了保护艺术创作的自由,增加艺术的感染力,给读者带来艺术的享受,必须允许作家援引现实中的人物作为创作原型。这是符合比例原则三个子原则的,运用现实人物作为原型,对表达自由的发展是有益的、必要的、利大于弊的。这是在保护表达自由的基础上对人格权进行了限制。

再次法院又考察了表达自由对人格权的限制程度。法院指出,如果一个作品很容易让人感觉是在讲述一个真实的个人的生活时,我们就需要考察该作品所描

---

〔23〕 Harry D. Krause, The right to Privacy—Pointers for American Legislation? *Duke L. J.* 481, 486-488, 499, 500 (1965).

述的个人生活的真实程度,或者该作品描述的个人生活偏离社会现实的范围和意义。如果该作品在描写真实的个人的生活时,偏离现实的程度过大,导致个人的尊严和人格受到了非常严重的损害,那么这种描述,就是不应该的,不必要的,得不偿失的,违反比例原则的。

最后法院指出,在梅菲斯特案中,克劳斯·曼的小说使用的个人信息可能会影响刚刚过世的小说原型人物受到社会尊重的权利,也会玷污和诋毁他的声誉。因此在此案中小说作者所享有的表达自由应该向小说塑造的原型人物的名誉权让步。[24] 总之判决的结论是,当小说明显以真实个人的生平作为原型时,其虚构成分必须受到当事人的人性尊严和名誉权的限制。这是比例原则的典型运用。

以上是对德国宪法上的人格权的限制方法进行的介绍。总之按照基本法的条款,人格权的限制有三个条件,一是他人的权利,二是道德规范,三是合宪性制度,或者说不违反宪法的法律。在这三个条件当中,合宪性制度发挥的作用最大,具体说一部法律要想合乎宪法,要想正当地限制人格权,需要符合程序上的和实质上的标准,也就是说该法律制定的程序要合乎宪法,该法律的内容也要合乎宪法基本原则,比如说法治国原则,特别是比例原则。具体到人格权保障方面,如果一个法律为了保护其他人的基本权利,需要限制公民的人格权,就需要审查限制的手段是否是有用的(适当性原则),是否是必要的(必要性原则),以及是否是利大于弊的(均衡性原则)。这就是德国的人格权限制方法,下面看一看日本的人格权有什么限制条件。

二、日本宪法上的人格权的限制

人格权的限制在日本是一个棘手的问题。如上所述作为一项新兴的权利,日本宪法上的人格权,依据的是日本宪法的"幸福追求权"条款。这样一来有一个问题就出现了,那就是宪法上的"幸福追求权"条款提到的几个权利的限制规定,能不能对这些新兴权利予以限制,如果可以,这些限制要件应该作何解释。对这些问题,日本宪法学界出现了非常不同的学说。下面从两个方面对这个问题加以说明,首先是人格权的限制要件,然后是人格权限制规范的合宪性审查标准。

---

[24] BverfGE30,173(195).

（一）人格权的限制要件

人格权的限制要件，首先得从现行立法上寻找。日本宪法第 13 条规定："对于谋求生存、自由以及幸福的国民权利，只要不违反公共福利，在立法及其他国政上都必须受到最大的尊重"。根据这一条规定，学术界和司法界都认为，不违反公共福利可以作为人格权的限制要件。但是我们都知道，对宪法条款的解释并总是需要拘束于宪法条文本身，因此学说上对于"公共福利"能否成为限制人权的条件，以及"公共福利"指的是什么，都有很激烈的争论。

之所以有这些争论，主要是因为日本宪法第 22 条和第 29 条也有"公共福利"规定，第 22 条第 1 款规定："在不违反公共福利的范围内，任何人都有居住、迁徙以及选择职业的自由"，第 29 条第 2 款规定："财产权的内容应适合于公共福利，由法律规定之。"按照主流学说，幸福追求权是一个概括性的权利，是对所有其他基本权利的总称。如果是这样，日本宪法在第 22 条和第 29 条就不需要再规定一个"公共福利"作为居住、迁徙、选择职业的自由以及财产权的限制条款，概括性的权利"幸福追求权"中已经有了，这里就不需要了。关于这些问题，学界上形成了一元外在制约说，外在、内在二元制约说以及一元内在制约说等观点，其中一元内在制约说已成为主流学说。[25]

1. 一元外在制约说

首先说一说一元外在制约说。该说认为宪法第 13 条是人权的一般性的规定，不能根据此条款限制基本权，只有第 22 条和第 29 条的职业选择、居住、迁徙自由和财产权才可以根据"公共福利"予以限制。

这是完全虚化了第 13 条的"公共福利"的内容。对于后两条的"公共福利"的含义，一元外在制约说认为，指的是保障劳动者享有一种最低的生存条件。比如，日本宪法学者高桥和之教授，就认为日本学者第 22 条和第 29 条以"公共福利"对经济自由的限制，从历史上看有其存在的背景，近代宪法中对经济自由权的过多保障，可能威胁到劳动者的生存权，所以 19 世纪以后对于这种情况作出了广泛的限制，故而这两条所谓的"公共福利"乃是一种治疗资本主义病症，保障劳动者生存的政策。[26]

---

〔25〕 ［日］高桥和之：《立宪主义与日本国宪法》，105 页，东京，有斐阁，2005。
〔26〕 ［日］高桥和之：《立宪主义与日本国宪法》，105 页，东京，有斐阁，2005。

但是这种学说也有一个问题,那就是如果仅仅将第 13 条"公共福利"解释为一种训示性的规定,没有确定的内涵,那么日本宪法第 22 条和第 29 条以外的宪法权利是不是没有限制了呢? 对此,上述的一元外在制约说提出下述论点:宪法第 22 条和第 29 条的"公共福利"只是对人权的"外在制约",而宪法上的其他人权,即使没有规定特别的限制条件,其自身也应该存在内在的制约和界限。其实这一点在宪法制定之初很早就被提倡。[27] 这就是所谓一元外在制约说的内容。

2. 内在、外在二元制约说

一元外在制约说不久便陷入困境,主要的原因在于,宪法第 13 条的幸福追求权后来被作为新兴权利的基础,既然该条款具有了具体权利的性质,那么该条款中"公共福利"就不能完全看做"训示性的"规定,因为这样的解释已经不能符合时代发展。正是这些"新的人权",激活了"公共福利"的含义,使"公共福利"成为了实实在在的人格权的限制规定。

不过即便是这样,上文提到的问题,仍会浮现出来,那就是宪法第 13 条的"公共福利"和第 22 条以及第 29 条的"公共福利"是否应该作相同的理解? 很明显,答案是否定的。因为如果将第 13 条中的"公共福利"理解为第 22 条和第 29 条的"公共福利",那么宪法上的每一项人权都可以根据社会公共政策的目标(公共福利)加以限制,这样一来宪法权利的价值就会变得微乎其微了。[28]

怎么办呢? 如这一节标题所示的"内在、外在二元制约说"便出现了。依此观点,日本宪法第 13 条的"公共福利"和第 22 条、第 29 条的"公共福利"意义不同,前者乃是内在的制约,后者则意味着外在制约。所谓的内在制约和外在制约是指,宪法上的所有权利,包括那些以宪法第 13 条为根据的新兴人格权,都必须服从内在的制约,而经济自由权则必须在内在制约之外,还要接受外在制约。[29]

内在、外在二元制约说从内在和外在的角度,对"公共福利"给予了不同的解释,也为"新兴人格权"提供一项切实的限制要件,是一项很好的创造。但若是拆开来讲,上述的内在、外在二元制约说与上述的一元外在制约在内容上其实是差不多的,二者都强调了自由权和经济社会权利在限制要件上的不同。问题还不止如此,像二元制约说这样对同样的文字("公共福利"),给与如此不同的解释,尽管

---

〔27〕 [日]高桥和之:《立宪主义与日本国宪法》,106 页,东京,有斐阁,2005。

〔28〕 [日]高桥和之:《立宪主义与日本国宪法》,106 页,东京,有斐阁,2005。

〔29〕 [日]高桥和之:《立宪主义与日本国宪法》,106 页,东京,有斐阁,2005。

说是由于上下文文脉的不同,但总觉得不那么协调。由此对于"公共福利"进行统一的解释的要求就出现了,这就是下述的"一元内在制约说"。

3. 一元内在制约说

一元内在制约说对(作为人权之间发生矛盾时的冲突调整原理的)"公共福利",进行了统一的理解。它认为"公共福利"可以作为所有基本权利的限制要件,但是根据人权的性质不同,"公共福利"的意义便有所不同。换句话说如果针对的是自由权,公共福利的含义做一种解释,如果针对的是社会权,公共福利的含义要做另一种解释。[30]

按照这种解释,在自由国家或者消极国家中,如果为了实现自由权,要以"公共福利"限制人权时,我们对"公共福利"就要采取一种严格的审查标准;而在社会国家或积极国家中,如果为了实现社会权,而要以"公共福利"限制人权时,我们就应该对"公共福利",采取一种更为宽松的合理审查标准。

按照日本宪法学者芦部信喜的话说,一元内在制约说对于"公共福利"可以做如下的解释:①"公共福利"指的是为了调整人权之间的矛盾与冲突,而采取的一种实质性的公平的原理;②"公共福利"与宪法规定无关,在理论上必然内在于所有的人权;③如果基于公平保障个人之自由权,而为权利制约提供依据时,只认可必要的最小限度的规制(自由国家的公共福利);如果基于实质性地保障社会权,而为权利制约提供依据时,则认可必要限度的规制(社会国家的公共福利)。[31]

可以看出,所谓的"一元内在制约说",是对自由国家基本权的限制条件和社会国家基本权的限制条件,进行区别对待的一种权利限制学说。可以说这种学说是今日日本学术界的通说。然而这一学说在学术界仍然存在一些批评意见。首先拿社会国家的"公共福利"的解释而言,有学者认为这种解释是日本"二战"前曾经盛行的"减私奉公"的全体主义观念的体现。因为只要存在一定的理由,就可以用"公共福利"来限制基本权利,人权就将成为毫无意义的东西,它必定会使日本重蹈战前践踏人权的覆辙。

其次再说说自由国家的"公共福利"的解释,有学者认为这种解释会导致宪法权利毫无止境的膨胀,也会削弱人权本身的重要性。因为如果要限制一种权利的

---

[30]　[日]高桥和之:《立宪主义与日本国宪法》,107页,东京,有斐阁,2005。

[31]　[日]芦部信喜著,高桥和之增订:《宪法学》(第三版),林来梵、凌维慈、龙绚丽译,87页,北京,北京大学出版社,2006。

滥用,必须找出另一种人权作为对抗的要件,那么人们就会强拉硬拽地将某些根本不能算作人权的利益冠以人权的称号。比如为了论证淫秽物品的规制措施的正当性,为了与公布淫秽书籍的行为相对抗,政府会杜撰出一种"正派的体面的(decent)社会生活的权利"。但是我们要问的是,宪法上真的存在或者真的应该存在这样的权利吗? 这些问题都是非常棘手的。

4. 超越一元、二元的"四要素说"

为了避免这些问题,一种超越上述一元、二元的"四要素说"被提了出来。按照这种观点,人权限制的目的不仅仅局限于他人的权利,某些虽不能作为人权,但也非常重要的利益,也应该作为人权规制的条件,需要注意的是这里的重要的公共利益(公共福利),不能理解为战前超越个人的全体利益,而必须是为了全体国民平等地被尊重所必要的公共利益。[32]

按照这一学说的代表学者高桥和之教授的意见,人权(包括人格权)的限制要件有以下四个方面:第一,为了调整人权与人权之间的冲突;第二,为防止侵害他人人权而限制非人权的行为;第三,为了他人的利益限制人权;第四,为了本人的利益限制人权。[33] 下面具体加以说明:

第一,人权与人权之间的冲突是人权限制最经常的理由。比如说当媒体的表达自由,侵犯到个人的隐私权或名誉权时,必须对双方的人权进行调整,为了保护人格权而限制媒体的表达自由,这可以看成以公共福利限制媒体的表达自由。

第二,人权的限制不能仅限于人权之间的冲突,某些不受人权保护的行为,也应该予以限制,因为它同样会侵害他人的权利,如盗窃,杀人等。

第三,某些不直接伤害他人权利的行为,也可以予以限制,目的是保护多数人的重要利益。例如为了街道的美观而限制广告牌的设置,一定程度上也可以承认。需要注意的是这里的"重要利益"不可以是超越个人的"全体"的利益,必须始终是单个个人自身可以享受到的利益。而且对于个人的牺牲所带来的利益,不能仅仅由其他人(即使是占多数的人群)享有,权利受制约者应该和其他人同时获得利益。倘若个人所受到的牺牲,大大超过其获得的利益,应该给予其必要的补偿。

第四,并非为了他人的利益,而是为了个人自己的重大利益,为了使这个人受

〔32〕 〔日〕高桥和之:《立宪主义与日本国宪法》,107 页,东京,有斐阁,2005。
〔33〕 〔日〕高桥和之:《立宪主义与日本国宪法》,104 页,东京,有斐阁,2005。

到平等的尊重,也可以限制这个人的权利。虽然本人对自己的利益最有发言权,虽然在自由主义思想下父权主义思想是应该避免的,但是对于未成年人或精神病人等判断能力不完全的人,放任他们自己判断也不是对他真正的尊重。所以根据父权主义原理,对这些人进行干涉,也是人权制约的一种情况。

以上是高桥和之教授关于人权的限制提出的"四要素说"。该学说当然也可以运用在人格权的限制问题上。在人格权案件中,为了他人的权利、公共的利益或本人的权利,都可以限制权利人的人格权。可是我们要问的到底哪些他人的权利,哪些公共的利益,可以用来限制人格权呢? 下面我们将从更微观的例证来加以说明。我们将从几个典型的人格权的侵权抗辩事由,来说明人格权限制的方法。

(二)人格侵权的抗辩事由

抗辩事由是指一般人格权,也包括具体人格权,具有很强的原则性,当它们遇到可与之抗衡的其他同样重要的权利和利益时,必须做出让步,求得一种互惠共赢,这所谓的对抗性的权利和利益,就是抗辩事由。举例来说,我们都说隐私是个人人格最重要的内容,值得给予充分的保护。可是倘若一个人在卧室里通过电脑网络窃取了他人的存款,那么这种在卧室中独自进行的行为,就不能作为隐私来看待,司法机关就可以进入卧室展开调查。在这里查处犯罪,保证公共安全,就是对抗个人隐私的一个抗辩事由。不过根据具体人格权类型的不同,人格权的抗辩事由也会有所区别,所以下面我们将以名誉、隐私、肖像几个方面来分别介绍人格权的抗辩事由。

1. 名誉权的抗辩事由

首先我们来说说名誉权。上文我们已经说过,名誉权是指公民有权要求他人或社会给予其公正的评价的权利(外在名誉),或者要求他人对个人自己建构的身份或人格表示尊重的权利(内在名誉)。换句话,一个人在社会上的声誉,不能被损坏,一个人对自己的身份的建构,也不能被解构。名誉权的抗辩事由是指,为了确保其他更重要的权益的实现,尽管某种行为伤害到某个人的名誉,该名誉权的享有者也必须予以忍受。[34] 名誉权的常见抗辩事由有立法程序中的言论抗辩、

---

〔34〕 张红:《法人名誉权保护中的利益平衡》,载《法学家》,2015(1)。

法庭审理中的言论抗辩、真实性的抗辩、公正评论的抗辩、对抗性言论的抗辩等。[35]

立法程序中的言论豁免说的是，立法机关的工作人员在讨论立法有无必要，立法如何进行，立法怎么实施等问题时，为了证明自己的观点的正确性，可以按照自己的认识自由发言，即使伤害到某个人的名誉，也不负担名誉侵权的责任。这么做是鼓励参与立法的民意代表，充分表达自己的意见，不用担心言论的违法性。民意代表表达意见的方式更自由，立法所能收集的信息就更准确，立法可能造成的伤害也能更好地呈现出来，能够更好地被避免。这是立法活动非常特殊的地方。所以在这个活动中发言者能够享有名誉侵权的豁免。

案件审判中的言论豁免也是一样，这种豁免也是给参与审判的双方更多的发言的机会，让他们不要担心自己的发言因为伤害到他人的权利，而遭到名誉侵权的追诉。这么做的好处是，让参与审判的人充分表达意见，为自己辩护，以达到更好地发现事实，适用法律的目的。除此之外，还有一个理由促成我们免除诉讼参与人的名誉侵权责任，那就是不管当事人说的是对的，还是错的，最终的裁判还是由法官来决定，法官能够起到一个过滤准确意见的作用。这是审判过程中的言论豁免。

真实性的抗辩是指，对涉及公共利益的公共事件和公众人物进行报道时，只要报道的内容是真实的，或者即使报道的内容并不真实，但报道者真诚地相信报道的真实性，报道者不是故意虚假报道（直接故意）或对事件的真实性毫不在意（间接故意），不管是否导致被报道人名誉受损，信息发布者都不负侵权责任。这里的公共事件是指对公众生活构成影响的事件，比如违法犯罪、自然灾害、交通事故等等，了解这些事件能保证公众更好地防范风险，保证安全。这里的公众人物在日本称为"有名人"，它指的是知名人士、官员和明星等，公开他们的生活是为了防止他们滥用权力侵害公共利益（如官员），或者满足民众的好奇心，防止他们滥用自己的影响力，给群众做出不好的示范（如明星）。因为有关公共事件和公众人物的信息如此重要，所以对这些事件和人物的报道，只要是真实的，就不必承担责任。又因为有关公共事件和公众人物的信息如此重要，为了让公众更快捷地，更充分地获取这些信息，媒体在报道中即便有虚假情况，只要不是故意虚假报道，或

---

〔35〕　［日］五十岚清：《人格权概述》，35～115 页，东京，有斐阁，2003。

者不负责任地过失地虚假报道,也不算侵害他们的名誉权。

公正评论的抗辩是指,在对涉及公共利益的公共事件和公众人物进行报道,而报道内容也属实的情况下,评论人针对该事件进行的评论,尽管伤害到他的感情,只要不存在人身攻击,也不算是名誉侵权。这种做法的理由是,事实可能存在对错,意见却无所谓真假,不同的人可以有不同的意见,不同意见的发布和交换,可以造成一种"意见的市场",在这里不同的意见相互竞争,以达到获取真理,认识世界,改造世界的目的。因为这些原因,我们对仅仅是评论的意见表达,免于名誉侵权的追诉。

对抗性言论(more speech)的抗辩是指,在聊天室、公共论坛、qq 群、微信群等这种可以随时交流意见的网络即时通信环境中发表言论时,只要言论所揭示的事实不是故意捏造的,或者不是毫无事实依据的,就可以豁免发言者的名誉侵权责任。[36] 这种理论源自美国,日本法上称为"反驳的言论"(言論の応酬),原意是在网络即时通信的环境(比如聊天室、公共论坛、qq 群等)中,允许争论双方通过"进一步的言论"(more speech)来纠正对方的错误言论,抵消该言论给名誉和名誉情感带来的伤害。用日本法的术语来说,只要网络即时辩论方所揭示的事实不是故意捏造的,或者不是毫无事实依据的(不必遵循"相当性"原则[37]),就可以豁免发言者的名誉侵权责任。

以上是关于名誉权的几个重要的抗辩事由,这些事由的设置可以在保证名誉权不受过度侵害的基础上,同时也能确保其他同等重要的权利和利益的实现。下面关于隐私权的保护,也同样遵循着这一原则。

2. 隐私权的抗辩事由

隐私权是公民对于与他人无关的个人信息不受他人侵入、窥视、获取、保存、使用的权利。这种权利我们说过,是现代社会非常重要的利益,是个人躲避社会、他人,回到自己的真实世界,充分表露自己,展示自己,甚至发泄自己的一种状态,只有存在隐私,现代人才能够更好地生存,而不是成为社会的奴仆,成为他人的附庸,甚至成为一个没有自我的,缺乏人格的,心理不能健康发展的人。

但我们也说了,即便是隐私领域,在特殊的情况下,可以予以侵入。这就是本

---

〔36〕 〔日〕五十岚清:《人格权概述》,81~82 页,东京,有斐阁,2003。

〔37〕 〔日〕高橋和之、松井茂記、鈴木秀美:《インターネットと法》,57 页,东京,有斐阁,2010。

书所说的隐私权的抗辩事由。和名誉权一样，当隐私权和其他人的正当权益发生冲突时，权利人也有忍受和让步的必要。隐私侵权的抗辩事由，一般情况下有以下几种情况：本人同意、新闻报道、公众人物、学术研究和艺术创作等。[38]

本人同意是最重要的隐私侵权抗辩事由，除了上述涉及个人尊严的私生活不能放弃之外，经过本人同意进入或公布他人隐私的行为不能算作违法。这方面的案例在日本有上述的《宴会之后》案，被告某作家在撰写某小说的时候，使用了原告作为原型，原告认为该小说侵犯了他的隐私权。在这个案件中被告曾经提出，该小说是在原告默许的情况下写作的，最后法院还是否定了默许的存在。[39]这说明本人同意是隐私侵权的一个重要的抗辩事由，只不过什么情况算是同意？有没有默许？同意有没有期限？隐私能不能完全放弃？没有条件取得原告同意怎么办？这一系列的问题在裁判中仍需仔细讨论。

新闻报道作为隐私权的抗辩事由之一，和名誉权的抗辩事由一样。这么做的目的是满足公众的知情权，让公众有能力参与公共事务、获得科学真理、形成独立人格。[40]所以，当一个人的私生活信息有助于达成上述目的时，他的个人隐私需要适当让步，比如当某个人的行为成为公共事件，具有公共影响力时，这种行为就不能作为隐私被保护。但是和名誉侵权抗辩不同，在隐私权中不需要证明揭露事实的真实性，在名誉权诉讼中如果能够证明所说是真实的，则不需要承担名誉侵权的责任，在隐私权案件中，即便是真实的，只要触及隐私，仍然要承担责任。

日本这方面的典型案件是逆转案，该案件说的是某一位刑满释放人员，回归社会后参加工作，结婚生子，过上了正常的生活，但当年参与审判该案的法官却在自己的自传性的著作《逆转》中，原封不动地介绍了该人的名字和犯罪细节，该人便以这件事侵犯了他的隐私权为由提起诉讼。[41]一审法院在判决中就提到了，对于犯罪这样的事实，公众有了解的必要，有关心的权利，公开这些事实对公共利益有帮助，所以应该得到允许。这就是以新闻报道作为对抗隐私权的理由。不过尽管法院肯定了公开犯罪事实的正当性，它还是判决被告的作品违法，因为法院

---

〔38〕 ［日］五十岚清：《人格权概述》，173～178页，东京，有斐阁，2003。

〔39〕 ［日］五十岚清：《人格权法》，铃木贤、葛敏译，174页，北京，北京大学出版社，2009。

〔40〕 ［日］阿部照哉等编著：《宪法》（下册），周宗宪译，144～145页，北京，中国政法大学出版社，2006。

〔41〕 吕艳滨：《日本的隐私权保障机制研究》，载《广西政法干部管理学院学报》，2005(4)。

认为即便要描写犯罪事实，也不必使用真实的名字。[42]

以上说的是新闻媒体对公共事件的报道引发的隐私侵权问题，与公共事件相关的人必须容忍一定程度的隐私侵犯。除此之外，"公众人物"也是一样，他们的隐私也应该受到更多的限制。其中的道理在名誉权的抗辩事由部分已经讲过，总而言之就是，因为公众人物具有很强的社会影响力，我们有必要对他们的生活细节更详细地了解，所以只要新闻报道对他们的描述是真实的，即便侵犯他们的私生活，也不是隐私侵权。

这方面的典型案例也是"宴会之后"，该案的情况前文已有说明，简单说就是某作家在小说中对某人的真实生活进行了详细的描述，结果遭到隐私侵权的控告。前文没有说明的是在小说中被描述的人，其实是一名官员，因此法院在该案中也考虑了公众人物的隐私权是否不受保护的问题。法院认为，如果公开私生活的目的是降低公职人员或公职人员的社会评价，这种公开是可被允许的。[43] 不过法院同时指出，即便对于公众人物也不允许无差别、无限制地公开其私生活。[44] 这说明公共人物的隐私权是否应该限制，还有继续进行利益衡量的必要。

最后要说说学术研究和艺术创作对隐私权的抗辩问题。为什么要给学术和艺术特别的保护呢？因为学术活动能给人类带来知识，艺术活动能给人类带来快乐。因为学术和艺术活动具有如此重要的功能，所以当它们揭露或使用个人的隐私的时候，我们仍然给其相当程度的宽容，将其作为隐私侵权的抗辩事由。这方面的著名案例是《踏上无名路》事件，该案件说的是日本著名作家高桥治，以自己的高中同学 A，也是伊豆地方的一位名医的长子，作为原型创造了小说《踏上无名路》，小说描写 A 在参加司法考试连续 20 次落榜，最后死于非命的事情。小说除了使用 A 作为原型之外，其他人物也以实际存在的人物作为样本。不过小说的人物都用了假名，小说中 A 的出生地也没有用真实的名字。小说出版后，A 的妹妹及丈夫向法院起诉作家侵犯了 A 的名誉权和隐私权。

法院经过审理判决认为，虽然小说描写的是真实的人物，但因为作者在小说中对这个人物的行为和性格都进行了改编，一般人并不能轻易从小说中发现现实

---

〔42〕 [日]五十岚清：《人格权法》，铃木贤、葛敏译，177 页，北京，北京大学出版社，2009。
〔43〕 [日]五十岚清：《人格权法》，铃木贤、葛敏译，175 页，北京，北京大学出版社，2009。
〔44〕 吕艳滨：《日本的隐私权保障机制研究》，载《广西政法干部管理学院学报》，2005(4)。

世界中的人物,所以 A 的隐私权并没有受到侵犯。[45] 这是一个典型的隐私权和艺术自由相互冲突的案件,法官在权衡了隐私权和艺术自由之后,认为艺术自由更值得保护,这种通过个案中对两种利益进行个别衡量的方法,下文还有介绍。隐私权的抗辩事由就介绍这么多,下面再看看肖像权。

3. 肖像权的抗辩事由

上文已经讲过,肖像权不仅给予权利人禁止他人以营利的方式使用肖像的权利,还给予权利人禁止他人以非营利的方式使用肖像,甚至权利人还有权禁止他人未经同意制作本人的肖像。日本学者五十岚清说得更准确:"肖像权系指,可以禁止他人在没有权限的情况下绘画、雕刻、摄制或其他方法制作、发表自己的肖像的权利。"[46]至于肖像权的抗辩事由,五十岚清教授总结了以下六项:犯罪的搜查和预防、报道自由、学术和艺术自由、公众人物、风景拍摄、参与集会、游行等公共活动。下面我们详细分析。

第一项抗辩事由是犯罪搜查和预防。为打击和查处犯罪,对当事人进行拍摄,是不违反法律的。不过在日本,犯罪搜查中的拍照并非随时随地都可允许,尚需在一定的范围内在符合必例原则的情形下进行。比如在上文说过的京都府学联事件中,法官对警察未经同意拍照的情形列举了三个要件:(1)犯罪正在实行或者实行后没有间隔;(2)证据保存具有必要性和紧迫性;(3)拍摄的方法不超过一般来说可允许的限度。[47] 这是一个非常高的标准,在后来的自动测速检视装置合宪性案件中,该标准也被沿袭下来。[48]

不过在后来的案件中,上述三个要件有所松动。比如有判决认为,对于犯罪已经实施的场合或者犯罪实施的可能性极高的场合,在一定的要件下,也允许制作照片(或设置防范性的摄像设备)。[49] 这是对上述第一个要件的缓和。具体来说,在某案中东京市政府以防止犯罪的发生,在某山区设置了大量摄像头,从而引发居民的反对。法院指出,"如果此地发生犯罪的可能性相当高,设置摄像头拍摄

---

〔45〕 [日]五十岚清:《人格权法》,铃木贤、葛敏译,69 页,北京,北京大学出版社,2009。

〔46〕 [日]五十岚清:《人格权概述》,163 页,东京,有斐阁,2003。

〔47〕 [日]五十岚清:《人格权概述》,173 页,东京,有斐阁,2003。

〔48〕 最判昭 6·12·14 刑集 40 卷 1 号 48 页。

〔49〕 [日]五十岚清:《人格权概述》,173～174 页,东京,有斐阁,2003。

现场情况是合法的。"[50]在另一个案件中,大阪居民以侵犯肖像权和隐私权为由,要求撤销 15 处用于预防犯罪的摄像设备,法院对以下五个因素进行审查:(1)目的正当性;(2)设置或使用的必要性;(3)设置状况的妥当性;(4)本案摄像设备的有效性;(5)使用方法的相当性。经过审查法院最终撤销了 15 个摄像头中的 1 个。[51] 这是以犯罪调查和预防作为肖像权的抗辩事由。

第二项抗辩事由是报道自由。报纸、电视和杂志在报道新闻事件时,也有权刊登或放映当事人的照片,而不受肖像侵权的追诉。日本学界认为这里的肖像刊登和放映受日本宪法第 21 条表达自由的保护。这方面的案件有林真须美肖像权侵害案,法院在此案中,为新闻报道豁免肖像侵权设置了几个重要的条件:(1)采访报道行为必须是关系到公共利益的事项(事实的公益性);(2)仅仅为公共利益的目的进行采访报道(目的的公益性);(3)采访或报道的手段依此目的是适当的(手段的相当性)。上述第三个要件后来被修正为,报道内容和所拍照片之间具有相当性。不过对于这里的"三要素说",有学者认为它们在肖像权保护方面还不够充分。[52]

另一个重要的案件是朝鲜间谍案,案件中一名被释放的囚犯,出狱时有记者对他进行拍照,虽然他用手挡住面孔,但仍被拍摄下来,并刊登在新闻报道中,该囚犯起诉后,法院认为从照片内容看,任何人都不愿意被拍摄和刊登,而且其报道内容也容易使人看出原告是朝鲜的工作人员,如此刊登照片不能阻却违法。[53]同类的案件还有私立大学教授丑行报道案件,审理该案的法院判决被告并不侵权。[54] 这都是以报道自由作为肖像侵权的抗辩事由的例证。

第三项抗辩事由是学术自由和艺术自由。上文我们已经讲过学术活动和艺术创作的重要性,所以当学术或艺术活动利用到个人的肖像时,肖像权享有者必须做出一定的让步。这样一个原则和传统的肖像权保护方法有所不同。一般来说,在日本司法实践中没有得到肖像权本人或其亲属的同意,从事学术研究和艺术创作的人,不能制作、公开和使用权利人的肖像。但是为了保障学术(比如医

---

〔50〕　东京高判昭 63・4・1 判时 1278 号 152 页。

〔51〕　大阪地判平 6・4・27 判时 1515 号 116 页。

〔52〕　[日]五十岚清:《人格权概述》,177 页,东京,有斐阁,2003。

〔53〕　横滨地判平 7・7・10 判夕 885 号 124 页。

〔54〕　东京地判昭 62・2・27 判夕 634 号 146 页。

学)和艺术的自由,未经同意在一定范围内拍摄与公开他人的肖像,也是允许的。不过这方面的案例并不多,仅有的一个案例还是以和解结案的。该案的经过是,一名研究日本唯一的少数民族阿伊努族(アイヌ民族)的学者,在一本研究该民族历史的学术著作中,未经允许使用了阿伊努族一名女性的照片,阿伊努族这名女性起诉了这位作者,诉讼的理由就是肖像侵权。该案经过法院调解,被告主动认错后,双方达成和解。[55] 因此日本法院迄今还没有就肖像权和学术自由之间的冲突发表过正式的意见,学术和艺术自由可以作为肖像权的抗辩事由,还停留在学术层面上。

第四项抗辩事由是公众人物。和名誉权以及隐私权一样,公众人物的肖像权也比普通人受到更多的限制。在日本有许多案件因为当事人是公众人物,他们的肖像权不被承认,学术上一般也认为公众人物的肖像权应较一般人所受限制更大。[56] 但是要注意的是,即便是公众人物,他们的肖像权也不是完全没有的,在著名的三浦和义全裸写真事件中,被告以"公众人物"的法理作为辩护,但是法院仍旧判示:即使是著名人物,也应该享有私生活的安宁权,特别是暴露性器官的照片不被擅自公开的利益应该毫无疑问地受到保护。[57] 由此可见,过分侵犯公众人物私生活照片的行为仍然是违法的,公众人物只是肖像权的一个抗辩事由,并不能绝对豁免肖像侵权。

第五项抗辩事由是风景拍摄。我们都知道,为了拍摄风景许多时候不得不将行人拍摄进照片中,那么这种拍摄是不是侵犯行人的肖像权呢?答案是否定的,在公共场合出现就意味着放弃了自己对个人肖像的控制权。在日本的一个案例中,某核燃料回收设施的管理者,在一份披露核设施回收信息的杂志的封面中,将抗议核设施的人正在钓鱼的照片刊登出来,从而引发肖像权诉讼,被告杂志方认为拍摄具有季节特色的风景照片,不需要原告的承诺。但是法院还是判令该杂志侵犯了抗议者的肖像权,因为"被拍摄的原告钓鱼的照片虽说是风景照,但是原告照片非常大……以至于极易判断要拍的对象正是原告。"从此可见,在风景拍摄中,人物只能作为背景,而不能成为主要对象,否则即被认为侵权。

第六项抗辩事由是集会、游行等公共活动。在比较法上公共活动是一项重要

---

〔55〕 详见《アイヌ民族肖像权判决・全记录》,现代企画室 1988 年。

〔56〕 [日]五十岚清:《人格权概述》,178 页,东京,有斐閣,2003。

〔57〕 东京地判平 2・3・14。

的肖像权抗辩事由。在日本公共活动中警察的拍摄行为通常是被豁免的,新闻媒体的拍摄原则上也应允许。关于后者很早就有案例,在一个涉及示威者肖像权的案例中,名古屋金泽法院判决说:"示威人员合法地在市中心繁华街道上示威游行,新闻机构出于采访的目的对此情形进行拍摄,乃是新闻机构履行向读者正确、公平地报道社会事件的使命的结果,这种行为应该当然地为社会所允许。"这是以公共活动作为肖像权的抗辩事由。

以上我们介绍了肖像权的六个抗辩事由,我们从中可以看出,肖像权同样不是绝对的,在出现上述几种情况时,肖像权也必须适当后退。不过如同其他人格权一样,肖像权在遭遇抗辩事由时,什么时候应该后退,什么时候应该坚守,仍然需要进行具体衡量。这一点前文已经有一些介绍,但具体衡量的方法,我们还需要通过下一节内容——人格权限制行为的合宪性审查来了解。

(三)人格权的限制行为的合宪性审查

说明了人格权的限制要件和抗辩事由之后,对于人格权保障而言,最重要的便是考察人格权的限制行为是否符合宪法原则。对此,日本学术界和实务界,也有非常多的思考,与德国的情况不同,日本对人格权限制行为的合宪性审查的标准,更侧重于对美国经验的借鉴。

1. 利益衡量方法

首先要说的方法是利益衡量方法。我们前面说过,为了保护其他人的权利,其他人的利益或者本人的权利,可以限制个人的权利,但是什么时候该限制,什么时候不该限制,这仍然有赖于对权利或利益重要性的衡量。如何衡量呢?

我们知道权利或利益之间的重要性并不能予以抽象地排列,很多时候只能在个案中具体衡量。对此日本宪法学者高桥和之教授提出,在具体确定公共利益或他人权利究竟有多重要,到什么程度才可以成为人权的制约条件时,需要具体审查两个方面的内容,一是权利制约的目的;二是权利制约的手段。在目的审查中,我们要考虑的是,人权规制的目的和被规制的人权的重要性是否均衡?换句话说,我们是否总能以尽量均衡的公益作为目的?在手段审查中,我们要考察的是,为实现这些目的采取的方法和手段能够达成目的吗?对人权进行制约是否还有可以达成目的的、更少伤害的方法?[58]

---

〔58〕 〔日〕高桥和之:《立宪主义与日本国宪法》,108 页,东京,有斐閣,2005。

我们可以以日本宪法上的一个著名案件来说明利益衡量方法的运用,这就是所谓的全邮中邮事件。东京邮政局工作人员在工作期间参加工会组织的罢工,导致很多邮件未被投递,政府根据《邮局法》第79条第1款"不处理邮件"的规定起诉上述人员。法院要审查的和邮件及时投递的公共利益哪一方更重要。法院判决认为:"对劳动基本权的限制,必须比较衡量尊重劳动基本权的必要性和维持增进全体国民的利益的必要性,并在充分保障两者适当均衡的条件下作出决定。但是因为劳动基本权与劳动者的生存权相关联,如果考虑到劳动权乃是保障劳动者的生存权的重要手段,对它的限制必须只限于合理的被承认为必要的最少限度的范围内。"[59]

后来的最高法院的判例也时常采用这种方法,比起完全不进行利益衡量而给予"公共福利"绝对的优先,确实是一种巨大的进步,对于人权保障有积极的意义。但是学术上对利益衡量的批评也非常有力,比较衡量之基准并不明确,而不立足于一定的基准毫无条件的衡量会把人权原理和它的限制原理放在同样的天平上衡量,导致人权被将降到最低点。

2. "双重基准"的审查方法

针对上述利益衡量方法的不确定性,日本法院通过人格权判例发展了合宪性审查的"双重基准",根据不同的案件事实,使用不同的裁判方法。这"双重标准"就是严格的审查标准或合理的审查标准。所谓"严格的审查基准",是指法院在对涉及人格权的立法进行审查时,以一种严格的标准来考察这项立法的目的和达成该目的的手段是否合适,"严格的审查基准"不但要求立法的目的是正当的,还要求立法所采取的手段对于实现这些紧迫的、优越的社会利益(compelling interest),有积极作用,并且必不可少,最重要的是制定法律限制人权的一方必须对此承担较重的举证责任。[60] 换句话说如果立法者找不出合适的理由,就推定这项立法违反宪法。这就是"严格的审查基准"。

相对而言,所谓"合理的审查基准",是一种属于比较缓和的审查方法。比如在上述立法目的和立法手段的关联方面,"合理的审查基准"并不要求"立法手段对于立法目的而言是必不可少的",只要被审查的"立法手段",能够实质性地促进

---

〔59〕 最判昭41·10·26[大法庭]刑集20卷8号901页,有仓辽吉编:《基本法解释》,樋口阳一撰写部分,71页,东京,日本评论社,昭和52年。

〔60〕 [日]中谷实:《宪法诉讼的基本问题》,191页,东京,法曹同人,1993。

立法目的就可以了。在这里立法机关对于立法手段的选择是有充分的自由的,法院对此给予了足够的尊重。再比如在立法目的的重要性方面,"合理的审查基准"不需立法所达成的目的是为了保护一种紧迫的、优越的社会利益(compelling interest),只要该立法所追求的目的是实现"正当的国家利益"就可以了。这同样也是肯定立法机关在立法目的的选择上具有广泛的裁量权。[61]

3. 日本的"范围理论"

以上讲的是基本权利的限制措施是否合宪的审查标准,这种标准用在人格权案例上也非常普遍。和德国宪法判例将人格权的保护范围按照从里到外的标准分为三个部分一样,日本宪法判例,根据宪法学者芦部信喜的总结,也将个人信息可以分为三类:[62]第一,任何人都会看成是隐私的信息;第二,一般来说可认为是隐私的信息;第三,是否属于隐私不易明确判断的信息。审查个人信息的收集、掌握、利用和公开是否侵害宪法上的人格权,需要根据上述不同情形采用两种审查基准。对于上述第一种情形,适用"严格的审查基准"予以审查,对于第二种情形则适用"合理的审查基准"作出判断,而第三种情形则不适用任何标准进行合宪性审查,而完全交给立法机关自由裁量(见下图)。

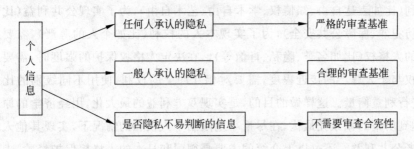

我们可以拿日本宪法上著名的"前科照会事件",来说明双重基准在人格权案件中的运用,"前科照会"的意思是询问和了解他人的犯罪前科。该案的内容是一名机动车驾驶员培训学校的教练,不服其单位对他的解雇决定向法院起诉。在诉讼中,该驾校的律师向当地司法机关咨询这名教练的违法犯罪情况,司法机关向律师公布了该教练的多项违法犯罪经历,驾校便以该教练没有在入职时如实汇报

〔61〕 [日]中谷实:《宪法诉讼的基本问题》,185页,东京,法曹同人,1993。

〔62〕 [日]芦部信喜著,高桥和之增订:《宪法》(第3版),林来梵、凌维慈、龙绚丽译,108页,北京,北京大学出版社,2006。

自己的犯罪前科为理由,进一步证明其解雇处分的合法性。该教练也反过来起诉驾校和司法机关侵犯了他的名誉、信用和隐私权,他还认为任何人都有一种不让他人知晓其犯罪前科的权利。

该案经过一审、二审之后,最后由日本最高法院审理,伊藤正己大法官在判决书中写道,前科等个人信息,是个人隐私中最不愿为他人所知晓的内情之一……要公开这种信息,必须存在一种非常优越于隐私的公共利益。本案中被告为了公正裁判,而公开个人的前科信息,公正裁判虽然属于一种重要的利益,但为了裁判的目的而公开当事人的个人信息,也必须遵循严格的审查基准。具体说就是只有在没有其他可替代的手段能够达成上述目的,公开的信息对于实现公正裁判必不可少,公开的信息限定在最小限度的范围之内,才可以对当事人的前科信息予以公开。[63] 而本案司法机关随意公开当事人的犯罪前科,是一种不恰当的违法行为。这就是一种典型的严格的审查基准。

以上两节,我们介绍了人格权的限制条件,以及为防止人格权的过度限制而设计的合宪性审查的方法,这两节分别谈到了德国和日本的不同的实践经验。从中可以看出,两个国家的人格权限制,主要的条件是一样的,那就是为了保障他人的权利(比如表达自由、知情权、学术自由、艺术自由),为了实现公共利益(比如打击预防犯罪、保障公共安全),为了实现本人的权利(比如个人的尊严),需要限制公民的人格权(比如名誉、隐私、肖像等)。在决定人格权保护的强度时,需要考察人格权与个人尊严的接近程度,需要对相互冲突的权利,使用不同级别的比例原则,进行利益衡量。这样做的目的,是实现双方利益的最大化,用经济学的原理来说,达到所谓的帕累托最优,在尽量小地限制个人权利的情况下,实现其他人的权利或者公共利益。不过以上介绍的主要是德国和日本的人格权保护经验,人格权的内涵、类型和限制等,这些情况有没有普遍性呢?要回答这个问题,我们需要对美国法保护人格权的经验予以介绍,然后通过和德国、日本的情况进行对比,才能看出其中共同的特征,为我们恰当处理我国人格权立法和裁判问题提供借鉴。

---

〔63〕 [日]芦部信喜:《宪法》(第 3 版),林来梵、凌维慈、龙绚丽译,108 页,北京,北京大学出版社,2006。

第五章　宪法上的人格权的美国保护路径

以上我们所介绍的人格权保护模式,是以大陆法系国家作为模板的,他们在人格权保护上,体现了一种个案裁判的特征,就是依靠案例法来解决人格权的纠纷,而不是通过立法一揽子解决问题。下面我们要看看英美法系的经验,考察的范围越大,我们对于人格权保护就越能得出一个更加普遍性的结论,对于解决我国人格权保护就更有借鉴意义。之所以要分开介绍,是因为英美法系在人格权保护上,与大陆法系有着很大的不同,可以说是走上了另一种特殊的道路。在美国虽然没有"人格权"的称谓,但是人格权的保护同样是宪法和普通法的重要课题。美国法上的人格权保护,多数是以隐私权为基础展开的。一开始隐私权是普通法(判例法)上的一个概念,后来它又在宪法上生根发芽,成为一个同时针对公私权力的广泛的人格权概念。

一、美国普通法对人格权的保护

普通法上的隐私权概念,起源于 19 世纪下半叶,随着摄影和录音技术的高速发展,个人的私生活更容易被他人获取,这给人们带来很大的困扰。于是学说上就涌现了一些观点,要求从法律上禁止人们未经同意地拍摄他人的照片,录制他人的讲话,这就是隐私权。第一个正式提出隐私权概念的,是学者布兰代斯(Louis D. Brandeis)和沃伦(Samuel D. Warren),他们二人在 1890 年发表在哈佛大学法律评论上的一篇文章《隐私权》(The Right to Privacy)中,提出并论证了隐私的概念和价值,他们将隐私权界定为一种"生活的权利"(right to life)和"不受干扰地独处的权利"(right to be let alone)。[1]

总而言之,所谓的隐私权,就是一个人躲在一个地方,静静地待着,其他人不要干预的权利。但是我们知道,一个人要想静静地待着,不允许其他人干预,那么他必须不能妨碍其他人利益,因此只有在一个与他人无关的领域一个人才有不受

---

[1] Samuel D. Warren and Louis D. Brandeis, The Right to Privacy, 4 *Harv. L. Rev.* 193 (1890).

干扰的权利,在社会领域个人必须接受社会的控制。可是什么样的领域属于隐私领域,什么样的领域属于社会领域呢? 在这个问题上,密尔的理论具有很大的启发性,密尔使用排除法来界定隐私领域,也就是说除了社会领域之外,其他都是隐私领域,那么什么是社会领域呢? 密尔列举了四种方面:(1)政府利益;(2)商业活动;(3)公共场所;(4)伤害他人的活动。〔2〕 总而言之,除了这些领域之外,其他领域都是隐私领域,个人都有不受干扰地独处的权利。

自从隐私权概念被提出以后,这个概念在美国普通法判例中得到了广泛的运用。但是法院在判例中使用隐私权概念时,常常表达了不同的类型,导致隐私权的范围过于宽泛,因此 1960 年学者普洛塞(William L. Prosser)又在一篇名为《隐私》(privacy)的论文中,进一步梳理了美国法院判决的不同的隐私,将隐私权归结为四个类型,它们分别是:A. 对个人的独居、独处或私人事务的入侵(intrusion upon the plaintiff's seclusion, solitude, or into his private affairs);B. 向公众揭露使个人难堪的私人事实(public disclosure of embarrassing facts about the plaintiff);C. 将被害人置于不正确的公众理解下(publicity which places the plaintiff in a false light in the public eye);D. 被告为了自己的利益,而在未获得被害人同意的情况下使用其姓名或其他特征(appropriation, for the defendant's advantage, of the plaintiff's name or likeness)。〔3〕

这个分类后来被美国《侵权法重述》第 28A 章确立下来,该章将隐私划分为四个方面:第 652 条 B,对隐私的侵入:一个人故意以有形的方式或其他方式,侵入他人的僻居处或独处地,或侵入其私人事务或私人关系,如果一个正常的人认为这种侵入是一种高度侮辱,行为人应当就其侵犯他人的隐私权承担责任;第 652 条 C 窃用他人的姓名和肖像:为了自己的利益而窃用他人的姓名和肖像的,应当承担侵犯隐私权的责任;第 652 条 D 公开私生活:公开他人的私生活的,应当承担侵犯他人隐私权的责任,如果(一)在一般合理人看来,事项的公开属于高度的侮辱,并且(二)属于社会大众无须合法关注的事项;第 652 条 E 扭曲他人形象的公之于众:如果具有以下情形之一,对外公布的事项扭曲他人形象的,行为人应当对侵犯他人隐私权的行为承担责任:(一)在一般人看来,公开的事项对他人

〔2〕 Lee Goldman, *The Constitutional Right to Privacy*, 84 *Denv. U. L. Rev.* 601. (2006).
〔3〕 William Prosser, *Privacy*, 48 CAL. L. REV. 383-389 (1960).

形象的扭曲是对他人的高度侮辱；并且（二）行为人明知公开事项是虚假的或对公开事项的虚假性漠不关心导致他人形象受到扭曲。[4]

侵权法重述的这四个类别，第一、三类相当于我们所说的狭义的隐私权；第二类相当于姓名权和肖像权，第四类相对于名誉权。下面具体说一说这几个方面。

（一）侵入他人私生活

首先说说第一和第三类侵入他人私生活和公开他人私生活信息，这是隐私权最初的表现形式。最早的案例是 1931 年的罗迪斯诉格雷厄姆案（Rhodes v. Graham），案情是被告在原告的电话线上搭线对原告的谈话进行窃听，还雇用了一个速记员对这些谈话进行记录。原告提起诉讼，一审法院驳回起诉，上诉法院判决原告胜诉。案件发生之时，电话才刚刚普及，美国法上还没有一个权利可以保护这种不受窃听的利益。但法院认为对他人的电话进行窃听，和在报纸上公开他人的隐私没有什么区别。虽然各州成文法没有保护，但普通法应该对这种行为的损害提供救济。于是法院通过普通法创造了一种"独处和享受安宁的权利"，这是一种传统上的自然权利，可以防范现代照相技术和媒体技术对家庭和个人的生活造成的侵犯。法院认为，即便不是一个人与家人的生活，一个人与朋友、邻居和亲戚的谈话也受到保护。[5]

这种禁止干预隐私的权利在《侵权法重述》中作了规定，那就是不得侵入他人的隐私。侵犯隐私不仅包括对他人的身体的侵入，也包括对他人的私人事务的干涉，比如闯入他人的隐私空间，使用他人的私人物品，用望远镜窥视他人，对他人进行窃听，拆开他人的信件，搜查他人的保险箱、钱包和住户等。这些行为在其他国家，可能算是侵犯通信自由，或者限制人身自由，但在美国这里就是把它作为侵入隐私的内容里面。

除此之外，美国法还将性骚扰当做侵犯隐私的一个内容。有一个案件叫"菲利普斯诉斯玛利保洁公司案"（Philips v. Smalley），案中阿拉巴马州一个公司的老板，经常强迫女职员菲利普斯进入他的办公室，他关上办公室的门，询问这名女性有关性生活方面的事，当他得知该女性一家人靠她的工资生活时，便要求与该

---

〔4〕［美］阿丽塔·L.艾伦、理查德·C.托克音顿：《美国隐私法：学说、判例与立法》，冯建妹、石宏等译，26～27 页，北京，中国法制出版社，2004。

〔5〕［美］阿丽塔·L.艾伦、理查德·C.托克音顿：《美国隐私法：学说、判例与立法》，冯建妹、石宏等译，259 页，北京，中国法制出版社，2004。

雇员发生性生活，但没有成功。后来该老板还殴打了这名员工，最后将其解雇。该员工向法院起诉。法院认为被告打探原告性行为和性生活方面的事实，构成了对原告隐私的侵入。[6] 这是一个性骚扰的案件，在许多国家，这个行为作为单独的一项诉讼理由，而在美国，法院都将其视为隐私权的侵犯，它具体包括对他人的攻击、窥视他人的身体、强行拥抱、接触性敏感部位等。

在监视他人的诉讼中，有一件名为耐特诉佩诺布斯科特医疗中心（Knight v. Penobscot Bay Medical Center）的案件。原告的妻子在一个医疗中心待产，被告医疗中心的一位护士未经同意，让自己不是医务人员的丈夫，在分娩室外观察原告的分娩过程。原告声称受到极大的精神伤害，起诉被告侵犯隐私权。法院认为，医疗中心未经同意，让一个医疗中心之外的人员观察原告的分娩过程，是对原告隐私权的侵犯。但法院认为作为丈夫的原告，是没有被侵犯隐私权的。[7]

以上是对侵入隐私的几种形式的介绍。关于隐私的侵入，也存在某些特别的抗辩事由。第一个就是公共信息。在美国仅仅获取他人的信息，并不必然构成对于隐私权的侵入，如果获取的信息是公开的，或者是原告已经自愿告诉他人的，被告的行为不构成侵权，只有当获取的信息是处于保密状态，或者个人不愿为人所知，才是侵犯了隐私权。所以在侵入隐私的案件中，原告必须证明被告的行为对他来说是一种实实在在的侵入，被告获取了原告不愿对外公开的信息。这种信息通过一般的询问和观察，是不可能得知的。这是以公开性作为隐私侵入的抗辩事由。

第二个抗辩事由是合法的商业目的。在美国未经同意的拍照也作为侵入隐私的一种，比如在克雷曼诉伯恩斯坦案（Clayman v. Bernstein）中，法院认为在私人场所未经同意进行拍照构成侵犯隐私。如前所述，在日本，这种行为属于肖像权的范畴。美国没有肖像权概念，未经允许拍照作为侵入隐私，而未经同意使用照片，则是一种擅用隐私行为，这一点下一节再细说。但是未经允许的拍照，也不是任何情况都不合法，比如存在一定的商业利益也允许拍照。关于"合法的商业目的"，美国法院在托马斯诉通用电气案（Thomas v. General Elec. Co）中，提出

---

〔6〕 ［美］阿丽塔·L. 艾伦、理查德·C. 托克音顿：《美国隐私法：学说、判例与立法》，冯建妹、石宏等译，262 页，北京，中国法制出版社，2004。

〔7〕 ［美］阿丽塔·L. 艾伦、理查德·C. 托克音顿：《美国隐私法：学说、判例与立法》，冯建妹、石宏等译，264 页，北京，中国法制出版社，2004。

由于雇主出于合法的商业目的，而不是仅仅出于私人目的，对员工工作过程进行拍照，不构成对于雇员的侵扰。这是对侵入隐私的第二个抗辩事由。

第三个抗辩事由可以举出的是，媒体的表达自由。这一点和其他国家关于人格权的抗辩事由是一样的，意思是如果媒体为了报道公共事件，侵入或者公开隐私，是可以的。但是具体到个别案件，哪些情况可以侵入，哪些情况不允许，这个也是需要具体衡量的。比如有一个案件，法院就判决个人隐私不能侵入。在戴蒙特曼诉时代公司（Dimtemann v. Time）的案件中，原告起诉《时代周刊》的记者，对他的私人诊所进行偷拍，侵入了他的私生活。原告是一个无照经营的医生，时代公司为揭露它的行为，派记者到诊所收集信息，记者用微型照相机和隐藏的录音机，收集了原告的很多证据，并进行了报道，报道的信息也是真实的。

法院最后判决，时代公司侵犯了原告的隐私权。[8] 理由是什么呢？法院认为即使媒体怀疑某人从事违法行为，也不能对当事人的家庭和办公室进行检查，因为个人的隐私高于媒体的调查自由和表达自由，媒体应该采用其他调查手段对事件进行采访。在这里法院是认为，私人医生的办公室是一个私人场所，而不是像记者说的是一个公共场所，原因是对于进入这个场所的人，医生是有决定权的，可以决定谁来进入这个场所，不是什么人都可以进来的。所以它不同于公共场所，记者对这个场所的窃听，就是违法的。不过有一点需要说明的是，如果有人窃听了隐私信息而告知媒体，一般来说美国法院会认为，这时候媒体不承担责任，原因是法院认为，这种情况下，不能要求媒体避免听到这些消息。

第四个抗辩事由是公共事件。意思是如果当事人涉及公共事件，跟公共利益有关，那么他的行为，即便是隐私，也允许他人进入。在彭布顿诉伯利恒钢铁公司案（Pemberton v. Bethlehem Steel Co.）中，一名正在参与竞选的官员发现，他的一位竞争对手为获取他的个人信息，派人跟踪和监视他，该官员认为这位竞争对手的行为侵入他的个人隐私。法院对此不予认可，原因是被告并没有监视原告隐私的或者独处的空间，而是对一个向公众开放的场所予以监视。

公共场所监视是可以的，但搜查却是违法的。在班尼特诉诺伯特（Bennett v. Norban）案中，某人被怀疑在商场行窃，在离开商场到达露天停车场时，商场工作

---

〔8〕 ［美］阿丽塔·L. 艾伦、理查德·C. 托克音顿：《美国隐私法：学说、判例与立法》，冯建妹、石宏等译，266 页，北京，中国法制出版社，2004。

人员追上他进行搜查,事后发现他是无辜的,法院认为对这个人的搜查侵犯了他的隐私。这个案件与前文德国法上的某市长被怀疑盗窃的案件类似,可参照阅读。美国法院的判决理由是即使在公共场合对他人搜身也对他人私生活的侵入。

不过这里说到的公共场所,到底指什么,也是需要辨识的。在公共场所和私人场所的界定上,许多美国法院适用"合理隐私期待"的概念加以界定,该理论说的是如果人们对某个场所具有合理的隐私期待,那么就可以断定这个场所是私人场所。比如说某公司一名员工对自己的私人信件,具有隐私期待,所以该信件是个人隐私。再比如每个个人对于自己的谈话不被人监听也有合理的隐私期待,那么个人谈话也是个人隐私。关于私密领域和私人领域的界定,我们可以联系上文所说的德国法来做一些对比。德国宪法上的人格权理论根据个人生活领域与人性尊严相接近的程度来划分个人生活领域到底属于哪一个范畴,美国法上的隐私权理论则是从人们对隐私的心理期待入手,来划分隐私的范围,二者也有相类似的地方。

第五个抗辩事由是当事人的同意,或称自担风险。也就是说个人自己愿意暴露隐私,或者虽然认识到隐私暴露的风险,仍然愿意公开这种隐私,自愿承担责任,如果一个人自愿公开隐私,那么进入到他的隐私,就不需要承担责任。同意或者自担风险有两种形式,一是明示的;一是暗示的。关于同意可以作为隐私的抗辩事由,上文在日本人格权部分也有说明。

不过即便是自愿暴露隐私,倘若这个人在没有其他选择的情况下被迫放弃隐私,也不能以当事人同意作为侵入隐私的抗辩事由。在上述戴蒙特曼诉时代公司案中,非法行医人是一名残疾退伍军人,几乎没有受到过任何教育,他的药品仅仅是泥土、煤渣和一些中成药。杂志社的记者为打击江湖游医,假装病人进入医生的私人诊所秘密拍摄。医生起诉记者侵犯了他的隐私权。上面我们讨论过,这个案件的问题是私人诊所是不是公共场合,以及新闻媒体能不能为了公共利益,对私人场所进行调查,法院得出的结论是否定的,表达自由在这里也还得让步于个人隐私。

其实该案还讲到了另一个问题,那就是如果医生默许记者进入他的私人空间,记者的行为算不算隐私侵权?法院审查后给出了否定的回答,意思是尽管医生允许记者进入诊所,但是医生的默许是被迫的,是不得不进行的,因为只要允许病人进来看病,就必须得默许他们进入诊所,这种被迫的同意,不是被告可以侵犯他人私生活的理由。[9] 对此结论,也有学者认为,法院的判断过于偏袒医生一方,对这个事件的报道自由,可以超过医生的隐私权。以上是对隐私侵权的另一个抗辩理由的介绍——当事人同意。

从抗辩事由来看隐私的侵入问题,我们就得同时关注两个方面的利益,到底给与哪一方保护,关键要看谁的重要性更大,哪一个方案更能够达到双赢,实现双方利益的最大化。简单说就是,既能保护一方利益,又不过分伤害另一方的利益。这就是我们说的美国法上对于侵入隐私的救济方法,我们下面再看看公开隐私。

(二)公开他人私生活

前面是侵入隐私,下面是公开他人隐私。侵入隐私和公开隐私都是对私生活的侵犯,都是一种人格侵权活动。不同的地方在于公开隐私涉及公众的知情权和言论自由,而侵入隐私与这两方面的关系则相对较小。在 1927 年布伦特诉康根案中,被告将原告到期未还的账目公开张贴出来,法院第一次提出公开他人隐私是一种违法行为,原告的隐私权受到了伤害。这是美国历史上将公开他人隐私信息作为侵权行为的第一个案件,这意味着不但侵入他人隐私是违法的,公开或传播他人的私生活也是一种违法行为。

关于公开隐私的抗辩事由,第一个就是向少数人公开,而不是对大多数人公开。向多数人公开,"引起公众的注意"才算是隐私侵犯,这一点在德国和日本法上都没有明确的说法。这方面的典型案例是债权人 A 向债务人 B 的雇主 C 写信,告诉 C,B 欠他钱,法院认为这不构成对 B 的隐私权的侵犯。但如果 A 在自己的商店面前贴上大字报,告诉公众,B 欠钱不还,那就是一种隐私权侵犯。

公开隐私的第二个抗辩事由,已经公开的个人信息。如果一项个人信息是出自国家机关的公共记录,那么公开这些信息,不算是公开隐私,比如公开个人的姓名、婚姻事实、军队记录、出租车许可证和诉讼记录等等情况。有一个著名的案例是,特拉多诉时代生活书刊公司(Tellado v. Time-life Book Co.),案件中一位越南战争的退伍军人特拉多,控告时代生活书刊公司,说自己 1966 年在越南战争期间被拍摄的一张照片被该公司公布了,这让它回想起以往的许多不堪回首的生活,给他带来了极大的痛苦。法院认为这张照片关系到战争的场面,原告的这些

---

〔9〕 [美]阿丽塔·L. 艾伦、理查德·C. 托克音顿:《美国隐私法:学说、判例与立法》,冯建妹、石宏等译,271 页,北京,中国法制出版社,2004。

信息是已经公开的信息,这不算是公开隐私侵权。[10] 已经公开的信息其他人可以使用,也不是绝对的,比如说家庭的争吵、个人的病症、私人的信件、某些不愿意回忆起来的往事,即便是公开的,其他人也不能公开。这在德国法上被称为向外界展示个人形象的权利,某个人应该有权控制自己的形象,如何在现实中展现出来,其他人不能揭露这种现实,应该为他保密。

公开隐私的第三个抗辩事由是表达自由,或者公民的知情权。这一点前面已经讲过很多,在公开隐私方面也同样适用。这里需要提一下美国学者托马斯·爱默生所说的表达自由的四项功能,第一,确保个人价值的自我实现,第二,发现知识和找到真理,第三,推动人们参与政治生活,第四,保持变化和稳定之间的恰当平衡。可见表达自由不仅对个人价值的实现有益,也对公共生活,社会进步有价值,所以为了保护表达自由,以及与之相关的报道自由,公民的知情权,我们必须适当降低个人隐私的保护力度。

在这方面,美国法律界创造出"合法公共利益"的概念,来限制隐私权的保护范围。具体来说,如果个人的隐私涉及"合法公共利益",媒体公开这些信息就不算隐私侵权。什么是合法公共利益呢? 美国法院从反面来界定这个概念,他们认为判断一份报道是否符合"合法公共利益",要考虑社会的风俗习惯和道德规范,如果媒体报道某些信息为的是迎合一种不健康的、病态的社会风气,或者是不顾一切地增加自己的利益,那就是一种没有合法公共利益的报道。这一点和德国、日本也有不同,他们主要是从满足公众知情权的角度来考虑,媒体报道可不可以侵入到隐私,而不去继续引入风俗习惯和道德规范,来界定表达自由和公众知情权的界限。这方面的经验,也值得进一步总结。

公开隐私的第四个抗辩事由是原告的披露。这和侵入隐私的原告同意一样,自愿披露和同意侵入,都可以豁免隐私侵权。在康明斯诉沃尔斯控制公司(Cummings v. Walsh Contro Co.)一案中,原告控告被告传播了自己的性生活细节,法院认为指控不能成立,因为原告自己将这件事情告诉了其他人,这相当于他放弃了这种信息的隐私保护。另一个案件中,拉达诉通用汽车公司(Nadar v. General Motors)的情况与此类似,原告拉达将自己隐私信息告诉了一位朋友,通

---

〔10〕 [美]阿丽塔·L. 艾伦、理查德·C. 托克音顿:《美国隐私法:学说、判例与立法》,冯建妹、石宏等译,276 页,北京,中国法制出版社,2004。

用公司从他的这位朋友那里得到并公开了这些信息,法院的意见是通用汽车公司没有侵犯拉达的隐私权,因为拉达是主动将这些信息告诉他人的。

不过另外一个案件的判决与此截然不同。在这个案件中一位女性被杀后,尸体被她的一位朋友看到,此人之前还看到一位男性刚刚离开犯罪现场,她将自己目睹的一切告诉了警察和她的家人、邻居和朋友。为保护她的人身安全警察没有向外透露她的真实名字,但是某记者从她的邻居和朋友处获悉了这些信息,并以这个女性的真实姓名报道了这件事。该女性起诉这家报纸公开她的个人隐私,法院也认可了她的意见,法院认为原告在小范围公开自己的隐私,并不意味着其他人可以进一步扩散这些信息,在这里自愿公开不能作为隐私侵权的抗辩事由。不过与此相反的观点也存在。[11]

这几个案件说明,在以自愿公开作为抗辩事由的情况下,还要考虑自愿公开的范围,也就是说我们要尊重个人在隐私公开范围方面的选择权,小范围内的自愿公开的信息,不能随意在更大范围地被使用,这和隐私期待的理论也有关联,就是说我们要尊重别人对于隐私的期待,某人在特定场合公开隐私,并不意味着他希望这些隐私在更广泛的范围内被他人知晓。美国法上的这些案件,和德国日本的情况也有不同。后者在隐私公开问题上,出现较多的案件是虚假报道、歪曲报道等问题,自愿公开作为一项隐私侵权的抗辩事由,相关案件还不多。但我国法上这方面的问题还不少,比如有些在小范围内的讲话,被大众媒体报道的事件,从而导致发言人名誉扫地的结局,这种情况下个人隐私权有没有受到侵犯,这样的问题也值得深入研究。

公开隐私的第五个抗辩事由是公众人物。这一点和德国、日本是一样的。不过美国法对于公众人物的理解还有许多特别之处,比如美国法将公众人物划分为"有限目的的"公众人物和"完全目的"的公众人物。前者指的某个自愿将自己陷入公共争议境地的人物,后者指的是在社会上具有很高地位和名声的人物。因为他们享有特殊的地位和名声,所以他们的某些权利必须受到限制。

这方面比较典型的案件是西迪斯诉 F-R 出版公司案(Sidis v. F-R Publish Press)。案情说的是,西迪斯是一个天才儿童,17 岁时就在数学方面获得很高的

---

〔11〕 [美]阿丽塔·L. 艾伦、理查德·C. 托克音顿:《美国隐私法:学说、判例与立法》,冯建妹、石宏等译,277 页,北京,中国法制出版社,2004。

成就,但是后来他的生活并不顺利,遇到很多挫折。1937 年的一期《纽约客》杂志将西迪斯作为公众人物报道出来,其中揭示了他早年的数学天才,后来的挫折,甚至还包括他个人许多不好的生活习惯,比如杂乱的房间,令人心悸的大笑。西迪斯不愿意成为公众关注的焦点,他起诉杂志社侵犯了他的隐私权。案件经过审理后,法院认为西迪斯作为公众人物,隐私权应该受到限制,早年的成就使西迪斯成为一个公众人物,他过去的行为、现在的生活、未来的成就都是公众关注的对象,是公众了解社会的必要条件,是一种具有"新闻价值"的公共信息,所以媒体的报道不能说是侵犯隐私权。[12]

从此案可以看出,某些公众人物因为他们的行为具有"社会价值",与公共利益相关联,那么对他们的信息的公开,不算是侵犯隐私权。当然就像其他权利一样,这里也不能说只要是公众人物,就完全丧失了隐私权,这中间还需要根据具体案件进行个案衡量。以上是我们说到的公开隐私行为对隐私权的侵犯,下面要说说窃用姓名和肖像行为对隐私的侵犯。

(三)窃用他人姓名或肖像

窃用他人姓名和肖像,也是对隐私权的一种侵犯。它属于上述隐私权的第二个侵权类型,也是隐私权发展的最早的雏形。窃用姓名和肖像的案件最早发生在 1905 年,也即派维奇诉新英格兰生命保险公司案(Pavesich v. New England Life Ins. Co.)。案件中被告某保险公司未经原告同意,将原告的照片刊登在一份广告当中,原告主张被告诽谤和侵犯隐私,要求赔偿 25000 美元。按照现在的法律观念,这种情况肯定是一种侵权,但当时的美国法还没有针对该问题的解决方案。因此,审理该案的法官创造了个人"独处""不被人打扰"的权利。

法院认为个人在不影响社会生活的情况下,可以自己决定自己的生活,其他人不能干涉个人的自我决定,其他人未经允许在任何时间、任何地方,都不能把某人(包括肖像)公开在公众之前。尽管人们可以在漫画中使用他人的肖像,以表达某种情感,但不得在商业上使用某人的肖像。关于该权利的论证,法院指出这种权利虽然在立法和判例上没有规定,但它是一种根源于自然法的一种自然权利,自然法将道德和正义观念视为法律的核心渊源。[13]

---

[12]　113 F. 2d 806 (2d Cir. 1940).

[13]　[美]阿丽塔·L. 艾伦、理查德·C. 托克音顿:《美国隐私法:学说、判例与立法》,冯建妹、石宏等译,23 页,北京,中国法制出版社,2004。

这种禁止他人使用自己肖像的权利,为什么不像我国现行法律一样被看做肖像权,而是作为隐私权来看呢? 主要原因就在于使用某人的肖像,也是将该人不希望别人观察到的个人肖像暴露在社会公众面前,这剥夺了个人独处的、不被打扰的生活状态,就如同是将一个人从独处的密室里揪了出来,推到大庭广众面前。这就是美国法对于未经允许使用他人肖像的看法。

不过将使用他人肖像当做隐私权,还有一个例外,那就是如果是在商业上使用肖像(也包括姓名)做广告,在美国还涉及另外一个重要的权利,那就是公开权。隐私权保护肖像不被擅自使用,其目的是禁止他人未经同意使用自己的姓名和肖像,侵犯了自己的独处的、不受打扰的权利,侵犯这种权利会伤害权利人的感情,权利人要求获得的,是一种精神损害赔偿,这种权利是一种人身权,它依附于个人的人身,不能转让,不能继承。而公开权则是一个人禁止他人在商业上利用自己姓名和肖像的权利,这是一种财产权,对这种权利的补偿,是以权利人的损失,或者侵权人的获益,作为标准的。这种权利可以转让,可以继承。[14]

我们可以用一个例子来说明这两个权利的差别。在卢戈西诉环球影业公司(Ligosi v. Universal Pictures)案中,卢戈西是当时著名的电影《扎库西》的主角的饰演者,他与环球影业公司签订合同,将自己的声音、姓名和肖像的权利授予该公司,1956年卢戈西去世后,环球公司和其他公司签订合同,将卢戈西的肖像用于许多其他地方。得知此事以后,卢戈西的遗孀和儿子起诉环球影业公司,要求禁止环球影业公司未经他们同意,授权其他公司使用卢戈西的姓名和肖像,并要求从已经实施的多项许可协议中获得补偿。

这个案件判决时普通法上的公开权尚未创造出来,法院给出的结论是,未经同意使用他人姓名和肖像,侵犯了权利人的隐私权,但是卢戈西的姓名和肖像的使用权被转让的时候,他本人已经去世,而作为人格权的隐私权,是与一个人的人身相伴随的,权利人去世以后,这种权利不能由他们的子女或其他继承人继承,因此环球影业公司不需要向卢戈西的家人支付赔偿金。[15] 从这个案件的判决可以看出,仅仅以隐私权来保护名人的姓名和肖像,是不够的,因此下面一个案件的审

---

〔14〕 [美]阿丽塔·L. 艾伦、理查德·C. 托克音顿:《美国隐私法:学说、判例与立法》,冯建妹、石宏等译,318 页,北京,中国法制出版社,2004。

〔15〕 [美]阿丽塔·L. 艾伦、理查德·C. 托克音顿:《美国隐私法:学说、判例与立法》,冯建妹、石宏等译,318 页,北京,中国法制出版社,2004。

理法官就创造了公开权。

在哈兰实验室诉托普斯口香糖公司（Haelan Laboratorie v. Topps Chewing Gum）案中，一个从事口香糖销售的公司——哈兰公司，请求禁止他的竞争者托普斯口香糖公司，使用一名棒球运动员的肖像，因为哈兰公司已经与该棒球运动员签订了独占使用其肖像的合同，也就是说该运动员的肖像利益已经转让给了该公司。就像刚才所说的一样，如果法院以隐私权来保护个人肖像不被滥用，那么托普斯口香糖公司擅自使用这名运动员的肖像的行为，只能由该运动员提出隐私侵权诉讼，以索取精神损害赔偿，而哈兰公司则无权根据这份肖像权转让合同，要求托普斯口香糖公司做出赔偿。所幸，审理该案的法院为该运动员和哈兰公司创造了"公开权"，作为一种商业利益，公开权是可以转让的，也是可以继承的，所以原告获得了赔偿。[16]

说明了隐私权和肖像权的区别之后，下面我们来看看作为这两种权利的抗辩事由有哪些。说起姓名和肖像不被擅自使用的隐私权和公开权的抗辩事由，除了可辨识性和过错性之外，最重要的还是传媒行业所享有的表达自由。可辨识性意思是被使用的照片是不是主张侵权者的照片，而过错性是指使用者有没有知道这张照片是某人而故意使用，或者完全不在意照片的归属而过失使用。至于传媒行业的表达自由是指，为了保护表达自由的充分履行，可以使用某些个人的姓名和肖像，条件是这个人的姓名和肖像具有新闻价值，使用它们的姓名和肖像符合公共利益，公众有获悉这些信息，了解他们的姓名和肖像的必要。

我们可以举弗里丹诉弗里丹（Friedan v. Friedan）案为例加以说明。原告丈夫弗里丹起诉他的妻子弗里丹擅自使用个人的姓名和肖像，侵犯了他的隐私权。因为他的妻子在《纽约时报》上撰写了一篇文章，在文章中他的妻子未经他的同意，使用了他的真实姓名和肖像。弗里丹除了控告其妻子之外，还控告了《纽约时报》和其他三家广播公司。原告的前妻是一名女权主义的运动领袖，文章中使用的照片是原告、原告的前妻以及他们的儿子在1949年合拍的，当时他的妻子还是一名家庭主妇，刊登这张照片的目的是将原告20年前的生活和现在进行对比。

法院怎么处理这个案件呢？这里就用到了所谓的表达自由、新闻价值、公众

---

〔16〕［美］阿丽塔·L. 艾伦、理查德·C. 托克音顿：《美国隐私法：学说、判例与立法》，冯建妹、石宏等译，322页，北京，中国法制出版社，2004。

人物等概念。判决该案的法官认为，被告使用这张照片不算是侵犯原告的隐私权。原因是为真实展现这位女权主义运动家的以往生活，必须要使用这张全家福照片，作为一名重要的女权主义运动家，不仅被告自己成了公众人物，其生活被赋予了新闻价值，连她的丈夫也一并成了具有新闻价值的人物，所以原告的这张照片被使用，尽管没有获得原告的同意，也不算隐私侵权。这是以表达自由，更具体地说是新闻价值，作为擅自使用个人肖像导致隐私侵权的抗辩事由。[17]

至于这里说的新闻价值，在确定它是否存在时，可以考虑两点，一是看是否具有附随性？二是看是否存在商业利益？附随性是指案件之所以提及某人的姓名和肖像，主要是在报道公共事件时，附带性地提到的。商业利益是指案件提及某人的姓名和肖像，目的是为了公共利益，而不是为了利用原告的名誉、威望或者其他相关的个人魅力，进行商业宣传。如果存在附随性，没有商业利益，就不算是侵犯个人的隐私权。

在一个案件中，某公司制作了一部反映精神康复设施发展状况的纪录片，其中使用了一位精神病人的肖像，该病人认为公司擅自使用其肖像，构成隐私侵权。法院否决了原告的诉求，理由是纪录片制作公司使用的这张照片，是附随于有"新闻价值"的公共事件，使用这个照片对于公众了解社会问题，预防社会风险，参与公共事务都有帮助。这就是以附随性作为豁免隐私侵权的例证。在另一个案件雷曼诉福莱恩特发行公司（Lerman v. Flynt）中，一位撰写了多部广受争议的色情小说的女作家雷曼，起诉一家出版社福莱恩特公司，后者在一份名为《阿德丽娜》的杂志中，刊登了一张女性的裸体照片，并声称该女性就是雷曼，事实上照片是另一位女演员的。雷曼认为杂志社侵犯了她的隐私权和公开权，也就是擅自使用其姓名和照片（不是她本人的）、对其姓名和肖像进行商业上的利用（杂志在宣传广告里声称其中刊登了雷曼的裸体照片）以及扭曲其公众形象。关于扭曲他人的形象，下一节再说。这里只说隐私权和公开权的侵犯，经过审判法院给出的结论是，被告并未侵犯原告的隐私权和公开权，因为杂志刊登原告的肖像，使用原告的姓名，不仅仅为了商业的目的，为了让人们更多地购买这份杂志，更重要的是在描述一个具有新闻价值的公众人物（一个描写敏感题材的女作家），这些报道有助

---

〔17〕　［美］阿丽塔·L.艾伦、理查德·C.托克音顿：《美国隐私法：学说、判例与立法》，冯建妹、石宏等译，326 页，北京，中国法制出版社，2004。

于公众了解公众人物和公共事件,关系到社会公共利益。[18]

这方面的案例还有很多,比如一个黑人在大街上被拍摄,照片被用在一篇文章中,文章说的是上升为中产阶级的黑人对于底层黑人的生活漠不关心。杂志受到起诉后,法院认为这位黑人的照片,与具有新闻价值的这篇文章,具有真实的关联性,所以不算侵犯隐私权。该案名为阿灵顿诉《纽约时报》(Arinton v. New York Time)。再比如一篇新闻报道讲述了美国政府通过迈阿密机场向拉丁美洲出口产品,其中使用了在机场柜台前工作的一些人的照片,法院认为这个照片的使用具有附随性和真实关联性。还有一个案件(Finger v. Omni Publication),一家六口的集体照,被用在一篇讨论咖啡因具有提升试管授精成活率的文章中,照片配上的文字是,想要人丁兴旺可以尝试咖啡因。法院也认为这个大家庭的照片,与文章所突出的生育主题,具有实际的关联性。[19]

从以上这些案件可以看出,如果一个人物或者一个事件涉及公共利益,具有新闻价值,那么当事人的隐私权和公开权都要受到限制。以上是关于擅自使用他人姓名和肖像侵犯隐私权的介绍,总之擅自使用他人的姓名和肖像,不仅仅涉及他人的隐私权,也涉及公开权,只有在权利人的人生经历存在新闻价值,涉及公共利益时,才可以在一定程度上使用他们的姓名和肖像。这是隐私侵权的第三种形态。下面介绍第四种扭曲他人形象的隐私侵权。

(四)扭曲他人形象抑或侵犯他人名誉

第四种侵犯隐私权的行为是,扭曲他人形象,意思是媒体在报道个人行为时,进行了错误的、不合事实的描述,扭曲了他人的真实形象。因为这个信息不是真实的,如果是真实的,那就算是公开隐私,而它是虚假的,于是这个行为就会伤害他人的名誉,降低了社会对这个人的外在评价,或者即便这个人的名誉或社会评价没有降低,但这种歪曲事实的报道,也会扭曲他人的形象,给他人带来了不好的感受,这也算侵犯隐私权的一种。看过前文的读者肯定会发现,这种不被他人扭曲形象的隐私权,其实相当于上述的德国的伤害他人的外在名誉,德国法上的类似案件就是有关虚假报道的索拉雅案,和不当引申他人讲话的伯尔案。

---

[18] [美]阿丽塔·L. 艾伦、理查德·C. 托克音顿:《美国隐私法:学说、判例与立法》,冯建妹、石宏等译,330 页,北京,中国法制出版社,2004。

[19] [美]阿丽塔·L. 艾伦、理查德·C. 托克音顿:《美国隐私法:学说、判例与立法》,冯建妹、石宏等译,334 页,北京,中国法制出版社,2004。

美国法上的典型案例,也是第一次确认这种隐私权的案例,是列维尔通诉科蒂斯出版公司案(Leverton v. Curtis Publishing),案件中一名10岁的儿童,遭遇一次事故,一辆汽车险些从他身上轧过去。这个场景被一家报纸的摄影师碰到,他拍下来了,并刊登在第二天的报纸上,该事件一开始还没有引发法律纠纷。二十个月以后,这张照片又被用在另一篇关于交通事故的报道中,文章强调的是行人的谨慎义务,照片下面加了一个标题是"他们自寻死路"。这名儿童及其家人提出诉讼后,法院判决被告侵犯了儿童的隐私权,因为使用这张照片作为批评行人乱穿马路的证据,扭曲了这名儿童的形象,因为在儿童险些发生交通事故的事件中,有错的是汽车司机,而不是这名儿童。[20]

法院在这个案件中创造了禁止扭曲他人形象的隐私权。另一个案件也是如此,同样是典型的扭曲他人形象的例子。案件名叫布莱恩诉弗莱恩特(Braun v. Flynt),案件说的是一名在动物园和动物一起参加表演的工作人员布莱恩夫人,起诉弗莱恩特公司将她和一个动物的表演照片,用在一份表现女性裸体的《时尚》杂志上,和许多裸露身体和性器官的女性放在一起,这个事件让布莱恩夫人精神受到很大压力,他无法在众人面前出现,布莱恩夫人认为杂志社侵犯了她的隐私权(扭曲个人形象)和名誉权(降低社会评价)。法院认为将一个正派的人的照片,刊登在一个以女性裸体为主要内容的杂志上,是对她人形象的扭曲,使人觉得她和杂志上其他女性一样,是一个不正经,或者轻佻的人。这是对原告隐私权的侵犯,也是对人名誉的侵害。[21] 美国学者在这两种权利的差异上还有很多讨论,主流观点认为这二者具有很大的相似性,这一点和德国、日本的学说差不多。

相比之下,美国法上的名誉权的保护有着悠久的历史,毁坏名誉(Defamation)很早就是一种典型的侵权类型。美国学者还将名誉权的保护对象分为三个方面:作为财产的名誉、作为荣誉的名誉、作为尊严的名誉。[22] 现在的《侵权法重述》将名誉侵权归结为几个要件:(a)一项涉及他人的虚假、诽谤性言论;(b)在不受特权

---

〔20〕 [美]阿丽塔·L. 艾伦、理查德·C. 托克音顿:《美国隐私法:学说、判例与立法》,冯建妹、石宏等译,346页,北京,中国法制出版社,2004。

〔21〕 [美]阿丽塔·L. 艾伦、理查德·C. 托克音顿:《美国隐私法:学说、判例与立法》,冯建妹、石宏等译,348页,北京,中国法制出版社,2004。

〔22〕 Robert C. Post: New Perspectives in the Law of Defamation: The Social Foundations of Defamation Law: Reputation and the Constitution. , 74 *Calif. L. Rev.* 691(1986).

保护的情况下向某第三人公布该言论;(c)公布者需有过错,至少存在过失;(d)要么不管该言论是否导致特殊损害均可被起诉,要么存在由该言论造成的特殊损害。

如果将这种隐私侵权和名誉权侵犯放到一起看待,那么关于名誉权的抗辩事由,在扭曲个人形象的隐私侵权中也同样适用。这方面的内容在美国主要分为两个方面,一是非宪法上的抗辩事由,主要是指宪法之外的原因引起的抗辩情形,具体还分为绝对特权(absolute privilege)和有限特权(qualified privilege)。属于前者的有:a.权利人同意公开信息;b.在国家活动中公开信息,比如司法官员、律师、司法程序的当事人、司法程序中的证人、陪审员、立法者、立法程序中的证人、执行与行政官员和夫妻。属于后者的有:a.为保护信息公布者的权益;b.为保护信息接受者或第三人的权益;c.在家庭内部公开信息;d.向服务于公共利益的人公开信息。[23]

二是宪法上的抗辩事由(constitutional defences),[24]就是为保护宪法权利,特别是为表达自由而设置的抗辩事由。具体包括针对公共官员和公众人物的信息发布,针对普通个人的信息发布以及公正评论。当媒体报道的是公共官员和公众人物时,按照著名的纽约时报诉苏利文案创造的实质恶意原则(actual malice),[25]只有信息发布者明知发布的信息是虚假的,或者虽然不是明知,但也是过于轻率疏忽地,没有去核实信息的真假,信息发布者才需要承担扭曲个人形象或侵犯名誉权的责任。而当媒体报道的是普通的私人时,一般情况下只要公布的信息存在虚假,造成他人名誉毁损,就必须承担隐私和名誉侵权的责任。报道普通私人时的豁免条件是,该事件关系到公共利益(general or public interest),也就是属于上述的公共事件。这一原则是在1974年的格茨诉罗伯特·韦尔奇公司案(Gertz v. Robert Welch, Inc.)中创造的,该案将纽约时报诉苏利文案针对公众人物的豁免权,扩展到普通的私人之间,只要这个私人的事件关系到公共利益。

---

〔23〕 肯尼斯·S.亚伯拉罕,阿尔伯特·C.泰特选编,许传玺,石宏等译:《侵权法重述——纲要》,189~206页,北京,法律出版社,2006。

〔24〕 [美]理查德·A.爱泼斯坦:《侵权法》(法律概论影印系列),1115~1153页,北京,中信出版社,2003。

〔25〕 New York Times Co. v. Sullivan, 376 U. S. 254(1964).

换句话说，当涉及公共事件时，私人的名誉毁损也要符合"实质恶意"原则。[26]再者如果媒体报道的内容不是"事实陈述"，而仅仅是"表达意见"，我们则不去考虑它们的真假问题，而直接豁免侵权人的法律责任。因为"意见表达"是对事物的"评论"，它们会因主观评价的不同而有差异。因此公正评论也是豁免名誉侵权的重要事由。

这是美国针对扭曲个人形象和侵犯名誉权设置的抗辩事由，和其他隐私权的抗辩事由，或者其他国家名誉权的抗辩事由是一样的。至此我们介绍了普通法保护隐私的四种情况，主要有侵入隐私、公开隐私、擅用他人姓名和肖像以及扭曲他人形象。这四种情况也相当于德国和日本法上的对隐私、姓名、肖像等人格权利的保护。总之德国和日本通过宪法发展出人格权，在美国则是通过普通法，也即判例法发展出来。但是两方面保护的对象和方法仍然有相当大的共同点。下面我们要介绍美国宪法对人格权的保护方法。在美国，宪法对人格权的保护只针对公权力机关，这和德国、日本相差很大。

二、美国宪法对人格权的保护

和普通法一样，美国宪法对人格权的保护主要也是通过隐私权展开的，只不过这里的隐私权是宪法上的隐私权。和德国、日本比较关注的个人信息、指纹收集、摄像头设置等问题不同，美国宪法对人格权的保护，主要体现在一些婚姻、生育、家庭生活方面。下面我们要具体看看美国社会通过哪些法律规范，使用什么样的隐私权理论，来针对国家公权力保护公民人格权的。

（一）宪法上的隐私权的规范基础

作为一个具有判例法传统的国家，在宪法领域里美国却是一个成文法国家。因此要想在宪法上确立隐私权，必须要有成文法的基础，在这个问题上美国最高法院找到的是宪法十四条修正案的正当程序条款——"任何一州，……不经正当法律程序，不得剥夺任何人的生命、自由或财产"。正当程序条款的意思是，国家如果要限制和剥夺"个人权利"，必须要履行"正当的程序"，这里的"正当程序"包括听取相对人意见，让利害关系人回避，给予利益冲突的双方当面辩论的机会等，

---

〔26〕 ［美］理查德·A·爱泼斯坦：《侵权法》（法律概论影印系列），1139页，北京，中信出版社，2003。

这是所谓的形式正当程序的要求;这里的"个人权利",包括最早受到重视的经济权利,以及后期得以强调的人格权利,如避孕、堕胎、同性恋、婚姻家庭、受照管和保护和拒绝治疗等方面的隐私权,这是实质正当程序的要求。[27]

当然把正当程序条款作为隐私权的基础,还有一个曲折的过程。一开始法律界是将第9修正案作为隐私权基础的,该条款规定,"本宪法对某些权利的列举,不得被解释为否定或忽视由人民保留的其他权利"。我们都知道美国社会建国之初制定了宪法,但宪法当中是没有一个权利法案的,许多学者不认为美国宪法需要一份权利法案。比如汉密尔顿就认为从宪法序言可以看出,"严格说来,人民没有放弃任何权利;当他们具有完全的自由时,他们不需要作出具体列举。"他还认为在宪法中列举一个权利清单是危险的,这会为否定未被列举的权利的观点提供借口。[28] 这种思想早在1215年的自由大宪章时期即已出现,美国早期的五月花号协议曾秉承这一传统。[29]

但是与汉米尔顿不同,有些学者,如麦迪逊(James Madison)就主张制定权利法案,他认为权利法案对于保障某些重要的权利,如良心自由是必要的。[30] 麦迪逊的观点逐渐占了上风,权利法案被制定出来。为了防止上述汉米尔顿所说的,权利法案的出台会让人觉得没有列举的权利不需要保护的问题,第9修正案才规定,"本宪法对某些权利的列举,不得被解释为否定或忽视由人民保留的其他权利"。如同后来斯蒂芬·布雷耶(Stephen Breyer)法官在一份判决中所说的,美国宪法第9修正案的目的是,"表明宪法权利如同法律一样,绝不能一成不变,当新的危险和需要产生时,宪法权利必须随时更新,以保护个人安全和内在尊严。"[31]

将第9修正案作为隐私权的基础,是格列斯伍德诉康涅狄格案(Griswold v. Connecticut)的判决所做的。亚瑟·古德博格(Arthur Goldberg)法官在判决中认为,第9修正案包含的不被列举的基本权利,包括婚姻隐私在内。[32] 此后,约

---

[27] [美]杰罗姆·巴伦,托马斯·迪恩斯:《美国法概论》,刘瑞祥等译,137~155页,北京,中国社会科学出版社,1995。

[28] THE FEDERALIST No. 84, at 513. (Alexander Hamilton) (Clinton Rossiter ed., 1961).

[29] Milton R. Komvitz, Fundamental Rights: History of a Constitutional Doctrine 8 (2001).

[30] Nancy C. Marcus, Beyond Romer and Lawrence: The Right to Privacy Comes out of The Closet, 15 Volumes. J. Gender & L. 355.

[31] Stephen Breyer, Our Constitutional Democracy, 77 N. Y. U. L. REV. 245, 269-70(2002).

[32] Griswold, 381 U. S. at 490-97, 491 n. 6 (Goldberg, J., concurring).

翰.马歇尔·哈兰(John Marshall Harlan)在波尔诉乌尔曼案(Poe v. Ullman)的反对意见中,也谈到同样的观点。不过以第9修正案作为未列举的权利的基础,持续的时间并不长,原因主要是该条款太过原则,人们很难从中确定哪些权利被"人民保留",哪些权利被让给了国家。

于是1868年制定的第14修正案派上了用场。该修正案制定之初,法院并不愿意对它进行扩张解释,在1887年的屠宰场案(Slaughter-House Cases)中,法院严格限制了该条款中的"特权和豁免"的内涵,没将它作为一种权利来看待。[33]直到五十年后的1937年的马格勒诉堪萨斯案(Mugler v. Kansas),该修正案才被作为一种未列举的权利,也即一种经济权利来看待。这一时期在历史上被称为洛克纳(Lochner)时代——一个司法积极主义盛行的时代,在此期间最高法院从第14修正案引出许多经济权利,比如缔约自由权(right to contract),撤销了多项约束企业用工制度的"新政"立法,这导致国会和法院的严重对立,最后罗斯福总统策动最高法院改组,才改变了最高法院对待经济管制的抵制态度,也使第14修正案在经济领域的应用受到重挫。[34]

不过正当程序条款在经济领域的受挫,没有改变该条款继续发挥创造新权利的趋势。从奥尔盖耶诉路易斯安那案(Allgeyer v. Louisiana)开始,该条款被进一步解释为个人自治,也即隐私权。于是后续许多宪法上的隐私权案例,就牢牢地抓住第14修正案的正当程序条款来做文章,这就是我们说的隐私权的规范基础。不过对这样一个条款,理论界做了哪些具体的解释呢? 我们下面来说说美国宪法学者如何来解释这条隐私权条款的。

(二)宪法上的隐私权的理论

如上所述,隐私权的概念在美国19世纪后期已经发展出来了,其代表性事件是沃伦和布兰代斯在1890年发表的一篇名为隐私权的论文,但这种权利只是在普通法,也即判例法上被保护的。在宪法上确立隐私权的也是这位布兰代斯先生,那是20世纪以后的事,当时布兰代斯已经被任命为最高法院大法官。在1928年的奥尔姆斯特德诉美国(Olmstead v. United States)一案的反对意见中,布兰代斯宣称:"人民不受政府干预的独处的权利,是文明社会的人们最广泛的、

---

〔33〕 Slaughter-House Cases, 83 U. S. 36, 37 (1872).

〔34〕 Mugler, 123 U. S. at 661.

最珍贵的权利。"他还说:"美国宪法的制定者早已承认人的精神、情感和智力的重要性,物质的满足只能算是痛苦、快乐及生活满足的一小部分,人民的信仰、思想、感情和感知应受尊重。"〔35〕不过在这个案件中,布兰代斯法官提出的隐私权观念,并没有得到大多数法官的承认。直到后来的格列斯伍德诉康涅狄格案中,隐私权才真正获得了主导性的地位,该案判决认为隐私权是宪法史上根深蒂固的权利,是一种"比权利法案更古老的"权利。〔36〕

这是隐私权确立时的情况,学者们将它解读为独处的权利,意思是不受政府干涉地静静地生活的权利。但是这种解释,如上所述,在某些案件中并不能说明隐私权的价值,所以后来隐私权概念又进一步理解为"自由权",就是排除政府不当干预的自由权,如防止政府干预个人避孕、同性恋、强制绝育、家庭教育等。这种观点在 20 世纪后半期许多涉及个人生活选择的案例中得到了落实,这些案件将隐私、自由、平等和自治融为一体。〔37〕 美国学者赫伯利(Habarre)认为,"隐私获得尊重的权利是一项个人能够以一种自己认为合适的方式安排自己生活的自由权,在此领域外部的干预应当越少越好。"〔38〕

如果将隐私权界定为自由权,那么 18 世纪著名的思想家密尔的原则,就可以在隐私权案件中得以运用。密尔在《论自由》中提出一个划分个人自由和国家干预的标准,那就是著名的伤害原则,意思是只要一个人的行为不会伤害到他人,他就可以自由选择行为的方式。这个原理在英国 20 世纪 50 年代一场涉及同性恋问题的争论中,得到了很好的运用。20 世纪 50 年代英格兰同性恋和卖淫委员会提出一项报告,认为两个成年人自愿进行的同性恋行为不应被视为一个犯罪行为,便是以伤害原则作为论据的。如果隐私权意味着一种自由权,那么伤害原则也可以运用在隐私权的案件中,就是说如果一个行为不会伤害他人,那么它就是属于个人的隐私领域,不允许国家和他人的干涉。

但是将隐私权解读为自由权,也受到几个方面的批评。首先有人认为,将生

---

〔35〕 *Olmstead*, 277 *U. S. at* 478 (Brandeis, J. , dissenting).

〔36〕 Griswold v. Connecticut, 381 U. S. 479, 486 (1965).

〔37〕 NANCY C. MARCUS, BEYOND ROMER AND LAWRENCE: THE RIGHT TO PRIVACY COMES OUT OF THE CLOSET, 15 Colum. J. Gender & L. 355.

〔38〕 Michael Henru, International privacy, publication and personality laws, London, Butterworths, 2001,p. 135. 转引自王利明:《人格权法研究》,565 页,北京,中国人民大学出版社,2005。

育、婚姻、家庭和其他个人生活方面的自由权作为"隐私权",会造成法律概念的混乱。因为隐私指个人对自己信息的控制,或者限制他人了解自己的个人生活和隐私信息,它的核心内容不是自由。然而这种理解仍然得到美国司法界和学术界的支持,或许可以这样来理解隐私权和自由权,就是说"隐私是保持和发展'自决'所必需的条件,当然'自决'并不仅仅包括'隐私',它还必须包括某人自主决定自己行为的过程、自己生活方式等内容。"[39]

其次还有学者批评认为,自由的概念给人一种"自由"肆意、毫无理性的感觉,缺乏一种对己对人的恰当态度,因此他们觉得不应该将隐私权视为自由权。针对这种观点,有学者提出自主的概念,他们认为隐私权保护的是个人在秘密关系方面的自主权,他们把这种观点称为"秘密关系自主说"。美国学者罗斯勒(Beatle Rössler)在《隐私的价值》一书中也说,我们之所以用自主,而不用自由,是因为我们认为,那些只跟随大流,不经独立思考的人,尽管他们是自由的,也不能说是自主的。[40]

最后批判法学和女权主义法学对伤害原则也提出强烈的批评。他们认为,如果坚持伤害原则,那么像自杀、自我伤害等伤害社会道德的行为可能被法律允许。在上述 20 世纪 50 年代英国社会同性恋问题的争论中,学者罗德·德弗林(Lord Devlin)在一篇《道德的强制执行力》的文章中,主张"合法的道德主义",认为有一些道德需要法律予以强制,另一位学者斯蒂芬也在著作《自由·平等·博爱》中指出,一个社会的某些邪恶行为,如此严重和残暴,以至于靠公民的自我保护是不可能的,这时候社会必须不惜一切代价,来阻止这种行为的发生。这些观点强调道德与法律的紧密关系,也是有道理的,但如同许多学者所说的一样,它们并没有完全取代伤害原则,而只是将个人伤害换成了"社会伤害"。[41] 所以将隐私权界定为自由权也是有意义。

以上是将隐私权理解为自由权(或者自主权)的一种方法,除此之外近年来在

---

[39] [美]阿丽塔·L. 艾伦:《美国隐私法:学说、判例和立法》,冯建妹、石宏、郝倩、刘相文、徐开辰编译,369 页,北京,中国民主法制出版社,2004。

[40] Beatle Rössler, The Value of Privacy, translated by R. D. V. Glasgow, Polity Press, 2005, pp. 49-50.

[41] [美]阿丽塔·L. 艾伦:《美国隐私法:学说、判例和立法》,冯建妹、石宏、郝倩、刘相文、徐开辰编译,366 页,北京,中国民主法制出版社,2004。

美国也出现了一种观点,主张将隐私权界定为尊严和平等。比如在 2003 年美国劳伦斯诉得克萨斯案(Lawrence v. Texas)中,法官将同性恋行为的去罪化、同性恋者的隐私权与对同性恋者的平等权和人性尊严相联系,主张社会不仅要尊重同性恋者的私密性行为,还要给予同性恋者平等的社会地位和应有的个人尊严。这和前文说到的德国和日本的宪法理论,将隐私权和人性尊严结合起来理解是一样的。该案的判决这样说道:"一个人对于生活中最个人化、最隐私的事项所作的选择是个人尊严和自治的核心内容,对此事项的决定是十四修正案所保护的自由的最重要部分。"[42]

从这个案件可以看出,美国法对同性恋的态度,经历了一个从早期罗曼诉伊万斯案(Romer v. Evans)的消除歧视和敌意,到近年来劳伦斯诉得克萨斯案赋予平等地位和应有尊严的转变。这种对隐私权的解释方法,也成为美国宪法上的隐私权解释方案的重要一种,和前面提到的自由的和自治的解释方案形成对比。可是美国宪法上的这种隐私权到底在哪些方面遭遇到威胁?或者说美国法院是怎样通过具体案件落实这种权利的呢?我们下面要具体看一看美国宪法上的隐私权在现实中有什么表现。

(三) 结婚生育方面的隐私权

美国宪法上的隐私权表现最多的是结婚生育方面的自我决定权。在结婚方面,1964 年的麦克劳克林诉佛罗里达州案(McLaughlin v. Florida),判决佛罗里达州一项禁止不同种族的人未婚同居的法律违宪。[43] 1978 年的乐云诉弗吉尼亚案(Loving v. Virginia),判决弗吉尼亚一项禁止不同种族的人相互通婚的法律违宪。[44] 这两个案件的判决为美国公民确立了自由选择恋爱对象的权利,这属于宪法第 14 修正案的保护范围,不过这时候并没有提出宪法上的隐私权概念。

在生育方面,1942 年的斯金纳诉俄克拉荷马案(Skinner v. Oklahoma ex. rel Williamson),判决俄克拉荷马一项强制绝育的法律违反宪法,将生育的权利作为宪法第 14 修正案的保障对象。[45] 1965 年"格里斯沃尔德诉康涅狄格州案",判决康涅狄格州一项禁止使用避孕药物或避孕工具的法律违宪,从而将使用避孕药的

---

[42] Lawrence, 539 U.S. at 564-65 (quoting Casey, 505 U.S at 851).

[43] 379 U.S. 184(1964).

[44] 388 U.S. 1 (1967). 434 U.S. 374 (1978).

[45] 316 U.S. 535(1942).

权利被扩张到未婚同居者之间。该案第一次使用了宪法上的隐私权概念,法院判决这样说道,"如果隐私权有确定的内涵,它便是个人(包括已婚者或者未婚者)在决定自己是否怀孕或者是否生育时,排斥政府不当侵入的权利。"[46]

这方面最为著名的判例,还是涉及堕胎的罗伊诉韦德案(Roe v. Wade)。在该案中一个化名罗伊的女性,声称自己被强奸怀有身孕,她想要堕胎,但得克萨斯州刑法规定堕胎是一种犯罪行为,她向法院起诉认为该州刑法违反宪法。美国最高法院判决该州刑法禁止堕胎的条款违宪,该条款规定除非为了挽救母亲的生命,禁止任何形式的堕胎。法院判决怀孕前三个月母亲可以自由决定堕胎,中间三个月只有在保护母亲健康的情况下才可以堕胎,最后三个月除非为了保护母亲的"生命"不得堕胎。

最高法院在裁判该案时,运用的也是隐私权条款,该案判决认为个人决定是否堕胎的权利是宪法上的隐私权的一种,判决这样说道,"隐私权属于美国宪法第14条修正案的个人自由的一种,它的内容非常广泛,包括女性自由决定是否开始和何时结束自己的妊娠的权利"。[47] 之所以将这种行为作为隐私权,是因为堕胎这项决定对个人极为重要,足以将其提到宪法的高度。之所以做出这样的判决,法院的理由是,在怀孕的头三个月里州政府不存在"急需考虑的利益"限制公民决定是否堕胎的权利。尽管说保护胎儿是一个重要的利益,但胎儿本身并不能作为法律主体来看待,还不具有生命权,特别在它很小,脱离母体还不能存活的时候。保护母亲的理由也不充分,因为在怀孕头三个月里,堕胎引起的死亡率低于正常分娩。这就是以隐私权保护个人在结婚、生育等隐私生活领域的自决权。下面看看隐私权在性行为方面的体现。

(四)性行为方面的隐私权

隐私权不但在个人自由决定结婚、堕胎等方面发挥了重要的作用,它还发展成一项保护同性性行为的权利,因为这些行为同样处于个人生活最私密的领域。这方面最多被人提起的案件是1986年的鲍尔斯诉哈德威克案(Bowers v. Hardwick)和2003年的劳伦斯诉得克萨斯案(Lawrence v. Texas)。在鲍尔斯诉哈德威克案中,一名佐治亚州同性恋者起诉该州禁止同性恋行为的法律违宪,该

---

〔46〕 Griswold v. Connecticut, 381 U. S. 479, 486 (1965).

〔47〕 410 U. S. 113(1973).

法将鸡奸行为视为犯罪,原因是他在家中从事同性恋活动时被发现,并被判罪。不过最高法院并没有在此案中认定佐治亚州的法律违宪,因为在该案被审判的时候,美国 24 个州和华盛顿特区都规定有鸡奸罪,并不能说存在一种"深深地植根于历史和传统中的"从事同性恋行为的权利,不应该将宪法第 14 修正案的保护范围扩张到同性恋领域。[48]

这个案件没有将从事同性恋的行为视为一种权利,此案判决后社会上对同性恋的态度越来越开放,许多州修改了自己的立法,不将同性恋行为视为犯罪。所以到 2003 年的劳伦斯诉得克萨斯案(Lawrence v. Texas)时,最高法院放弃了对待同性恋的保守观点,判决得克萨斯州惩治鸡奸罪的行为违宪。该案的具体情形是,两名男同性恋者在公寓内发生性行为时,被当地警察发现和拘捕,警察正在调查一起私人住宅械斗事件。两人被控告触犯德克萨斯刑法上的鸡奸罪。在审判中,两名同性恋者要求对该州刑法上的这个条款进行合宪性审查。最高法院在判决中指出,隐私权"至少包括两种不同的利益,一是避免个人信息被公布的利益,二是独立作出重要决定的利益",所以美国宪法第 14 修正案的自由,除了包括独处权的消极自由之外,还含有"自治"的积极自由之义。[49]

可以说该案标志着隐私保护重心从私人领域的自治转向公共领域的自决,使政府对隐私权的限制重点从严格区分公共和私人领域,转变为承认性行为的自我决定属于个人"先验存在的"(transcendent)自治范围,把隐私权从卧室中解放出来。所以判决这样写道:

正当程序条款中规定的自由权,保护个人不受政府对住所和其他私人场所的无故干涉。在我们的传统中,国家对家庭生活的干预不是没有边界的。自由不局限于空间,它首先以个人对思想、信仰、表达和某种性行为上的自治为前提。[50]

就是说是否是隐私,不是看空间的属性,而是看该行为的对社会的影响。这是隐私权在性生活方面发挥作用的具体例证。下面要说说隐私权在家庭教育方面的发展。

---

〔48〕［美］杰罗姆·巴伦,托马斯·迪恩斯:《美国法概论》,刘瑞祥等译,137~155 页,北京,中国社会科学出版社,1995。

〔49〕 *Whalen v. Roe*, 429 *U. S.* 589, 599-600 (1977) (discussing the requirement that doctors disclose patient records).

〔50〕 Lawrence v. Texas, 539 U. S. 558, 562 (2003).

（五）家庭教育方面的隐私权

在美国对子女的教育，传统上都是由家庭自己负责，父母可亲自教养，聘请家庭教师，也可有选择地送往教会及私人教育机构。只是到了19世纪末期建立公立学校之后，对子女的教育转而由社会负责，许多州制定法律实行强制义务教育，但是仍有人不希望将子女送到公立学校去上学，由此产生了父母教育权和国家教育权的对立。因为美国宪法中并未规定家庭教育权，当有关法律引发违宪争议时，联邦最高法院即引用宪法第14修正案的正当程序条款，将该条中的"自由"解释为个人对其家庭事务的自决权，包括父母对子女的教育权。[51]

这方面最早的案例是1923年的迈耶诉内布拉斯加案（Meyer v. Nebraska）。案中联邦最高法院宣布一项州法违宪，该法禁止公立学校开设除英语之外的其他语种课程。一名犹太教区学校的教师因教授德语受控，法院根据宪法的正当程序条款，推翻了指控，认定该法侵犯了父母为子女决定教育问题的权利。法院指出，尽管正当程序条款所保障的权利不甚明了，但它至少包括个人"结婚、成家、抚育子女、依自己内心的指示信仰上帝"的权利；"父母亲教育儿童是一种天然的责任"。内布拉斯加州立法的目的在于保障英语在所有美国公民中的普及，增进国民的素质。但"政府所采用的措施（禁止教授德语）……超过了其权力界限，和原告主张的权利冲突，……也未能提供足够的理由"，故而该法律是"专断的"，并且和州政府的立法目的"没有合理的联系"。[52]

该案首次承认了父母对子女的教育权是一项自然权利。两年之后另一个重要的案件皮尔斯诉修女协会案（Pierce v. Society of Sisters），更进一步详述了迈耶案揭示的权利，法院判决一项俄勒冈州的法律违宪。该法要求儿童必须进入公立学校学习，一个私立宗教学校对此提起诉讼。法院判决认为，"根据政府行为所依据的自由的基本原理，它无权迫使儿童仅仅接受公立学校的教育，儿童不仅是国家的儿童，也是父母的儿童，他们的抚养人也有权利或职责，督促儿童接受其他的教育"。况且由私人对儿童进行教育"并不总是有害的，相反它一直被认为是有益和富有成效的"。宪法权利"不能被那些与立法目的不相关的法律所剥夺"，俄勒冈州法律不合理地干涉了父母和其他监护人教育儿童的家庭教育权，它是宪法

---

〔51〕　Erwin Chemeringsky, *Constitutional Law，principles and policies*，Aspen Publishers 2006, pp. 792-919.

〔52〕　262 U. S. 390(1923).

上的隐私权的一种，所以该法律是违宪的。[53] 这是宪法上的隐私权在家庭教育方面的体现。

（六）拒绝治疗的权利

最后说一说，个人拒绝治疗的自由权，它也被认为是宪法上的隐私权的一种。在 1990 年的病人自决案（Cruzan v. Director, Missouri Department of Health）中，一名年轻妇女发生车祸后严重受伤，其父母要求密苏里州法院下令撤除对他们女儿的人工喂养和输液设备，因为她显然"已经不可能恢复认知能力"，州政府不同意父母的请求，理由是父母不能提供子女希望撤去医疗设备的证据。案件经过多次审理由最高法院做出终审判决，伦奎斯特法官代表最高法院裁定，病人在拒绝己所不欲的医疗方面有着重要的自由利益，但是州政府在保全生命和维护个人自由意志方面也有非常重要的利益，这些利益足以证明州政府要求权利人提供足够的证据，目的是防止滥用职权，准确查明实情。[54]

从这些论述可以看出最高法院的意见是，州政府的保护病人生命权的责任有时可能压倒个人的自由利益。在另一个案件中，法院认为州政府对一名神经错乱、严重伤残和可能严重伤害他人人身和财产的监狱犯人强制服药，并没有违反正当程序条款所保护的隐私权，因为这项措施和政府利益之间存在着确凿的联系，而且除了强制服药之外别无其他方法可以防止危害的发生。法院的判决书这样说，"正当程序条款允许州对一名患严重精神病的监狱犯人强制服用安定剂，如果这名犯人危及其本人或他人，同时这种治疗对犯人治病是有利的话。"[55]

上述两个案例说明，拒绝治疗是宪法上的隐私权的一个方面，但是对该权利，也必须设置严格的限制，如果为了保护其本人的生命，或其他人的安全，也可以限制个人对自己的治疗方案上的自我决定权。以上我们对宪法上的隐私权在美国司法实践中的具体体现的介绍。但是这种介绍只是宣示了各种权利的类型，对于这些权利如何确立，如何限制，这些案件如何裁判，还没有做出具体的分析。下面我们介绍一下美国宪法上的隐私权的限制方法。

---

[53] 268 U.S. 510(1925).

[54] 497 U.S. 261 (1990).

[55] "华盛顿诉哈珀案"（1990 年），[美]杰罗姆·巴伦，托马斯·迪恩斯：《美国法概论》，刘瑞祥等译，137~155 页，北京，中国社会科学出版社，1995。

三、美国宪法上的隐私权的限制和审查基准

上文已经谈到,对于美国宪法上的隐私权概念存在很多批评意见,为了应对这些意见,法学界发展了一套隐私权的识别和限制理论。这里所说的批评意见主要分为三个方面,一是该权利缺乏规范基础,二是认为该权利保护力度不够,三是认为法院对该权利的界定过于随意,导致司法权的过度扩张。

对隐私权缺乏规范基础的批评,是美国学者贝蒂(Sonu Bedi)提出来的。[56] 斯图尔特大法官(Justice Stewart)在格列斯伍德诉康涅狄格案案中也指出:"尽管康涅狄格案州禁止使用避孕药品近乎愚笨,但是似乎也没有一条宪法规范可以令其废止。"美国宪法学者伊利(John Ely)也有同样的看法:"以正当程序条款作为隐私权的宪法基础很成问题,这和洛克纳诉纽约州案(Lochner v. New York)由正当程序条款引出缔约权一样,甚至极端一点地说也类似于斯科特诉桑福德案(Dred Scott v. Sandford)从正当程序条款引出蓄奴权。"洛克纳案否决了国会的多项管制经济的立法,斯科特案认为奴隶制符合宪法,这些判决出台后引起民众的强烈不满,后来也被认为是极端错误的。

对隐私权保护力度不够的批评,主要是说用隐私权来保护特定人群,比如同性恋者的自由,力度还不够。[57] 这是因为,诉诸隐私权来保护卧室内的同性恋行为,仍然隐含着这种行为本身不正常的态度,正确的做法应该是像自由主义那样,从道德上彻底宽容它们,不认为它们是一种不恰当的行为。[58] 或者像美国学者贝蒂所说,彻底排除根据道德进行裁判的做法,换言之,只要行为人不危害他人,不侵犯公共福利,就不作为违法看待。[59]

对司法机关滥用隐私权扩张司法权的批评,可以从鲍尔斯诉哈德威克案的判

---

〔56〕 Sonu Bedi，Repudiating Morals Legislation：Rendering the Constitutional Right to Privacy Obsolete,53 *Clev. St. L. Rev.* 447.

〔57〕 Sonu Bedi，Repudiating Morals Legislation：Rendering the Constitutional Right to Privacy Obsolete,53 *Clev. St. L. Rev.* 447.

〔58〕 Michael Sandel，Democracy's Discontent，Harvard University Press (1992)，pp. 106-108.

〔59〕 Jeb Rubenfeld，*Revolution by Judiciary*：*The Structure of American Constitutional Law*，184-190 (2005)；Suzanne B. Goldberg，Morals-Based Justifications for Lawmaking Before and After Lawrence v. Texas，88 *MINN. L. REV.* 1233 (2004).

决意见中看出。大法官怀特(White)指出,成人之间的同性性行为并不是包含在自由概念之中,即使"牺牲这种权利,自由和正义并无丝毫伤害"。法院还指出,如果法官随意创造宪法条文上不存在的权利,必将招致不法,遭受批评,这已经造成了 20 世纪 30 年代美国行政部门和司法部门的严重对峙,至今这种问题依然存在。[60] 因此很多法院已经对隐私权采取相对限制的解释方法。

比如在迈克尔诉杰拉尔德案(Michael H. v. Gerald D.)中,法院对正当程序条款创造新权利的做法做出了限制。在该案中某男子和一位已婚妇女发生婚外情,妇女生下一名孩子之后,男子和孩子进行了亲子鉴定,结论显示两人有98.07%的可能是亲生父子,该男子就要求法院判令加州一项假定已婚妇女的丈夫即为孩子父亲的法律条款违宪。斯卡丽大法官(Scalia)代表多数意见做出判决,认为自由只能根植于传统和历史之中,如果美国传统不给通奸者对亲生子女的抚养权,那么我们不能为这名自然父亲创造一个新权利。[61] 此外在华盛顿诉格卢克斯伯格案(Washington v. Glucksberg)中,伦奎斯特法官所撰写的多数意见也支持华盛顿州禁止帮助自杀的法令。[62] 这两个案例说明,应该对隐私权的范围进行限制。

正因为存在这么多的批评,美国学者才想方设法,为隐私权建立清晰的论证路径,以保证这种权利既不会流于形式,也不会过度扩张。他们认为美国宪法上的隐私权和德国基本法的人格权一样,也不是绝对不可侵犯的,只要满足一定条件,符合司法审查的要求,对他们进行限制也是允许的。根据美国学者契姆林斯基(Erwin Chemerinsky)的归纳,针对隐私权是否存在,以及是否可以限制的问题,最高法院常常采取四个基本的步骤审查。第一,是否存在基本权?第二,权利是否受到侵害?第三,政府的侵害行为有无充足的理由?第四,采取的手段与欲达之目的是否有充足的联系?[63] 下面我们详细加以说明。

---

〔60〕 478 U.S. 186,191-92 (1986).(majority opinion)(quoting Palko v. Connecticut, 302 U.S. 319, 325-26(1937)).

〔61〕 491 U.S. 110, 122-23 (1989).

〔62〕 521 U.S. 702 (1997).

〔63〕 Erwin Chemerinsky, *Constitutional Law: Principles and Policies*, Aspen Publisher2006, pp. 794-797.

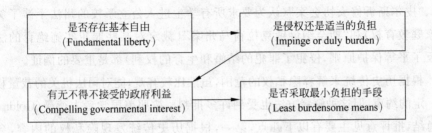

（一）是否存在基本权

要审查宪法上隐私权是否可以限制，首先要看存在不存在一种基本权利，如果权利本身并不存在，则不需要审查该权利是否可以限制。那么什么样的利益，能被看做基本权呢？或者说隐私权呢？这主要取决于法官采取的宪法解释立场。具体说美国最高法院的宪法解释方法有以下几种：根据宪法文本的解释，根据历史传统的解释以及自由主义的解释。

根据宪法文本的解释方法，也称为原教旨主义（originalism），它主张通过解释宪法条文本身来找出宪法权利，例如从第 1 条修正案引出结社自由和信仰自由。可是隐私权怎么从条文本身推导出来呢？尽管作为"独处权"的隐私权没有明文列举，但也不能期望短短的宪法能够完全列举值得保护的权利，所以根据宪法文本的解释也不能完全否认隐私权的存在。[64] 有学者举例来说，如果有洁癖的 A 借车给 B，并告知 B 不要在车内饮食，不要用铅笔、钢笔涂画，不要让不会小便的小孩上车，那么 B 能不能知道带狗上车，把狗的粪便留在座位上呢？虽然车主没有明确禁止这么做，但显然这种做法是不对的。[65] 这就是以宪法文本为标准的解释方法，也有人称之为解释派。

根据历史传统的解释方法，宪法的原则和准则可在宪法文件之外寻找，与文本解释方法不同，历史传统的解释方法被称为非解释派。在这方面，前述的"迈耶诉内布拉斯加州案"（判决禁止向年幼儿童教外语的州法侵犯教师和学生的自

---

[64] *Poe v. Ullman*, 367 *U.S.* 497, 540 (1961) (Harlan, J., dissenting); BARNETT, supra note 14, at 259; J. Braxton Craven, Jr., Personhood: The Right to be Let Alone, 1976 *DUKE L. J.* 699, 704 n. 35.

[65] *Glucksberg*, 521 *U.S. at* 719-20; *Zablocki v. Redhail*, 434 *U.S.* 374, 384 (1978); also David Crump, How Do Courts Really Discover Unenumerated Fundamental Rights? Cataloguing the Methods of Judicial Alchemy, 19 *HARV. J. L. & PUB. POL'Y* 795, 838 (1996).

由)、"皮尔斯诉修女协会案"(认为要求所有学生进入公立学校的州法干涉了父母的家庭教育权)和"斯金纳诉俄克拉荷马州案"(裁定对某些罪犯实施绝育的法律违反了平等保护原则,侵犯了罪犯的结婚和生育的权利)都是重要的例证。

根据历史传统来解释隐私权的范围,虽然比较客观,能对司法机关的裁量权形成一定的约束,但这种解释方法也受到许多批判。按照美国学者古德曼(Goldman)的总结,批评意见主要有以下几点,第一,根据历史传统发现隐私权的内容,会阻碍观念和制度的革新。传统不可能赞成同性恋者享有一种不受政府干涉的权利。[66] 如果这种权利在传统社会已经备受珍视,那么将其列入基本权条款就显得多余了,以传统作为论证基本权的论据,乃是无视法院保护少数人权利的功能,实际上和14条修正案保护少数人对抗多数人的宗旨相左。[67] 第二,历史传统本身也是自相矛盾的。比如有的传统反对同性性行为,有的传统对同性恋放任自流。有的传统平等对待同性恋者,也有的传统对同性恋者区别对待,甚至歧视和放逐。[68] 第三,根据历史传统的解释,与民主程序得出的结论相冲突。如同美国宪法学者伊利教授所说的,传统的保守特点显而易见,简直可以说和民主背道而驰。[69] 即便说传统的一些法律原则也是由多数人产生的,但以前的多数民主要是由富人、异性恋者构成,用这些人的意见来评判同性恋者,其结论肯定是负面的。[70]

自由主义的解释方法是以当代自由理论作为基石,来考虑是否存在基本权利的问题。道格拉斯(Douglas)法官是持有这种观点的代表人,他拒绝以历史传统作为14条修正案的解释基础,而是把隐私权看成是"自由社会的固有权利"。[71] 古德曼教授也认为,正当程序条款所保护的基本权,不是某一个时期固定不变的权利,而是一种顺应社会发展,顺应观念进步而不断变化的权利。[72] 如果这样,

---

〔66〕 Lee Goldman, *The Constitutional Right to Privacy*, 84 Denv. U. L. Rev. 601. (2006).

〔67〕 THE FEDERALIST NO. 10 (James Madison); THE FEDERALIST NO. 78 (Alexander Hamilton); JOHN HART ELY, DEMOCRACY AND DISTRUST: A THEORY OF JUDICIAL REVIEW (1980), p. 62.

〔68〕 Rebecca L. Brown, Tradition and Insight, 103 *YALE L. J.* 177, 203 (1993);

〔69〕 John Hart Ely, *Democracy and Distrust: A Theory of Judicial Review* (1980), p. 62.

〔70〕 Adam B. Wolf, Fundamentally Flawed: Tradition and Fundamental Rights, 57 *U. MIAMI L. REV.* 101, 126-127 (2002).

〔71〕 *Poe*, 367 *U. S. at* 521 (Douglas, J., dissenting).

〔72〕 Lee Goldman, *The Constitutional Right to Privacy*, 84 Denv. U. L. Rev. 601. (2006).

隐私权的内容就需要随时根据民意的变化进行调整。就是说,我们评价一个行为的重要性,评价它能不能作为一种基本权利,主要看的是民众对它的认识,如果民众都认为这种利益非常重要,那么我们就应该将它作为一种基本权利看待。这种根据民主原则来解释隐私权内容的方法,已经成为美国学界的主流观点。但是确定了基本权利的存在,只是解决隐私权案件的第一步,下面我们还得考察该权利是否受到了侵犯。

(二) 权利是否受到侵害

表面上看权利是否受到侵害的问题很容易回答,的确大多数情形下这一点并不难确定。但是也存在疑难的情况,比如限制避孕药具的出售是否侵犯堕胎隐私权?再比如禁止为堕胎提供公共基金是否侵犯堕胎隐私权?最后为堕胎规定一定时间的思考期间或要求配偶双方共同签署同意堕胎意见是否侵犯堕胎隐私权?[73] 这都是很难回答的。对于这个问题,美国最高法院指出,要重点考察一项规制措施是否直接地(directness)和实质性地(substantiality)影响了当事人的权利。[74] 换句话说如果只是间接地、不严重地影响当事人的权利,则不能说构成侵权。比如政府没有为那些经济拮据的人们支付结婚的费用,购买避孕药品,甚至帮助他们自由堕胎,并不是对他们的基本权的侵害。[75]

在这里,政府没有提供物质帮助,与权利人无法行使堕胎的权利,这二者之间如果有关系,那也是间接的,不明显的。所以政府没有采取这些行为,不能说是对权利人基本权利的侵犯。其实这是一个消极自由和积极自由的问题,就是说隐私权所要保护的基本权只能是消极权利,而不是积极权利。消极权利是防止国家不当干预的权利,积极自由则是要求国家给予足够的帮助的权利。国家未能保障权利人的积极自由,不能说是一种侵犯隐私权的行为。

但是反过来,如果政府以放弃某种隐私权为条件,给予个人某种特殊利益,这也是一种侵权隐私权的行为,这其实是一种"条件侵权行为"(inconstitutional

〔73〕 Erwin Chemerinsky, *Constituional Law: Principles and Policies*, Aspen Publisher, 2006, p. 796.

〔74〕 Erwin Chemerinsky, *Constituional Law: Principles and Policies*, Aspen Publisher, 2006, p. 796.

〔75〕 [美]阿伦·艾德斯,克里斯托弗·N. 梅:《宪法·个人权利》(影印本),77 页,北京,中信出版社,2003。

conditions doctrtine)。[76] 举例来说，如果政府告诉公民，只有不批评政府的人，才能得到某种社会福利，这就是对公民隐私权的侵犯。[77] 以上谈的是隐私权的侵权如何识别的问题，一般情况下不难识别，需要注意的是，政府未能给权利人提供行使权利的物质条件，不能算是一种侵权行为。下面要考虑的是，确定当事人的权利受到侵犯之后，怎么判断这种侵犯是否正当。

（三）是否存在优越的立法目的

在判断一种权利侵犯行为（更准确地说是权利限制行为）是否正当时，美国宪法学者首先要考虑的是，是否存在非常优越的或重要的（compelling）的政府利益。何谓优越的政府利益呢？清晰的判断标准也很难创造出来，有判决指出赢得战争是一项优越的政府利益（可以为此驱逐日本人），[78] 有判决提出为儿童提供足够的照顾是一项极有说服力的利益。[79] 总之根据个别问题个别对待，有时候是必要的。[80]

再举例来说，在上述皮尔斯诉修女协会案中，法院认为保障儿童受到良好的教育，是一种优越的政府利益。在上述病人自决案中，法院也认为保护病人的生命，和确保作出死亡决定的人的意愿的真实性，是一种优越的政府利益。[81] 总之，考察政府的立法措施所要达到的目的是否紧迫，是否重要，或者是否优越，是确定一项立法措施是否正当的第三个步骤。下面说说最后一个步骤，就是政府所采取的立法措施，和所要达到的立法目的，是否有充分的联系。

（四）立法手段与立法目的之间是否存在充分的联系

为了达到一定的目的，需要在一定程度上侵害公民的基本权利，这一点是合乎宪法的，但是这里有几个条件。第一，立法所采取的措施，必须和立法所要达到的目的，具有紧密的相关性；第二，政府为达到正当的立法目的，所采取的立法手

---

〔76〕 Erwin Chemerinsky, *Constituional Law：Principles and Policies*，Aspen Publisher，2006，p. 796.

〔77〕 "先决条件违宪之准则"相关案例丰富，Michael C. Dorf，Incidental Burdens on Fundamental Rights，109 Harv. L. Rev. 1175(1996).

〔78〕 Korematsu v. united States，323 U. S. 214(1944).

〔79〕 Zablocki v. Redhail，434 U. S. 374(1978).

〔80〕 Erwin Chemerinsky, *Constituional Law：Principles and Policies*，Aspen Publisher，2006，p. 797.

〔81〕 ［美］阿伦·艾德斯，克里斯托弗·N. 梅:《宪法·个人权利》（影印本），104 页，北京，中信出版社，2003。

段必须是不可缺少（necessary），或者说对权利人而言必须是最小负担的（Least burdensome means）。这其实是一种"严格的审查标准"，主要应用在政府采取措施限制特别重要的基本权利的情况下。这个审查标准对政府的施政水平要求较高，政府必须证明没有更轻缓的措施可供选择时，才能够采取某种特定的立法措施。

与"严格的审查标准"相对的是一种"合理的审查标准"（Rational basis standard）。[82] 它针对的是政府干涉不那么重要的非基本权利的情况。对于非基本权利，政府仅需证明存在正当的立法目的，所采取的手段与此目的相关，不需要证明政府采取的措施是最小负担或必不可少的。

拿上述的迈耶诉内布拉斯加案为例，法院认为虽然在所有美国公民中普及英语是一项重要的政府利益，但是"政府所采用的措施（禁止教授德语）是'专断的'，和上述立法目的'没有合理的联系'"。[83] 这就是以严格的审查标准裁判隐私侵权案件的典型例证。

总之，在确定立法措施和立法目的之间是否存在充分的联系时，美国法院通常采取两种审查标准，一是严格审查标准，二是合理审查标准。前者针对的是基本权利受限制的案例，后者则以非基本权利限制为条件。[84] 这就是美国宪法上的隐私权的限制原理，它通常要经过几个阶段，首先要确定是否存在基本权，然后考察基本权利是否受到侵害，再考察是否存在正当的政府利益，最后要看这种限制权利的措施与正当的政府利益之间有没有充足的联系。可以看出美国宪法上的隐私权限制理论和德国、日本具有很大的相似性，这种相似性体现在什么地方呢？下面我们需要进行详细地对比。

四、美、德两国宪法上的隐私权和人格权的比较

对比美国和德国在隐私权和人格权保护的概念、类型、界限等方面的内容，我们可以看出其中的共性非常多。比如说它们的目的同样明确，它们的概念同样抽象，它们的范围同样广泛。

---

〔82〕 ［美］阿伦·艾德斯，克里斯托弗·N. 梅：《宪法·个人权利》（影印本），77 页，北京，中信出版社，2003。

〔83〕 ［美］阿伦·艾德斯，克里斯托弗·N. 梅：《宪法·个人权利》（影印本），400 页，北京，中信出版社，2003。

〔84〕 ［日］中谷实：《宪法诉讼的基本问题》，191 页，东京，法曹同人，1993。

（一）美、德两国宪法上的隐私权和人格权的共同点

从共同点来说，美国宪法上的隐私权和德国宪法上的人格权，第一个共同点是他们的目的都是保护一种自由权。美国是以宪法上的正当程序条款，一开始引出隐私权，也即私生活的不受干扰的权利，或者说一种"独处的权利"，比如个人的私生活照片不受公开的权利。后来则将这种权利扩展到多人的交往，公共的事务不受干扰的自由，比如个人的信息不被采集的权利。最后又将这种权利推广到少数人，要求其特殊的生活方式，受他人容忍，受社会尊重的权利，比如同性恋者享有同等的社会地位的权利。

德国的人格权更是如此，其目的就是保障个人人格的自由发展，具体说是确保个人建构、保护、展现其个性特征的权利，不管他是一个官员，还是一个孩子，还是一个罪犯，我们都要尊重他的自我决定，给他做人的基本尊严，不能将他当作手段，而应该当作目的，让他自己发展自己的权利。对于官员，也要尊重他的隐私权，对于孩子也要尊重他的知悉自己血统的权利，如果是个罪犯也要尊重他回归社会的权利。可见在这一点上两个国家的做法是相同的，都是保障个人的一种自由。

这是双方第一个共同点，美国宪法上的隐私权和德国宪法上的人格权的第二个共同点是双方都越来越强调，法律和传统，和道德的区分，强调理性在设计法律规则上的作用，这一点在政府对性生活规制方面表现得特别突出。美国宪法上的隐私权主要内容就是对避孕、堕胎、同性恋等行为的保护，前面已经详细说明过。在这些案件中，法院面临的一个重要任务，就是划分法律和传统道德的界限，把道德从法律当中剔除出去。

比如在艾森斯塔德诉贝尔德案（Eisenstadt v. Baird）中，原告向某未婚者发放避孕用具，受到州政府的处罚，于是他向法院起诉州政府，认为该州禁止向未婚者发放避孕用具的法律违反宪法。法院判决认为，"如果隐私权确有所指，其乃是未婚或已婚的个人，在决定诸如怀孕或生育子女等至关重要的事项时，不受政府不必要的干涉的自由"。法院还说，"州政府不能以不道德作为理由，来规制未婚者使用避孕用具的行为，因为未婚者和已婚在使用避孕用具上具有同样的自由，将未婚者和已婚者进行区分，也是符合平等保护原则的。"

同样在后来的劳伦斯诉得克萨斯州案，法院也严格区分了道德和法律的界限。法院认为道德谴责不能作为德克萨斯州立法将同性恋行为视为犯罪的理由，

德克萨斯州政府在限制个人非公开的私人生活上没有正当的政府利益。也就是说存在切实的利益，才是政府限制个人行为的条件，不能仅凭传统习惯、社会道德来规制个人行为。

德国的情况也是一样。在 1957 年的"同性恋案"中联邦宪法法院还认为道德规范可以限制个人的同性性行为，法院指出，虽然人格权包括个人自由的性生活，但因为同性恋行为明显和道德规范相冲突，所以同性恋行为不能为法律所承认。但在此之后，许多案件已经不再以道德作为自由的限制。比如在 1977 年性教育课程案中法院判决说道："两性的私密行为，由基本法第 1 条第 1 款和第 2 条第 1 款所共同保障。此条款保护我们自己决定性生活的观念。"可见德国法和美国法一样，都越来越强调理性，强调当代人的独立判断，而不是完全将价值判断委托给传统，完全交给大多数人的直觉。这是现代社会和传统社会的不同，德国和美国都是这样。

这是双方第二个共同点，美国宪法上的隐私权和德国宪法上的人格权的第三个共同点是，他们都是一种未列举的权利。这种未列举的权利，在德国有信息自决权、知悉自己血统的权利等，在美国有公开权、堕胎的权利等。之所以两个国家都发展出未列举的权利，是因为它们的宪法对于重要的基本权利虽然做了列举，但是这些列举又是不可能完全的。

因此当两个国家司法机关发现，宪法制定时并不觉得重要的利益，时过境迁之后越来越显得重要时，就需要动用未列举权利的概念，为这种利益提供保障，以达到个人和社会的共同发展。隐私权的保护就是这样的，在传统社会，私生活保护并不显得重要，到了工业化、城市化社会之后，人与人之间过于密切的接触，使得私生活不受干涉对个人不可缺少，这时候就需要将其作为一种权利了。

除此之外，另一种情况，在宪法制定之初，社会对个人某些方面利益没有多大的制约，但是随着社会的变化，特别是新科技的产生，社会对个人生活的侵入越来越强，这就产生了保护个人某种利益的新需要。比如在传统社会里，个人的照片很难制作出来，更不容易传播，但随着照相技术的发展，这时候必须将肖像保护作为一种未列举的权利来看待。还有基因检测技术出来后，某些对自己血缘关系有怀疑的人，就会提出基因检测的要求，这时候就需要把检测基因的权利赋予某个人，这也是一种未列举权利的产生原因。

这是双方第三个共同点，美国宪法上的隐私权和德国宪法上的人格权的第四个共同点是,两国都是通过比例原则来审查宪法上的人格权和隐私权限制行为的。上面我们已经讲过,在德国宪法裁判中,比例原则按照严格和宽松的程度不同,可分为明显性审查、可支持性审查和严格内容审查三重标准,实际上美国宪法上的隐私权案件裁判所使用的目的手段的审查方法(见前文),也是一种比例原则,根据学者的总结,美国宪法上的比例原则,也分为三重标准,也即合理关联性审查标准、中度审查标准和严格审查标准。和德国一样,在这三重标准中,除了严格审查标准之外,其他几项标准也对必要性原则和均衡性原则有所缓和,也就是说只要立法所采取的措施可以达到法律所要追求的目的,即使这种措施不是或者不能证明是必不可少的,不是或者不能证明是利大于弊的,也不认为该立法是侵犯隐私权的。

这样从司法上降低对立法机关的要求,同样也是为了对立法者解决问题的时间紧迫性和能力有限性的承认。至于什么情况下适用严格的审查标准,什么情况下适用宽松的审查标准,两个国家都提到要根据权利的重要程度来决定。在德国宪法上说的是,针对精神的权利,适用严格的审查标准,而针对经济的权利则适用宽松的审查基准,美国宪法上说的是,针对基本的权利适用严格的标准,而非基本的权利,则使用宽松的审查标准。这两者也有着很强的相似性。

以上说的是美国和德国在宪法上的隐私权和人格权的相同点。下面说说两者的差异。

(二)美、德两国宪法上的隐私权和人格权的不同点

虽然说美国和德国,在保护宪法上的隐私权和人格权方面,具有很多的相似性,但毕竟两者在制度和思想上存在许多的差异,因此他们在隐私权和人格权保护上,也有很多的不同。这种不同至少表现为以下几个方面:

第一个不同就是规范表达上的不同。从人格权来说,它是德国基本法第 2 条第 1 款的内容,该权利的具体表述是人格的自由发展权。这里的发展德语"Entfaltung",而不"Entwicklung",前者的含义是展开,意思是像一个花蕾从玫瑰花中自然绽放,而后者的含义是进步,意思是朝着一个既定的目标前进。[85] 从这个用语可以看出,德国法上的人格权重视的是人格的自由展开,而不是"发展"及其意含的"自我实现"。

---

〔85〕 Edward J. Eberle, *Dignity and Liberty*, Praeger Publisher 2002, p.61.

美国则有所不同,隐私权从正当程序条款中的"自由"一词引申出来的权利,隐私权意味着自治权,也即自我选择个人事情的权利,比如在堕胎,在避孕,在同性恋等等事情上。尽管这些事情,有些人认为不道德,不正当,也要容忍它。这是从根本上保留一种对于不同是非观念的宽容,以求得不同价值观的人和平相处。这是美国隐私权和德国人格权在语言表述上的不同。

第二个不同是美国隐私权和德国人格权在伦理基础上的不同,前者强调一种个人主义,后者则带有社群主义的倾向。[86]

在个人主义或者自由主义看来,只要不伤害他人,国家就不应该限制任何人的自由。这是英国思想家密尔(John Stuart Mill)提出的著名的伤害原则,也有人称为自由优先原则。[87] 在自由主义观念下,美国宪法对人性尊严虽有保护,但相当薄弱。[88] 美国最高法院不宣布死刑违宪,美国社会没有最低生活保障,美国社会对隐私权的保护不及欧洲国家。比如在蒂纱尼诉温尼贝戈郡社会服务部案(De shaney v. Winnebgo County Department of Social Service)中,最高法院认为正当程序条款被解释为对政府权力的限制,不能解释为一种对安全状态的最低保障(minimal levels of safety and security)。[89]

在社群主义看来,伤害原则会导致自由放任主义,因为该原则无法处理以下几个问题,第一,伤害除了量以外,亦是一种质的概念,因此在自由的前提下会产生歧义的看法;第二,实质的伤害与危害的可能性是否应区别? 第三,无法发言者,例如胎儿的利益应如何表达计算? 第四,现在的利益或伤害,是否一定优先于未来的利益或伤害? 第五,是否有些价值,例如人格尊严与生命,绝对不能牺牲或与其他价值衡量?[90]

因此与自由主义(或者更极端一点的个人主义)不同,社群主义除了要求不伤害他人之外,还要求对他人、社会甚至对自身承担责任,要求不可滥用自由。德国

---

〔86〕 [日]阿部照哉等:《宪法》(下册·基本人权篇),周宗宪译,91~92 页,北京,中国政法大学出版社,2006。

〔87〕 颜厥安:《鼠肝与虫臂的管制——法理学与生命伦理论文集》,10 页,台北,元照出版公司,2004。

〔88〕 William A. Parent, Constitutional Values and Human Dignity, in *The Constitution of Rights, Human dignity and American Values*, edited by Michael J. Meyer and William A. Parent, Cornell University Press 1992, p. 47.

〔89〕 Edward J. Eberle, *Dignity and Liberty*, Praeger Publisher 2002, p. 52.

〔90〕 颜厥安:《鼠肝与虫臂的管制——法理学与生命伦理论文集》,10 页,台北,元照出版公司,2004。

联邦宪法法院在对基本法中人的形象的著名阐述,就是一种(和缓的)社群主义,它一方面否定了孤立、独立的个人观念,另一方面强调个人与共同体,个人与社会的连带关系(Gemeinschaftsbezogenheit und Gesellschaftsbezogenheit)。[91] 一个强调自由主义,一个重视社群主义,这可以说是美国隐私权与德国人格权法第二个差异。

第三个不同是美国的隐私权和德国的人格权在保护对象上不一样。在德国,宪法上的人格权主要是为了弥补民法人格权规范的阙失,起到对抗私人之间的人格侵害的作用,后期才开始真正发挥其防御国家的功能。人格权的主要类型,如个人隐私的权利、个人对自己语言的权利、个人的名誉权和罪犯重归社会的权利,都是在保护私人之间的权利,只有信息自我决定权和知悉自己血统的权利等,才有对抗国家权力的功能。

然而在美国,宪法上的隐私权条款,也就是正当程序条款,从未被用于宪法案件的判决。[92] 在自由主义哲学指导下,美国宪法原则上只规范国家自身及国家与人民之间的关系。而且在普通法制度下,像隐私权这样没有制定法基础的权利,也可以通过判例制度建立起来。所以美国宪法上的隐私权并不必承担私权保障的功能,仅致力于国家对家庭教育、同性婚姻、避孕方法、同性行为等方面权利的保护。

究其原因,还是颜厥安教授所说的,乃是德国基本法和美国宪法在定位上有所不同。德国基本法的定位一开始就不限于国家法(Staatrecht),而是社群的基本法律制度(die rechtliche Grundordung des Gemeinwesens)。就是说德国宪法也作用于国家整个法律秩序和所有社会生活领域,将基本权理解为客观秩序(Objective Ordnung)。[93] 可以说这也是美国宪法上的隐私权和德国宪法上的人格权之间的重要差别。

---

〔91〕 颜厥安:《鼠肝与虫臂的管制——法理学与生命伦理论文集》,94 页,台北,元照出版公司 2004。

〔92〕 在此需要重申的是美国宪法并没有第三人效力理论,可能近似的理论如"国家行为说"。即宪法上的权利虽然被解释为仅仅针对政府,但特定场合下的私人行为会被视为政府的行为而受到宪法规范的约束。Michael Mastanduno, David A. Lake, G. John Ikenbery, Toward a Realist Theory of State Action, *International Studies Quarterly*, Vol 33, No. 4(Dec. , 1989).但是直接援引宪法作为民事裁判的依据是不被允许的。

〔93〕 颜厥安:《鼠肝与虫臂的管制——法理学与生命伦理论文集》,28 页,台北,元照出版公司 2004。

第六章　我国宪法上的人格权保护的建构策略

了解各国宪法对人格权的保护,最终目的仍在于思考我国宪法对人格权的保障问题。那么我国宪法上的人格权保护状况怎么样呢?本书开头所述的诸多事件其实已经告诉我们答案了。那就是无论从理论,还是从实践上,我们宪法上的人格权保护,还有许多值得开拓的地方。实践中的问题,本书开头已经提及,这里要从人格权规范和理论上分析出现这些问题的原因。

一、我国宪法上的人格权规范和解读

说到人格权规范,首先要说的是,我国宪法在规范上没有专门的人格权规范。这和日本宪法有相同之处,日本宪法学者也是从幸福追求权条款,发展出人格权的。我国宪法目前被许多学者当做人格权条款的是人格尊严条款,也就是现行宪法第 38 条,"中华人民共和国公民的人格尊严不受侵犯,禁止用任何方法对公民进行侮辱、诽谤和诬告陷害。"

(一)宪法上的"人格尊严条款"的产生

说起人格尊严条款,我们要说一说我国宪法的产生过程。宪法作为规范国家机关活动的法律,在我们历史上也不同程度的存在,比如古代的官僚制度和礼法文化也起到了宪法的作用。但这种意义上的宪法只是一种管理意义的宪法,而非立宪意义的宪法。立宪意义的宪法是以人权保障作为宪法制度的总目标,将国家也作为法律关系的主体之一,否认国家超越法律之上的一种制度安排。

立宪意义的宪法来自于西方,在 19 世纪末,20 世纪初传入我国。鸦片战争以后,中国社会打开国门,发现自身在经济和军事上处于弱势,于是中国社会上上下下都呼吁变法改制,学习西方的科学技术和管理技术,这其中引进西方的宪法和法律,就是重要的一环。但在清末、民国这一段时间内,经济凋敝、战争频仍,没有强有力的政府,很难达到有效治理,确保国家的稳定和富强。因此在和平稳定的条件下产生出来的民主法治的道路,一直没有在中国实验成功。

中华人民共和国成立以后,我们废除了包括 1946 年宪法在内的国民党六法全书,通过了 1949 年的《共同纲领》和 1954 年的《中华人民共和共和国宪法》,对国家新的制度形式作出法律上的确认。两部宪法性文件中,都规定了基本权利,《共同纲领》于第 4 条和第 5 条中,载明人民有选举权、被选举权,以及思想、言论、出版、集会、结社、通讯、人身、居住、迁徙、宗教信仰及示威游行的自由权。1954年的《宪法》也将人民权利放在更为突出的地位,《宪法》在第二章国家机构之后,单列一章表述公民的基本权利,除了抽象的平等权之外,《宪法》列出了选举权、言论、出版、集会、结社、游行、示威、宗教信仰及人身自由等自由权利,还特别规定了劳动权、休息权、教育文化权以及特殊群体的保护权等社会权利。

但是新中国成立之后,国内外局势依旧紧张,美国和苏联发生持续冷战,社会主义阵营也冲突不断,加上国内错误思想的影响,"十年动乱"的破坏,人权法制仍没有走上正轨。到 1975 年的时候,在"极左"的思路下出台新宪法的时候,"文化大革命"的思想、政策、经验等都在宪法条文中得到了渗透,甚至将公民的义务提到公民权利的规定之前。可以说无论是从形式上还是从内容上来看,1975 年宪法都是极"左"思潮严重浸润的一部宪法。[1] 1978 年宪法又重新进行了修订,与前两部宪法相比,这部宪法突显了"大鸣、大放、大辩论、大字报"所谓的"四大",特别提出了控告权,"对于控告和申诉,任何人不得压制和打击报复"。跟本书有关的是,这三部宪法(54、75、78)均未像德、日等国宪法,标明"人的尊严"或人格权、幸福追求权一类的概括性条款。这一任务等到 1982 年宪法才完成。

20 世纪 80 年代以后,国际局势趋于稳定,党和国家也拨乱反正,吸取"十年浩劫"的教训,建立各项政治经济制度,健全法治、保障人权,包括制定 1982 年宪法。1982 年宪法将公民的基本权利和自由调整到宪法的第二章,并于宪法第 38 条规定了人格尊严条款:"中华人民共和国公民的人格尊严不受侵犯,禁止用任何方法对公民进行侮辱、诽谤和诬告陷害。"这是我国史上第一次在法律上规定人格尊严,体现宪法的人道主义精神,有利于增强公民的主体意识,在全社会的范围内建立一种互尊互爱的平等的人际关系,促进我国公民基本权利体系的进一步完善。[2]

到目前为止"八二宪法"经过了五次修改,但人格尊严条款的规定仍未变化,还规定在宪法第 38 条,而且在人权保护上该宪法还在不断完善,比如 2003 年宪

〔1〕 许崇德编:《中国宪法》(修订本),495 页,北京,中国人民大学出版社,1996。
〔2〕 蔡定剑:《中国宪法精释》,163 页,北京,中国民主法制出版社,1996。

法修正案进一步规定了"国家尊重保障人权"条款。以上是对我国《宪法》第38条人格尊严条款的产生过程进行的介绍,总之这个条款得来不易,标志着我国社会对人权保障的逐渐重视。但是这里的人格尊严条款,应该如何解释,它和本书所说的人格权保障有什么关系呢? 这个问题下一节还要重点分析。

(二)"人格尊严"条款的历史解读

关于"人格尊严"条款的意义,早期主流观点皆从历史脉络加以解释。从历史角度解释人格尊严条款,还要考虑"八二宪法"借鉴的其他国家的宪法条款。这里有保加利亚、菲律宾、苏联、南斯拉夫等社会主义国家的宪法,也有德意志联邦共和国、德意志民主共和国以及意大利等资本主义国家的宪法。就人格尊严条款而言,我们借鉴最多的是三个国家的宪法,第一是民主德国,第二是联邦德国,第三是意大利。首先民主德国宪法的人格尊严条款是这样规定的:

第4条　全部权力为人民福利服务。全部权力保障人民的和平生活,保卫社会主义社会,保证公民的社会主义生活方式(有计划地提高生活水平)和人的自由发展,保护人的尊严,保障本宪法所保证的权利。

第19条(2)尊重和保护个人尊严和自由,是一切国家机关、社会力量和每个公民的职责。

第30条

(1)每个德意志民主共和国公民的人格和自由不可侵犯。

(2)只有在进行犯罪行为或为了治疗时才可以对公民实行限制,而且必须有法律根据。只有在法律许可和迫不得已的情况下,才允许对这类公民的权利加以限制。

(3)每个公民都有权为保卫本身自由和人格而要求国家和社会机关帮助。[3]

其次联邦德国基本法则更简洁,前面已经有过介绍:

第1条

(1)人的尊严不可侵犯,尊重和保护它是国家的义务。[4]

---

〔3〕　中国社会科学院法学研究所国家法研究室、图书资料室编:《宪法分解资料》,191页,北京,法律出版社,1982。

〔4〕　中国社会科学院法学研究所国家法研究室、图书资料室编:《宪法分解资料》,192页,北京,法律出版社,1982。

最后意大利宪法也有人格尊严条款：

第3条　共和国的任务，在于消除经济及社会方面的障碍——实际上限制公民自由与平等的障碍，阻碍人格充分发展及全体劳动者真正参加国内政治、经济及社会组织的障碍。

第32条　在任何情况下，法律均不得破坏人格尊严所规定的界限。[5]

从这段叙述可以看出，这些国家的宪法都有"人格""尊严""人的尊严"。"人的尊严"的规定，人格尊严的保障符合世界各国法治发展的趋势，是人类共同价值。而且这些规定都和"自由"、"充分发展"等连在一起，可见所谓的尊严，就是人的最基本的自由发展，这些东西是人的最基本的资格，是最低限度的人权，缺少了它们，人就不成其为人。这就是我们从世界各国宪法条款中，看出来的人格尊严的内涵。

从历史角度解释人格尊严条款，就需要考虑"八二宪法"制定的背景。"八二宪法"制定的时候，许多同志都指出"文革"十年，在"左"的错误路线下，广大干部群众遭受残酷迫害，公民的人格尊严得不到起码的保护，批评会、斗争会、戴高帽和挂牌游街比比皆是，大小字报铺天盖地。对于这段历史我们不应该忘记，宪法在总结经验教训的基础上，要对这方面的问题作出规定。[6]通过这段话可以看出，人格尊严条款的制定是对"十年动乱"这段惨痛的历史进行宪法上的回应，为的是体现国家对每个公民作为人的基本资格的尊重，对于每个公民的自尊、自我认同、人格的自我建构的尊重，也为我国宪法扩张解释或者发展新的基本权类型，提供了坚实的基础。这是从历史角度对人格尊严的解释。

（三）"人格尊严"条款的语义分析

从语义角度对人格尊严的解释，也有很多方法，比如有学者指出，"人格尊严是指人的自尊心和自爱心，就是指作为一个正直、品质端正的人，都有他的自尊心和自爱心，不允许别人侮辱和诽谤"；[7]还有学者指出，"人格尊严，是指公民作为

---

[5]　中国社会科学院法学研究所国家法研究室、图书资料室编：《宪法分解资料》，192页，北京，法律出版社，1982。

[6]　蔡定剑：《中国宪法精释》，163页，北京，中国民主法制出版社，1996。

[7]　许崇德编：《中国宪法》（修订本），418页，北京，中国人民大学出版社，1996。

一个人应有的最起码的社会地位,并受社会和他人最起码的尊重。"[8]把这种解释方法发挥得最深入的应该是蔡定剑教授,蔡教授这样来解释人格尊严条款:

(1) 人格有广义和狭义之分,广义的人格权就是指公民作为人的一种尊严的权利,包括公民的生命权利、健康权利、姓名权、肖像权、名誉权、荣誉权、婚姻自主权等等,它是公民参加法律关系、亨有权利和承担义务的主体资格。狭义的人格权主要指名誉权。

(2) "尊严"是指公民所具有的自尊心和自爱心不受伤害,个人价值不遭贬低的权利。

(3) 人格尊严不受侵犯,这是公民一项基本的权利,从某种意义上说,人格尊严就是作为人的一种资格。如果一个人丧失了人格尊严,也就丧失了作为人的基本要件。人类文明不断进步一个最重要的标志就是不仅人的生命和人身自由要受到保护,而且人格尊严也要受到承认和尊重。

(4) "侮辱"是指通过暴力或者其他方法,公然贬低他人人格,破坏他人名誉。第一,用强制方法对他人进行侮辱,如强制被害人模仿动物爬行;第二,用言词当众进行辱骂、嘲讽或用书面方式进行侮辱。所谓公然是指公开地在多人在场或使众多人知道的情况实施侮辱行为。

(5) "诽谤"是指捏造并散布某种虚构的事实,以损害他人人格尊严。其中捏造是指无中生有,凭空制造虚构事实,以损害他人的人格尊严。散布是指用口头的、文字的方式,将所捏造的事实散布出去,以达到损害他人人格尊严的目的。

(6) "诬告陷害"是指为了对某一公民达到陷害目的,通过捏造虚构的事实,向有关机关或单位作虚假揭发。所捏造虚构的事实,主要包括捏造受害人犯罪、违法、违反道德或犯有其他错误。所谓告发,包括口头的、书面的,署名的、匿名的通过别人转告的、当面直接告发的。[9]

这是根据该条文的各个语词的含义,来分析该条款所要表达的含义,这种分析方法颇为细致,有德国学者注解基本法条款之风范。但这种解释方法比较多地

---

[8] 李步云主编:《宪法比较研究》,479 页,北京,法律出版社,1998。
[9] 蔡定剑:《中国宪法精释》,163,164 页,北京,中国民主法制出版社,1996。

局限于字词的本来意义，未曾关注系统解释方法、目的解释方法，特别是比较法解释方法，因此在理论上还缺乏深度和创造力。下面来看一看另一种解释方式——民事化的解释倾向。

（四）"人格尊严"条款的民事化解释方法

鉴于人格尊严条款解释的深度和创造性不足问题，有学者提出民事化的解释方案。比如梁慧星教授将"人格尊严"广义解释为创制了"一般人格权"。[10] 董和平教授认为，"人格的尊严是人格权的基础"，"其内容包括名誉权、姓名权、肖像权与人身权"。[11] 许显明教授提出"人格尊严"是一种宪法上的人格权，并认为它具体包括人格尊严权、姓名权、肖像权、名誉权、荣誉权、隐私权和秘密通信权等，不过仔细分析，许教授说的宪法上的人格权还是类似于民法上的人格权，下面我们把他的论述详细列在下面：

> 人格尊严权是公民自身和他人的人格价值的认识和尊重，他要求公民尊重他人的价值，同时也要求他人尊重自己的价值，从而使公民能够作为与他人平等的社会成员而与他人发生正常交往。无论公民的职业、职务、政治立场、宗教信仰、文化程度、经济状况、民族、种族等有何差别，其人格权尊严都是相同的。

> 姓名权则就是公民决定其姓名、使用其姓名、变更其姓名，并要求他人尊重自己姓名的一种人格权利。姓名权具有专有性，它与公民的人身不可分离，但不能转让姓名，也不能作为遗产继承。

> 肖像是指公民的个人形象通过造型艺术和其他形式在客观上的再现。肖像权，是指以自己的肖像所体现的利益为内容的权利，即公民对于自己的肖像在制作和使用上所享有的专属和排他的权利，它所保护的客体是肖像所体现的人格利益。肖像权的内容包括：制作专有权、使用专有权和请求停止侵害权。

> 名誉权是公民享有的究其社会价值而获得公正评价的权利，名誉权作为人格权的一种，是公民正常的交往，从事商业活动的前提，直接影响到公民其他权利的取得。名誉是对特定人的品德、情操、才干、声望、信

---

〔10〕 梁慧星：《民法总论》，106 页，北京，法律出版社，1996。

〔11〕 董和平、韩大元、李树忠：《宪法学》，393 页，北京，法律出版社，2000。

誉和形象等各方面的社会评价。

荣誉权是公民就国家和有关组织授予的光荣称号和嘉奖等所享有的权利。

隐私权,又称个人生活秘密权和私生活秘密权,实质公民的个人生活秘密和个人生活自由不受侵犯的确立。是一种独立的人格权,我国宪法的 38 条和 39 条 40 条都体现了对隐私权的保护。[12]

这种解释还是将人格尊严定位为民事权利,证据是前一段分析中,经常提到"要求他人""要求公民",而没有提到"要求国家""要求政府"。这种解释也恰恰契合于我国的民事裁判实践,因为我们可以在民事判决中看到宪法 38 条"人格尊严"条款的影子,比如王发英诉刘真及《女子文学》等四家杂志侵害名誉纠纷案(1998 石法民判字第 1 号)以及司惠芳诉刘华荣、陶峰侵权案(2000 乌中民终字第 1972 号)等。[13] 持有这种看法的学者还有很多,比如吴家麟教授、许崇德教授、朱福惠教授等。[14] 这是第二种典型的解释方法。这种解释方法将宪法上的人格尊严定位为民法上的人格权,虽然和民法相关条款比较契合,但是宪法条款的特性没有体现出来。

(五)"人格尊严"条款的基本权利解释方法

第三种典型的解释方法,是根据现代宪法学理论,从基本权利的角度来解释"人格尊严"的特性。这方面的代表学者是周伟教授,周教授认为:"作为宪法基本权利核心价值的人格尊严,不能将其与民法上的人格权完全等同起来对待","《宪法》上的人格尊严有其特定的含义,主要目的在于防止国家权力的非法侵犯。"[15] 从防范国家权力侵犯的角度,来思考"人格尊严"条款,这是一种对宪法性质的尊重。

要将人格尊严作为基本权利来看待,就有必要将它与民法上"人格尊严"相区别。那么民法中的"人格尊严"到底应该怎样解释呢? 笔者认为民法中的"人格尊

---

〔12〕 李步云主编:《宪法比较研究》,479~491 页,北京,法律出版社,1998。

〔13〕 王禹:《中国宪法的司法化:案件评析》,6~12 页,126~130 页,北京,北京大学出版社,2005。

〔14〕 吴家麟主编:《宪法学》,373 页,群众出版社,1988;许崇德主编:《宪法》,173 页,北京,中国人民大学出版社,1999;许崇德主编:《宪法学(中国部分)》,357 页,北京,高等教育出版社,2001;朱福惠主编:《宪法学原理》,202 页,北京,中信出版社,2005。

〔15〕 周伟:《宪法上基本权利司法救济研究》,66 页,北京,中国人民公安大学出版社,2003。

严"表示的是一种个别人格权，或者说是一种名誉权，名誉情感。到《民法总则》出台时，"人格尊严"的概念发生了一些变化，但是它最多也只能算是一般人格权，仍不能像宪法条款中的人格尊严，可以作为所有基本权利的基础。

具体来说，1986 年《民法通则》101 条规定："公民、法人享有名誉权，公民的人格尊严受法律保护，禁止用侮辱、诽谤等方式损害公民、法人的名誉。"这里的"人格尊严"，其实只能理解成一种特别人格权，即名誉权。为什么呢？

从体系解释的角度来看，《民法通则》这一条中的"人格尊严受法律保护"，前文承接的是"公民、法人享有名誉权"，而后文则是"禁止用侮辱、诽谤等方式损害公民、法人的名誉"。前文将人格尊严和名誉权紧密并列在一起，可见在这里人格尊严和名誉权上是在地位相当的两种权利。后文说禁止侮辱、诽谤等方式损害名誉，说明这里的人格尊严等同于名誉权和"名誉情感"。名誉权和"名誉情感"的区别在于，当一个人的外在社会评价被降低的时候，我们说他的"外在名誉"（äußere Ehre）受到了损害，与之相对的，可能有时候一个人的"外在名誉"并没有受到损害，大家对他的评价还是一样的——尽管有人对他进行侮辱和谩骂，但是他的自尊，或者说他对自己的内在评价，受到了严重的损害，这时候我们说他的"内在名誉"（innere Ehre），[16]日本法上称为"名誉情感"，[17]受到了伤害。通过这一分析可以看出《民法通则》中的"人格尊严"恰相当于这里的名誉权再加上"名誉情感"。

最新出台的《民法总则》对"人格尊严"的规定作了很大的调整，这种调整在以前当然已经有所体现，比如《最高人民法院关于精神损害赔偿的司法解释》第 1 条——自然人因下列人格权利遭受非法侵害，向人民法院起诉请求赔偿精神损害的，人民法院应当依法予以受理：（一）生命权、健康权、身体权；（二）姓名权、肖像权、名誉权、荣誉权；（三）人格尊严权、人身自由权。该条款早就将人格尊严与人身自由并列，因此我们大致也可以将它解释为一般人格权。据此笔者认为《民法总则》中的"人格尊严"可被解释为"一般人格权"。《民法总则》第 109 条规定："自然人的人身自由、人格尊严受法律保护。"它也是将"人格尊严"和"人身自由"并列，类似于现行宪法的规定，宪法上的人格尊严，也排在人身自由后面。更为重要的是，这一条规定的位置，恰恰是民法总则第五章的"民事权利"的第一个条文，紧

---

〔16〕 Winfried Speitkamp: *Ohrfeige, Duell und Ehrenmord. Eine Geschichte der Ehre.* Reclam, Stuttgart 2010.

〔17〕 ［日］五十岚清：《人格权法》，铃木贤、葛敏译，19 页，北京，北京大学出版社，2009。

接其后的是第 110 条的诸多具体人格权——"自然人享有生命权、身体权、健康权、姓名权、肖像权、名誉权、荣誉权、隐私权、婚姻自主权等权利。"这里面除了婚姻自主权是行为的自由之外,大部分是作为人的个性的保护的人格权。所以《民法总则》中的"人格尊严",可作为一般人格权来解释,它不同于宪法上的"人格尊严"条款。

宪法上的"人格尊严"可定位为宪法的根本价值,也受到许多其他学者的认同。比如侯宇教授也指出:"我国《宪法》第 38 条规定可以视为我国关于人格尊严的规定。2004 年宪法修正案首次确立'国家尊重和保障人权'的原则,这成为国家初步形成对个人权利保护予以充分关注的理念的标志。它凸显了人性尊严作为宪法的核心和最高价值。我们应赋予法院应有的法律解释权,使法院通过运用法解释技术拓宽《宪法》第 38 条的适用空间来填补部门法的漏洞,即实现'法的续造'。"[18]

此外刘志刚教授比较法角度来解释"人格尊严"条款,将我国宪法上的"人格尊严"视为德国宪法中"人性尊严",认为人格尊严条款在我国宪法权利上具有统帅性,是所有基本权利的核心价值。[19] 这种宪法化解释方法,还"人格尊严"条款以本来面目,是一种很大的进步。然而这种观点过分重视"人格尊严"条款的抽象性特征,拒斥人格尊严的特别权利面向,仍然存在些许的遗憾。

针对这一问题,林来梵教授提出了"人格尊严条款双重规范意义说"。简单说,就是将宪法上的"人格尊严"条款,前文和后文加起来,前文"中华人民共和国公民的人格尊严不受侵犯",作为宪法上的人性尊严条款,视为所有基本权利的基础原理,再将前文"中华人民共和国公民的人格尊严不受侵犯",和后文"禁止用任何方法对公民进行侮辱、诽谤和诬告陷害",加总起作为宪法上的人格权,作为所有"已列举的"和"未列举的"人格权的上位概念。林来梵教授的原话是:

第一,该条前段"中华人民共和国公民的人格尊严不受侵犯"一句,可理解为是一个相对独立的规范性语句,表达了类似于"人的尊严"这样的具有基础性价值的原理,作为我国宪法上基本权利体系的出发点,或基础性的宪法价值原理。

第二,该条后段"禁止用任何方法对公民进行侮辱、诽谤和诬告陷害",同时又

---

〔18〕 侯宇:《论人性尊严的宪法保障》,载《河南政法干部管理学院学报》,2006(2)。

〔19〕 刘志刚:《人格尊严的宪法意义》,载《中国法学》,2007(1)。

与上述的前段共同构成了一个整体的规范性语句,结合成为一项个别性权利的保障条款,而这项权利乃相当于宪法上的人格权,其所包涵的具体范围大抵可确定为国际学术界所厘定的人格权的狭广两义之间,而在有关语义的关联结构中,前段中的"人格尊严"也可理解为宪法上的一般人格权。[20]

这种解释方法借鉴了德国宪法学上的基本权利原理,兼顾了人性尊严和人格权两种权利在宪法理论上的需要,为基本权利建构了一个比较有逻辑的体系。但是对于这种借鉴西方人格权理论,解释我国宪法条款的方法,会有人提出疑问。他们会认为从宪法上保护人格权,特别是保护人格自由,有没有必要? 或者更具体地说,西方社会的这些理论,能不能和我们的传统文化相契合? 这是我们要回答的问题,下一节我们来说说这一点。

二、宪法上人格权保护的必要性

要回答宪法保护人格权的必要性,我们首先要考虑我国的传统价值观念和宪法上的人格权理论是否相符。我们的结论是宪法上的人格权保护是我国传统文化自然发展的结果。

(一)传统文化自然发展的结果

我们都知道,按照西方法律理论,法律的基本目的,乃是保障一种符合正义的社会生活。而宪法,特别是现代立宪意义上的宪法,其主要目的乃是保障公民和国家之间的符合正义的关系,安排国家制度,保障公民的权利。所以基本权利构成宪法的最主要的部分,是每个宪法所不可缺少的,保障人权遂成为一个政府执政的正当性基础。然而宪法上的基本权利数量是有限的,不可能面面俱到,让每一种值得尊重的利益都成为基本权,所以在宪法条款中,设定一个概括性的条款,来保护宪法没有明文列举的人格利益,是必要的,这就是宪法上的人格权。同时现代宪法的作用不限于防范国家权力的滥用,也会直接或间接地影响着人与人之间的关系,作为部门法的坐标,塑造部门法的价值,这也是宪法设立人格权的目的。

下面回到我国传统观念。大体而言,我国传统思想,以儒家为主流,以佛家、

---

〔20〕 林来梵:《人的尊严与人格尊严——兼论中国宪法第 38 条的解释方案》,载《浙江社会科学》,2008(3)。

道家、法家为补充。虽然这种传统文化在 20 世纪初,被视为封建主义的,集权主义的,腐朽落后的,与科学民主相矛盾的。但是这种观点,还是有失偏颇的,因为中国传统文化也有多种面向,大体来说,道家重视个人,轻视社会和国家;墨家重视社会,轻视国家和个人;法家重视国家,轻视个人和社会;而集大成者的儒家则三者并重,皆予成全。儒家大中至正,无所谓偏失。个人方面的人格、品德、思想、才艺;社会方面的人伦常道、礼乐教化、公益事业;国家方面的建国创制、设官分职、典章法令,以及保民养民的政治设施;这三方面同时予以兼顾并重。[21] 总之,自从 20 世纪下半叶以后,思想界逐渐倾向于认为,我们的传统文化和自由、尊严、民主思想并不相悖,甚至有裨补现代西方文化隙漏之功能。[22]

首先,在我们的传统文化中,不乏重视个人、尊重自由的思想。比如历史学者余英时认为,虽然法家和墨家比较偏向集体,道家比较偏向个人,但作为中国文化传统主流的儒家文化,可以说是"择中而处,即居于集体与个人的两极之间。"[23] 此外历史学者钱穆也举出近代思想家王夫之的观点,来论证中国传统思想重视个人自由。王夫之认为,论治之不可恃于法,而主政者最要之纲领曰"简"。简者,宽仁之本也。人之或利或病,或善或不善,听其自取而不与治。德蕴于己,不期盛而积于无形,故曰不谓之盛德也不能。求之己者其道恒简,求之人者其道恒烦。烦者治之所由紊,刑之所由密。[24] 这一段的意思是,治理国家法律要简约,要尽量让民众自己决定,这其实是尊重个人自由的表现。

其次,在我们的传统文化中,也富含着尊严的观念。比如宪法学者张千帆教授在《中国哲学中的人性尊严思想》一文中,主张中国传统思想也尊重人性尊严。张教授认为虽然尊严的概念在儒家经典中未曾出现,但是尊严的思想深刻地体现在孔子和孟子的思想中。[25] 这表现在,第一,儒家要求每个人做一个君子,对自己严格要求,所谓修身齐家治国平天下。第二,儒家要求每个人,特别是君子,承

〔21〕 蔡仁厚:《儒家思想的现代意义》,95、96 页,台北,台北文津出版社,1987。

〔22〕 [美]余纪元:《新儒学的〈宣言〉与德性伦理学的复兴》,载《山东大学学报》(哲学社会科学版),2007(1)。

〔23〕 余英时:《群己之间:中国现代思想史上两个循环》,载余英时:《现代儒学论》,237 页,上海,上海人民出版社,1998。

〔24〕 钱穆:《中国近三百年学术史》,132 页,北京,商务印书馆,1937。

〔25〕 Qianfang Zhang, The Idea of Human Dignity in Classical Chinese Philosophy: A Reconstruction of Confucianism, Journal of Chinese Philosophy, September 2000. 27 (3): 299-330.

认并尊重他人的基本价值,所谓"己所不欲,勿施于人"(《论语·卫灵公十五》)。"出门如见大宾,使民如承大祭。己所不欲,勿施于人"(《论语·颜渊十二》)。第三,儒家要求君子,建立适当的法律和制度以保护这种人性尊严。[26] 这些制度也包括历史上各朝各代的谏官、御史台、都察院、经筵或史官等,这些官员通过自己的言论和记录,不同程度地制约皇权,甚至宋明时期的地方书院也担当了议政的功能。[27]

最后,在我国传统文化中,也有许多称颂民主的思想。[28] 比如孔子云:"所谓大臣者,以道事君,不可则止。""事君……勿欺之,而犯之。"[29]"天下有道则见,无道则隐。"[30]"三谏之而不听,则逃之。"[31]君上不纳谏则"止",则"隐",则"逃",都是在说明统治者应该听从民众的意见,否则民众就会"用脚投票",躲得远远的。

孟子可说是最具"民主"精神的思想家,他说,"贼仁者谓之贼,贼义者谓之残。残贼之人,谓之一夫。闻诛一夫纣矣,未闻弑君也。"[32]"君有大过则谏。反复之而不听,则易位。"[33]"民为贵,社稷次之,君为轻。"[34]这是一种典型的民主思想,可与西方社会"抵抗权"理论相媲美。

荀子在某些方面也不逊于孟子,他说,"世俗之为论者曰:桀纣有天下,汤武篡而夺之。是不然。……汤武非取天下也。修其道,行其义,兴天下之同利,除天下之同害,而天下归之也。桀纣去天下也,反禹汤之德,乱礼义之分,禽兽之行,积其凶,全其恶,而天下去之也。天下归之之谓王,天下去之之谓亡。故桀纣无天下,而汤武不弑君。汤武者,民之父母也;桀纣者,民之怨贼也。"[35]在这里,荀子的思想接近于"一切权力属于人民"的理念,只不过他认为政权的基础来自"天",天通

---

〔26〕 Qianfang Zhang, The Idea of Human Dignity in Classical Chinese Philosophy:A Reconstruction of Confucianism, Journal of Chinese Philosophy, September 2000. 27 (3):299-330.

〔27〕 狄百瑞:《中国的自由传统》,李弘祺译,137 页,香港,香港中文大学出版社,1983。

〔28〕 范忠信:《君权监督与和平转移:中国传统法学的盲点》,载《河北法学》,1999(6)。

〔29〕《论语·先进》《宪问》。

〔30〕《论语·泰伯》。

〔31〕《礼记·曲礼下》。

〔32〕《孟子·梁惠王下》。

〔33〕《孟子·万章下》。

〔34〕《孟子·尽心下》。

〔35〕《荀子·正论》。

过人民的"叛"、"归",褫夺了桀纣的政权,改授给汤武。[36]

历史进入西汉以后,上述民贵君轻的思想,被宣告为"马肝式问题"(有毒问题)禁止讨论。[37] 但是中国近代还是有很多思想家崇尚民主的价值,比如清初的黄宗羲写道,"君与臣,共曳木之人也","臣之与君,名异而实同"[38],所谓"名异",就是君与臣"共治天下"的分工有不同;所谓"实同",就是君与臣之间是平等的,没有尊卑之分,这是一种典型的民主思想。黄宗羲还说,"三代以上有法,三代以下无法",所谓"三代以上有法"意思是,三代之法"藏天下于天下者也。山泽之利不必其尽取,刑赏之权不疑其旁落,贵不在朝廷也,贱不在草莽也。"而"三代以下无法"意思是,"其所谓法者,一家之法,而非天下之法也。是故秦变封建而为郡县,以郡县得私于我也;汉建庶孽,以其可以藩屏于我也;宋解方镇之兵,以方镇之不利于我也。此其法何曾有一毫为天下之心哉! 而亦可谓之法乎?"[39]这种"有法""无法"的说法,就是以自由、民主为判断标准的。

根据以上这些分析,我们可以看出中国传统文化,也非常重视保障自由,发扬民主,这与本书所说的德国、日本、美国等现代法治国家所宣扬的不仅仅将个人当做工具,而当做目的本身,尊重每个人的自我决定是一样的。因此我们说,在宪法上确立人格权是顺应我国传统文化的。这是我们在宪法上确立人格权的第一个理由。

(二)国家执政正当性的要求

在我国宪法上确立人格权的第二个理由是,它是论证国家执政正当性的要求。我们都知道国家的统治与纯粹实力的威慑有所不同,前者是建立在合理的基础之上的,被统治者能为自己的服从找到理由,能通过服从获得收益,只有这样才可以确保长治久安。对于统治正当性问题,有韦伯的统治类型的三种分类,传统型、魅力型和法理型。

传统型统治是将统治的基础建立在上天的,或者传统习俗之上,如果要问我们为什么要听从某个人的指挥,原因是它代表了上天或者符合习惯。魅力型统治的基础是统治者的特殊能力和禀赋,只有具有特殊能力的人才能行使统治权。法

---

〔36〕 范忠信:《君权监督与和平转移:中国传统法学的盲点》,载《河北法学》,1999(6)。
〔37〕 范忠信:《君权监督与和平转移:中国传统法学的盲点》,载《河北法学》,1999(6)。
〔38〕 《明夷待访录·原臣》。
〔39〕 《明夷待访录·原法》。

理型统治是将统治建在某种理性的标准上，某种科学的，可以检验的效果之上，如果这种统治不符合理性标准，比如说统治效果不好，那么这就不是一个正当的统治。

现代社会在科学的、理性的思想影响下，一切问题的对错，都要找到一个可以检验的标准，那么用理性的、科学的证据来论证统治的正当性，就是统治正当性论证当中的一个不可缺少的因素。而本书所说的人格权是保障个人按照自己的意愿建构、保持、展现个人特性的权利，其最终的目的是最大限度地实现个人的意愿，满足个人的利益。从这个界定可以看出，人格权的保障是论证统治正当性的一个最重要的标准。

中国传统的统治正当性观念来源于儒家思想。从儒家思想来看，政治统治的正当性具有双重性质。一是超越的，意思是政治统治是否正当，来自于超越的天的意志；二是世俗的，意思是统治是否符合天意，主要通过被统治者民众的意愿和人心表达出来。[40] 这种统治正当性的论证方法，也被某些学者称为德性伦理学。所谓德性伦理学是西方古典伦理学的一大流派，与道义伦理学，功利主义伦理学相对，它的典型代表是孔子、亚里士多德等古典思想家，它是以人的品德（virtue），而不是以一个应然性的（deontic）标准来评价一个人的行为。[41] 具体说，近代伦理学以行动为中心，以建立行为规范为主要任务，而德性伦理学以"德性"为首要概念和关注对象。[42]

这种统治正当性的论证方法，在晚清和民国时期民族危亡之际，发生过重要的转变，一种追求富强和功利的法理型统治类型开始出现。[43] 但有学者主张，经历独立和富强之后的当代中国，统治正当性的论证应该超越功利主义，追求自由、民主的正当性；[44]甚至还有学者认为当今中国应该恢复德性伦理学作为统治的

---

[40] 许纪霖：《近代中国政治正当性之历史转型》，载《学海》，2007(5)。

[41] Wong wai-ying, Confucian Ethics and Virtue Ethics, Journal of Chinese Philosophy 28：3 (september 2001), p. 286.

[42] 余纪元：《新儒学的〈宣言〉与德性伦理学的复兴》，载《山东大学学报》（哲学社会科学版），2007(1)。

[43] 许纪霖：《近代中国政治正当性之历史转型》，载《学海》，2007(5)。

[44] 许纪霖：《近代中国政治正当性之历史转型》，载《学海》，2007(5)。

基础。[45] 其实我国古代儒家所倡导的统治正当性的论证方法,第一个方面以天意来论证统治的正当性,相当于韦伯所说的传统型统治的论证方法,而第二个方面则结合了魅力型和法理型的特点,因为这种论证方式,是从统治者的超凡能力和高尚品德,再加上符合民众意愿,来论证统治正当性的。如果这样,人格权的保障也就成为我们论证统治正当性的前提条件。这是我们在宪法上确立人格权的第二个理由。

(三) 经济、社会发展的需要

在宪法上确立人格权的第三个理由是,保障人格权可以服务于经济社会发展的需要。现代科技迅速发展,对个人人格产生新的威胁,也影响了经济和社会的进程。例如声像技术保存人物声音和影像的同时,常被人用于秘密录音录像。这种行为在两个方面导致社会效率的下降。

第一,对他人私生活的录音录像,本身就是对他人自由的一种剥夺,是一种减少社会财富的行为。因为财富本身就是一个人的需求得到满足的程度,比如面包对一个饥饿的人来说,就是一分财富,而个人人格的不自由或被剥夺,就降低了个人的需求被满足的可能性,也就减少了个人的财富。

第二,对他人私生活的录音录像,会使那些不愿意公开个人信息的人,想方设法避免这种信息的被窃取,这种努力本身也是一种资源的浪费,尽管这种录音录像行为,有利于发展其他人的利益,但是很多时候,这种行为给个人造成的损失,都大于其他人获得的利益,所以我们说这是一种减少社会财富的行为。

此外从社会学角度来说,一个社会的健康发展,总是以和平稳定作为条件的,如果一个社会中人与人之间总是发生冲突,社会本身肯定会功能失调的。而允许他人随意侵入私生活,会导致个人无法退回到一个毫无防备的私人空间,无法自由建构自己的人格,无法控制自己的人生,这会使个人在心理上受到压抑,产生一种挫折感、无力感,无法尽力发展自己的潜能,为自己谋求发展,为社会创造财富,甚至有自我毁灭,报复社会的倾向,这是我们说的人格权受侵害,所可能产生的社会后果。这是在宪法上确立人格权的第三个理由。

---

〔45〕 余纪元:《新儒学的〈宣言〉与德性伦理学的复兴》,载《山东大学学报》(哲学社会科学版),2007(1)。余纪元甚至认为,德性伦理学已成为医治现代西方伦理学弊病的一剂药方,德性伦理学的复兴成为当代西方伦理学的新趋向。

（四）辅助解释部门法上的人格权

在宪法上确立人格权的第四个理由是，部门法上的人格权条款的解释，需要宪法上的人格权理论提供帮助。由于我国宪法目前还没有司法适用途径，部门法和宪法之间存在很大的隔阂，但是为了保证法律体系的统一性，最近很多学者提出重视宪法在部门法使用上的辅助作用。[46]

如前所述，20 世纪中叶以后私法的宪法化在大多数国家渐成趋势。如德国法院 20 世纪 50 年代之后直接援引宪法，创制一般人格权理论。德国学界对这种做法的解释是，司法虽然应该接受法（Recht）和法律（Gesetz）的拘束，但也必须排除狭隘的法律实证主义，不能将宪法与实体法规范截然分开。司法的任务在于从完整的法律体系，而不是只从被称为民法的形式渊源中发现私法规范。[47] 因为法律要与宪法一致，人格权保护就有从宪法当中获取资源的必要。如同一位德国学者说的，德国人现在已经不再将人格权理解为狭义的民法上的法定权利，而是将它视为现代宪政秩序中"受宪法保障的权利"。[48]

我国的情况怎么样呢？《民法通则》实施三十年后，我们在 2018 年出台了《民法总则》，《民法典》也于 2021 年 1 月颁布实施，一般人格权和具体人格权（比如名誉权、隐私权、肖像权等）已经在实定法上获得了确认。但是我们仍然需要利用基本权利原理，来解释民事人格权。因为如上所述，人格权本身并不是一项确定的权利，很多时候我们必须从宪法上通盘考虑各种利益之间的关系，细致衡量人格权和其他权利的轻重，才能决定人格权到底应该保护到何种程度。

比如说，本书开头所说的改名案，到底应该保障个人对于姓名的自我决定权，还是应该尊重国家在姓名规制上的政府利益，比如说为了登记的方便，为了交流的便捷，为了保留传统的文化。这些问题仅仅通过民法条款的解释应用是不可能解决的。所以我们说，即便在民法典制定之后，在民事人格权保护上援引宪法仍然是必不可少的。

---

〔46〕 龙卫球：《自然人人格权及其当代进路考察——兼论民法实证主义与宪法秩序》，载《清华法学》，2002(2)。

〔47〕 王泽鉴：《人格权、慰抚金与法院造法》，载《民法学说与判例研究》(8)，101 页，北京，中国政法大学出版社，1998。

〔48〕 龙卫球：《自然人人格权及其当代进路考察——兼论民法实证主义与宪法秩序》，载《清华法学》，2002(2)。

以上是我们所说的在我国法律实践中保护宪法上的人格权的必要性。可是我国当前宪法上人格权保障的状况怎么样呢？这是我们下面要介绍的。

三、宪法上人格权保障机制的缺漏

总体上看，我们目前宪法上的人格权保障，仍然存在以下制约因素。主要是第一，宪法上还没有建立合宪性审查制度；第二，部门法裁判中较少进行合宪性解释，第三，人格权条款还存在机械化倾向。

（一）宪法上缺少合宪性审查机制

首先我们来说说合宪性审查机制。前文已经讲过，我们可以将宪法上的人格尊严解释为宪法上的人性尊严和人格权，但是我们知道要想落实这种权利，必须要是宪法活动起来，如果宪法无法落实，我们就不能真正保障宪法上的人格权。怎么让宪法活动起来呢？那就要依赖合宪性审查机制。关于合宪性审查机制，经过数十年的酝酿，目前已经在筹备当中了。中国共产党第十九次代表大会已经提出，"推进合宪性审查制度"，2018 年宪法修改，也专门建立了宪法和法律委员会，为合宪性审查制度的推进做准备。

合宪性审查机制有什么好呢？或者说没有合宪性审查制度有什么问题呢？首先就是宪法上规定的权利无法落实。这一点从近年来多个公民上书人大要求释宪的事件可以看得出来。最早是 2003 年，五位法学教授为孙志刚案上书人大，要求废除《流浪乞讨人员收容遣送办法》。事情的原委是一名大学毕业生在广州街头被警察盘问，因为没有携带身份证，并未能提供暂住证，被收容审查，最后死在收容所内。专家认为该事件的发生除了警察滥用职权之外，还有《流浪乞讨人员收容遣送办法》违反宪法的问题。这个事件以国务院废止这个《办法》落幕，随后许多年又出现了公民就户籍、暂住证、强制婚检、公路收费、养路费征收、涉黄示众等问题，要求全国人大解释宪法。这些问题都说明合宪性审查机制的缺失，是宪法得到很好落实的前提。

不过也有人会说，我们虽然没有正式的合宪性审查机制，如前所述公民也可以向全国人大建议解释宪法，这种制度不也能解决宪法实施问题吗？我们说，现行法规备案实施制度，如同德国魏玛宪法一样，存在如下几个问题，第一，缺乏一个被赋予独立的宪法审查权的机关。虽然我们 2004 年在全国人大建立了法规备案审查室，但是审查室的编制极少，没有健全的独立的审查机制，并不能适应宪法审查的繁重任务。第二,公民缺少宪法审查的提起权。虽然《立法法》规定公民可以对违反宪法和上位法律的行政法规、地方性法规、自治条例和单行条例提出审查的"建议",但是仅仅有"建议"权,而没有像其他国家机关那样有"要求"权,公民提请审查的权力是不足的。[49] 第三,如同德国魏玛宪法不审查联邦法律的合宪性一样,我国法院根据《立法法》的规定对于法律不能进行违宪的审查。

以上三个问题,只有真正实施合宪性审查制度,才能加以解决。但是这么说还会有人表示担心,建立这样一个合宪性审查制度,会不会动摇国家权力的根基,导致政治不稳定?本书认为不会发生这种问题,根据国内宪法学者对合宪性审查制度的实证研究:"因为司法机构的作用是消极被动的,通常被认为是政府部门中'危险最小'的分支,对保护市场竞争发挥着直接和关键的作用。"[50]所以合宪性审查制度不仅具有统合一国法治的功能,还有助于确保政治制度的公正性和可接受性。合宪性审查机制的缺失,是制约我国宪法上的人格权落实的重要因素。

(二)部门法裁判中较少进行合宪性解释

其次我们再说说部门法裁判中的合宪性解释方法。前面说的合宪性审查制度,它是落实宪法的最重要的手段,可是除此之外对部门法进行合宪性解释,也是间接实施落实宪法的重要机制。在德国,宪法不仅通过合宪性审查控制违宪的法律,还赋予公民要求宪法审查机关审查立法合宪性的权利,此为基本权的主观功能;而且要求普通司法机关在审判过程中,应该在充分尊重宪法的前提下解释部门法。合宪性解释有两种方法可以采用,第一,是对法律进行合宪性解释,使得部门法条款更符合宪法精神;第二,更有甚者在部门法中直接适用宪法作出裁判。关于这个问题,虽然理论界这些年做过很多的研究,但是我国实务界仍旧坚持保留态度,其原因大致有以下几条:

---

〔49〕《立法法》第90条规定:国务院、中央军事委员会、最高人民法院、最高人民检察院和各省、自治区、直辖市的人民代表大会常务委员会认为行政法规、地方性法规、自治条例和单行条例同宪法或者法律相抵触的,可以向全国人民代表大会常务委员会书面提出进行审查的要求,由常务委员会工作机构分送有关的专门委员会进行审查、提出意见。前款规定以外的其他国家机关和社会团体、企业事业组织以及公民认为行政法规、地方性法规、自治条例和单行条例同宪法或者法律相抵触的,可以向全国人民代表大会常务委员会书面提出进行审查的建议,由常务委员会工作机构进行研究,必要时,送有关的专门委员会进行审查、提出意见。

〔50〕 张千帆:《让"危险最小"的分支发挥最大的作用——论司法独立对市场经济的意义》,载《浙江学刊》,2004(6)。

第一,实务界在法律适用过程中仍然坚持法实证主义观念,反对在部门法实践中引入宪法参与解释。正如我国学者龙卫球教授所说的,法律实证主义以为宪法作为根本法,只是包括民法在内的部门法律的立法原则规定,虽然它也在一些地方规定公民基本权利,但是这些宪法规定应仅仅被看作一种原则宣示,是立法的基础,是为政府权力而设定的限制,不得直接被授引用来裁判具体民事案件。[51]

第二,从政治架构来分析,我国目前禁止宪法在部门法裁判中运用,也是出于对司法裁判自由裁量权的畏惧。因为如果法官可以不原原本本地按照法律条文裁判,便可能逾越自身的权力界限,进入到立法机关的权限范围。

但是上述这些担忧是不必要的,因为任何权力都有可能被滥用,不仅司法权可能越界,立法权也有被滥用的可能。所以重要的不是彻底禁止他们自由裁量,而是通过适当的权力制衡,采用多数决原则尽量限制权力滥用。因此合宪性解释机制在部门法裁判中的缺失,也是制约我国宪法上的人格权落实的重要因素。

(三)人格权条款还存在机械化倾向

最后我们来说说民法上的人格权立法本身的问题。可以说,在我国民事立法中,人格权条款一直处于非常重要的地位。从 20 世纪 80 年代开始,《民法通则》就按照具体人格权的体例,正面确认了人格权,该法列举的人格权包括生命健康权、姓名权、肖像权、名誉权、荣誉权、婚姻自主权等。到如今《民法总则》也特别规定了很多人格权条款,比如生命权、身体权、健康权、姓名权、肖像权、名誉权、荣誉权、隐私权、婚姻自主权等权利。(第 110 条)

但是无论是《民法通则》,还是《民法总则》,在人格保护上还有一个重要的缺陷,也就是过分依赖制定法,而忽视判例法的作用。具体表现在一方面希望制定一部非常详细的人格权法典;另一方面在人格权条款上又相对抽象,而不够具体。我们可以拿肖像权来说,《民法通则》第 100 条规定:"公民享有肖像权,未经本人同意,不得以营利为目的使用公民的肖像。"该一条当中"以营利为目的使用公民的肖像",按照 1988 年通过的《最高人民法院关于贯彻执行〈中华人民共和国民法通则〉若干问题的意见(试行)》(以下简称《民通意见》)第 139 条解释是,"以营利

---

〔51〕 龙卫球:《自然人人格权及其当代进路考察——兼论民法实证主义与宪法秩序》,载《清华法学》,2002(2)。

为目的,未经公民同意利用其肖像做广告、商标、装饰橱窗等,应当认定为侵犯公民肖像权的行为。"但是该条款还存在几个问题,首先,以营利为目的认定肖像权侵犯过于狭窄;其次,缺乏肖像制作权的规定;最后,缺乏肖像权侵犯的阻却要件的规定。举例而言,在新闻报道中使用了某人的肖像,算不算一种侵权行为? 在公共场合未经允许给人拍照是不是侵犯肖像权? 都还要进一步规定,或者通过裁判加以明确。

再者是名誉权。《民法通则》第101条规定,公民享有名誉权,公民的人格尊严受法律保护,禁止用侮辱、诽谤等方式损害公民的名誉。《民通意见》第140条第1款做了进一步的解释:"以书面、口头等形式宣扬他人的隐私,或者捏造事实公然丑化他人人格,以及用侮辱、诽谤等方式损害他人名誉,造成一定影响的,应当认定为侵害公民名誉权的行为。"但是即便如此,名誉权的规定还是过于简单,还有许多问题无法解决。比如在大众媒体中,对某企业的负面新闻进行报道,如果后来发现报道的内容是不真实的,算不算侵犯名誉权? 消费者维权时在网上揭露某产品的质量问题,或者向法院控告某企业产品质量有问题,算不算侵犯名誉权? 在科学研究中对英雄人物的事件表示质疑,在无法确定真实性的情况下,算不算侵犯名誉? 这些问题仅靠上述简单的名誉权条款,也是难以彻底解决的。

我这么说的意思是,在民事立法中,关于人格权的规定,仍然以规则为主,这种立法方式,在处理比较灵活的人格权纠纷时,往往是不够的。要妥善地解决人格权纠纷,必须动用更高的宪法规范,对个别案件进行个别衡量。但是目前在部门法中援引宪法还没有被认可,法院仍然只是援引民法上的人格权条款裁判案件。所以就目前而言,我国法院在裁判人格权案件时,判决书的论证还不够缜密。以上是笔者所说的宪法上的人格权保障存在的问题,下文我们来尝试讨论一下,如何构建我国未来的宪法上的人格权制度。

四、我国宪法上人格权的保障构想

关于我国宪法上的人格权保障制度的建构,我们可以有什么一些方法呢? 我们前面已经讲过,可以将宪法上的人格尊严解释为人性尊严和人格权,既然如此我们就可以根据这一条款展开人格权的保障。我们需要从几个方面来确立宪法上的人格权保障制度。首先是从法律制定上防范公权力对人格权的侵犯,其次是从法律实施上落实人格权保护。

基本权利怎么来保护呢？按照基本权利理论，基本权利有双重性质，一个是作为主观权利，防御国家公权力的侵犯，或者要求国家公权力提供帮助，前者称为防御权，主要有自由权享有，后者称为给付请求权，主要由福利权享有；一个是作为客观价值秩序，意思是作为整个法律体系的客观价值基础，用以指导整个法律体系朝向一定的价值目标发展，特别是直接或间接地影响私人之间的法律关系，客观价值秩序的主要表现是，要求国家设计一定法律程序以确保权利不被侵犯，或者要求国家为私人之间的权利侵犯提供保护，前者称为程序保障权，后者称为基本权利的第三人效力（包括直接和间接两种）或国家保护义务等。[52]

人格权作为一种建构、保持、展现个人人格特征的自由权，它在主观上的权能就是防御权，也即要求国家不得侵犯个人人格自由发展的权利，在客观上的权能就是赋予国家一种保护义务，也就是要求国家设法确保个人的人格权不受其他人的侵害。因此宪法上的人格权保障，就可以通过以下两个方面来实现。

（一）将人格权作为主观权利来保障

作为防御权的人格权，针对的是国家公权力行为，包括法律行为和事实行为，前者是国家有法律依据从事的行为，包括立法行为、行政行为和司法行为，后者是没有法律依据的行为。举例来说，政府为了保护公共利益制定法律法规，在公务员考试中强制体检，这是一种法律行为，但是政府在没有法律依据的情况下设置摄像头，这是一种事实行为。这些行为都不同程度地限制了公民的人格权，干涉了个人的人格自由。那么下面我们从立法、行政两个方面来说明宪法上的人格权对国家机关公权力行为的约束。

1. 防范国家立法行为的侵犯——兼论改名案和强制婚检事件

作为基本权的人格权对国家立法机关的约束表现在，立法机关在立法时，必须尊重公民的人格自由，如果侵害到人格权，公民可以向合宪性审查机关提起诉讼。这当然是在合宪性审查制度建立之后，才可以提出的请求，目前可以做的就是一方面要求司法机关在案件审理中，对规章以下的规范性文件进行审查，这是行政诉讼法的规定，另一方面请求司法机关对于规章以上的规范性文件要求全国人大常委会进行审查，这是立法法的规定，再一方面公民独立向全国人大常委会

---

〔52〕 张翔：《基本权利的双重性质》，载《法学研究》，2005(3)；另见陈慈阳：《宪法学》，332～345页，台北，元照出版社，2004。Konrad Hesse, *Grundzüge des Verfassungsrechts der Bundesrepublik Deutschland*, C. F. Müller Velag 1999, S. 127-136.

提出审查某一项立法合宪性的建议。

这方面的程序性规定,这里不多阐述,我们来重点说说,如何在对立法行为侵犯宪法上的人格权问题进行合宪性审查。关于这一点,德国、日本和美国的经验都可以借鉴,他们的经验当中有很多是共同的地方,我们可以运用。

第一,我们要学习德国和日本宪法裁判的经验,利用范围理论审查国家立法行为是否涉及人性尊严最核心的领域,这一领域原则上是不允许限制的。美国在这一点上有所不同,他们在人性尊严最核心领域的保护上没那么重视,在美国无论什么样的权利,都要和其他权利在一起衡量。我们为什么要学习德国人性尊严的保护方法呢?是因为我们在历史上有过严重地凌辱、侵害人性尊严的事件,为了树立一种尊重人性尊严的文化,必须采取一种绝对不容许侵犯的保护举措。还需提请注意的是,这里所说的人性尊严并不完全是我国宪法上的人格尊严,前面已经讲过我国宪法上的人格尊严,可以分解为两项权利,一是人性尊严,一是人格权。

第二,如果国家立法行为不涉及人性尊严最核心的领域,我们要审查它是不是涉及私人领域。对于私人领域的干预,我们要利用比例原则来审查,审查国家行为是否"过度"伤害个人人格自由,是否为达到立法目的给个人造成不必要的负担,这里使用的是严格的审查标准。只有对于社会领域,我们才给予立法机关更大的裁量权,只要立法所采取的措施能够达到立法目的就可以了,这里使用的是合理的审查标准。这是学习德国宪法裁判的经验,前面已经讲过,美国宪法采取的办法也是类似的。

美国法考虑的是立法所涉及的个人利益对个人自有是否具有重要性,在这一点上,他们通过自由主义原理,认为涉及私人的精神性的利益,都是属于基本权,而涉及经济性的利益,则不作为基本权利。如果一种利益属于非常重要的基本权(隐私权),那么他们就会使用严格的审查标准来审查,也就是审查限制个人权利的立法能不能达到立法目的,是不是必须的立法措施,是否得不偿失。如果一种利益不属于非常重要的基本权,则使用宽松的标准,和德国一样,只审查立法措施能不能达到立法的目的。日本法则是模仿美国法。

(1)改名案

这种方法值得我们学习。下面我们通过本书开头提出的几个案件来说明这种审查方法是如何操作的。在本书引言部分,我们提到过一件改名案,具体情况是一个名叫王徐英的女性,向公安机关申请改名为柴冈英子,原因是其丈夫是日本人,她请求按照日本的习俗,改为丈夫的姓氏,派出所拒绝了这项请求,理由是其改名的请求不符合法定条件,因为全市范围内叫王徐英的包括原告仅有两人,不存在重名的情况。

国内类似的案件还有赵 C 案和左天霞案,[53]日本法上也有女性要求结婚后保持本来姓名的案件(姓名保持权)。[54] 此案涉及的问题是,姓名的确定和修改是否是人格权的一部分? 是否是一项重要的基本权利? 对公民姓名修改权的限制,需要什么样的理由? 这些理由如何和公民的姓名修改权进行衡量?

首先,姓名修改的权利属于姓名权的一种,是个人在姓名上的自我决定权。从宪法角度看姓名权,姓名权保护的首先是一个人区别和独立于其他社会主体的要求(Individualitätsanspruch),也就是可以通过姓名将自己和其他人分割开来的需要;其次是一个人与他人或社会的和睦关系(geordnente Zusammenleben),意思是通过名字能让他人准确地认识自己,使自己能够和他人和社会建立起紧密的联系。[55] 从这一点来看,姓名权是个人很重要的权利,关系到一个人对自己的身份的建构,对自己和他人关系的设定。

当然在姓名权的认识上,我们需要将宪法或行政法上的姓名权和民法上的姓名权相区别,前者是个人对姓名的取得、使用、更改的自我决定权,公权力机构不得干涉,应予以配合。后者则是指个人有权保有、使用某一姓名,其他人不得干扰、争夺,也不得未经同意,擅自使用的权利,比如将其姓名用作商号,或用其姓名发表文章,以达到混淆的效果。因此我国《民法通则》第 99 条的规定:"公民享有姓名权,有权决定、使用和依照规定改变自己的姓名,禁止他人干涉、盗用、假冒",其中的"有权决定","依照规定改变自己的姓名",这些规定其实是一种宪法上的权利。

其次,确定了姓名权,包括姓名修改权,是一项基本权利,一种重要的人格权

---

〔53〕 江西省鹰潭市中级人民法院(2008)鹰行终字第 5 号行政判决书和上海市第一中级人民法院(2010)沪一中行终字第 8 号行政判决书。

〔54〕 [日]五十岚清:《人格权概述》,158~159 页,东京,有斐阁,2003。

〔55〕 Kurt Herbert Johannesen, Alff, Richard. , *Das Bürgerliche Gesetzbuch mit besonderer Berücksichtigung der Rechtsprechung des Reichsgerichts und des Bundesgerichtshofes*, Walter De Gruyter 1982, S. 45.

之后,下一步要考虑的是,这种权利在什么情形下可以限制? 我国《中华人民共和国户口登记条例》第 18 条规定:"未满 18 周岁以上的人需要变更姓名时,由其本人或父母、收养人向户口登记机关申请变更登记;18 周岁以上的人需要变更姓名时,由本人向户口登记机关申请变更登记。"这只是一种程序性的规定,要求未成年人父母,或者成年人本人,去户口登记机关申请,其中并没有提出什么实质性的条件限制。

但民法学者,如王利明教授,则提出几种实质性的条件,或者说例外情况,就是说存在下述情况时,国家可以禁止权利人修改姓名:第一,为了不正当的目的取得与他人相同的姓名,故意造成姓名权的冲突;第二,使用姓名权扰乱权利义务关系,违背公共道德和善良风俗的方式使用姓名;第三,基于不正当的目的,如重婚、偷税,而改名换姓。[56] 可以看出这几种情况,都是修改姓名影响了其他人的权利,或者社会的公序良俗,这是可以理解的。因此本案中当地派出所仅以没有重名为理由,禁止权利人的姓名修改权,是没有道理的。不过关于她的改名要求,网络上有意见认为是违反公序良俗的。下面我们来看看本案的修改姓名,是否影响他人的权利,和公序良俗。

笔者认为本案原告的改名没有侵害他人的权利,也没有危害公序良俗,公安机关不应该拒绝她的改名行为。所谓的公序良俗指的是,一个社会的共同体的公共道德风俗,比如说尊老爱幼,比如说文明礼貌,但是取一个日本的名字,并没有什么违反道德规范的地方。或许有人认为日本和中国具有战争历史,取一个日本的名字会损害他人的民族感情,但是这种看法是不对的。且不说日本和中国已经今天处于一种和平的关系,即便是双方仍然具有一定的矛盾,当事人在与日本国籍的人具有一定婚姻关系的情况下,提出修改姓名的申请的,也是有道理的,这不算是一种违反公德的事情。总之上海市某派出所限制当事人修改姓名,的确有侵犯当事人的姓名权的问题。

(2) 强制婚检事件

这是我们对改名案的分析。下面我们再说说强制婚检事件。强制婚检事件说的是,《黑龙江省母婴保健条例》在《婚姻登记条例》没有规定结婚登记需要提供婚前医学检查证明的情况下,规定男女双方凭婚前医学检查证明,到婚姻登记机

---

〔56〕 王利明:《人格权法研究》,418 页,北京,中国人民大学出版社,2005。

关办理结婚登记,被认为违反上位法,侵犯公民宪法上的隐私权。本书暂不考虑《母婴保健条例》是否违反上位法《婚姻登记条例》的问题,我们重点看一看这种强制检查,是否侵犯婚姻双方的隐私权问题。

笔者认为,要回答《母婴保健条例》是否侵犯隐私权,需要考虑婚前医学检查,是否侵入了个人生活的哪一个领域(是否属于绝对不可侵犯的核心领域),以及我们应该用什么样的合宪性审查标准,来审查婚前医学检查是否侵犯公民的隐私权。

首先我们来考虑第一个问题,强制婚检是否侵犯婚姻双方最核心的私密领域。强制婚检不仅检查个人的身高、体重、血型等基本信息,还检查个人与性相关的疾病情况,表面上看这是对个人最不为人知的私密领域的介入。但是根据前述的"范围理论",那些最具个人化的、与社会没有联系的生活领域,才是个人生活绝对不可侵犯的私密领域。[57] 而结婚双方的这些体貌特征,特别是个人性方面的传染性疾病,可能会影响到另一方,或者新生儿的健康,所以婚前的强制检查,就不能算是侵入了个人生活最核心的私密领域了,而只是对个人生活的私人领域的侵犯,如果是私人领域,我们就需要对这个领域的限制行为进行合宪性审查。

其次我们要以比例原则来审查强制婚检是否过分侵害了个人的隐私权。比例原则有三个方面,第一是妥当性原则,我们来看一看强制婚检能否达到法律所追求的目的。《黑龙江省母婴保健条例》规定强制婚检的目的是什么呢? 主要是降低出生婴儿的缺陷率,防止性传染疾病,这也是《婚姻法》和《母婴保健法》的重要内容。《婚姻法》第 7 条,有下列情形之一的,禁止结婚:(二)患有医学上认为不应当结婚的疾病。《母婴保健法》第 8 条规定:"婚前医学检查包括对下列疾病的检查:(一)严重遗传性疾病;(二)指定传染病;(三)有关精神病。"那么强制婚检能否实现预防疾病的目的呢? 婚检可以发现传染性疾病,当然可以达到预防疾病的效果。

第二是必要性原则,我们来看看强制婚检是不是达到立法目的的最小侵害的手段。虽然强制婚检造成个人隐私权的侵害和个人的经济负担。但是要想防范患有传染性疾病的人结婚,避免遗传性疾病也只有通过获取当事人隐私才能达

---

〔57〕 Kirsten Lehnig, *Der verfassungsrechtliche Schutz der Würde des Menschen in Deutschland und in den USA*, LIT Verlag, 2003,S. 55.

到,依靠其他手段,比如当事人的申报,是很难达到了解婚姻双方身体状况的目的。当然检察机关和婚姻登记机关应该为当事人婚检结果保密,检查的费用也应该由国家来支付。

第三是狭义比例原则,又称均衡性原则,我们来看看婚检牺牲的利益和追求的利益是否匹配,有无得不偿失的情况。强制婚检的好处是确保婚姻另一方和新生儿不受传染性疾病的危害,所损害的利益是个人的身体隐私,应该是符合均衡性原则,不能说是得不偿失的。总之强制婚检事件从人格权的原理来看,是没有问题的,它没有过度侵害当事人的隐私权。以上是人格权防御国家立法行为的方法,下面谈谈人格权如何防范国家行政行为。

2. 防范国家行政行为的侵犯——兼论卖淫女示众、河南地域歧视案

行政权力对人格权的侵犯,在某些方面和立法权的侵犯是一样的,因为行政行为大多数情况下是以某一项立法作为前提的,也就是说,行政机关依据某一项立法实施某种行政行为,如果这个行政行为侵害了人格权,也就可以说是这项行政行为所依据的立法,侵犯了个人的人格权。

但是这种情况也不是绝对的,有些时候行政机关所采取的行为,并没有法律的依据,他们是在自由裁量的情况下做出的决定,如果这时候行政行为侵犯公民的人格权,怎么办呢?比如行政机关(警察)在公共场合设置摄像头,可能并没有哪一部法律允许他们这么做,再比如对于卖淫女示众,也没有一个法律规定可以这么做,这怎么办呢?又比如公安机关贴出"打击河南籍敲诈勒索团伙"的标语,也没有一个法律的前提,这又该如何呢?

其实分析的方法,和前文所说的立法行为一样。我们得要考虑行政机关的这种事实行为(没有法律依据的),侵犯了公民的什么利益?这种利益是不是一种重要的权利?行政机关所采取的行政行为,其目的是什么?这种行政行为能不能达到这个目的?对于这个目的的达成而言,是不是必须的,是不是对公民的权利侵害最小的?也就是说我们仍然可以使用合宪性审查的方法来考虑行政行为的合法性。下面我们继续用这个方法来说明上述两个案件。

(1) 卖淫女示众事件

我们先来看看卖淫女示众事件。首先我们看这种示众行为,威胁到这些女性的什么权利?答案是个人的控制自己的形象的权利、个人的隐私权以及个人的名誉权。这个权利重要吗?

第一,个人的控制自己的形象的权利,是人格权的代名词,总的来说是一个人对于自己的人格、形象的建构、展示的权利。人类能够随时调整自己的目标,改变原来的性格,建构自己的人生,或者自己的形象,这是人类不同于其他生物的独特的地方。因此我们的法律,必须尊重这种人类的特性,给人类维持这种特性必要的条件,这也是尊重个人尊严的重要方面。

第二,隐私权是从社会隐退、独自相处的权利,它与人性尊严联系最紧密。一个人退回到自己的领域,不被他人所知,做一个真实的自己,可以释放自己的压力,能够自己掌控自己,不受他人的评价。这种生活状态对一个人是非常有好处的,如果没有这个环境,一个人长期暴露在他人的注目之下,精神健康也会出问题。

第三,名誉权涉及一个人被他人、社会认同、尊重和正确评价的权利,也关系到个人对自己的认知,对自己的评价,因为一个人对自己的评价,按照心理学的研究,其实就是社会对个人的评价。这种利益之所以值得保护,是因为它会影响到个人的心理健康,影响到个人对于社会的态度(遵从和敌视),也是一个人应该得到的尊重的一部分。这是该案涉及的三种权利。

第四,我们再看看,侵犯这三种权利的示众行为,所要达到的目的是什么? 可以肯定,公权力机关对卖淫女的示众行为,目的是希望通过公开的羞辱,来遏制和预防这种卖淫行为,教育卖淫女本人,也教育其他人。这就是示众行为的目的。这种示众行为,在古典的时代,是经常被用的,还有在人脸上刻字,以达到羞辱的目的。

第五,我们要考虑,通过示众能不能达到遏制和预防违法的目的,也就是说示众行为符不符合比例原则所提出的适当性要求。我们必须承认示众行为,是有可能达到既定立法目的的,比如说达到预防违法犯罪的目的的。因为对一个人的惩罚和羞辱,会让一个人害怕再次被羞辱,会让其他人害怕被羞辱,从而减少未来的违法犯罪。但是我们也要注意一点,就是根据一些犯罪研究的结论,有时候过度的惩罚(比如羞辱),不但没有减少违法犯罪的效果,反倒会让违法犯罪者团结起来,形成一个亚文化,来排斥主流价值观,导致更多的犯罪。所以惩罚的力度不见得总是与预防的效果成正比。

第六,我们要考虑的是这种示众行为符不符合比例原则所要求的必要性原则。也就是说这种行为是不是过分伤害女性的隐私权、名誉权和建构个人形象的权利。我们认为这种示众的行为,是不必要的。因为要想遏制和预防这种卖淫嫖娼的行为,只需更严格、更持续地执法,以及给这些女性创造更多的教育机会,这样就不会伤害到这些女性的隐私、名誉和自由建构个人形象的权利。

第七,再者退一步来说,即便这种示众行为具有一定的效果,我们也不能允许这么做,因为按照我们所说的人性尊严绝对不可侵犯的原理来看,为了减少卖淫嫖娼的行为,而损害个人的上述隐私、名誉和个人构建社会形象的权利,是得不偿失的。因为一个人作为人,不被贬低,不被奚落,不被羞辱的这些权利,是人性尊严的核心内容,这是绝对不允许侵犯的,别说是为了打击卖淫嫖娼,就是为了防范更严重的犯罪,比如杀人,世界各国都已经不再采取这种方法了。这是我们以人格权原理对卖淫女示众事件进行的分析。下面再说说河南地域歧视案。

（2）河南地域歧视案

2006年发生的"河南地域歧视案"也是一个行政机关行使行政权侵犯公民人格权的案件,这个行政权的行使也没有法律依据,所以是一个事实行为,不是法律行为。这个事件的经过是,2005年3月8日,深圳市公安局在辖区张贴横幅标语,"坚决打击河南籍敲诈勒索团伙"和"凡举报河南籍团伙敲诈勒索犯罪、破获案件的,奖励500元",该标语在网上流行后,两位河南籍的律师向郑州市中级法院起诉,其理由除了认为深圳公安违背《宪法》第33条"法律面前人人平等"之外,还侵害了他们的名誉权。[58]

该案并未经过裁判,而是以调解形式结案。不过需要注意的是,本案是一个行政案件,或者说是一个宪法案件,郑州法院采取民事调解的方式结案,是不够准确的。[59] 如果作为一个案件,我们需要运用合宪性审查的标准对原告的侵权诉讼进行审查。由于平等权与本书关系较远,这里只对本案是否侵犯了名誉权进行分析。因为名誉权属于个人重要的基本权,所以我们需要以严格的审查标准进行审查。

首先,我们要考察的是公安机关的拉横幅、贴标语的行为是否侵犯名誉权,公安机关的这么做的目的是什么。本书认为公安机关的行为的确有损原告名誉权,

---

〔58〕 林来梵:《错位与暗合——试论我国当下有关宪法和民法关系的四种思维倾向》,载《浙江社会科学》,2007(1)。

〔59〕 林来梵:《错位与暗合——试论我国当下有关宪法和民法关系的四种思维倾向》,载《浙江社会科学》,2007(1)。

因为它是将河南人定性为比较容易犯敲诈勒索罪,让河南人的社会评价降低。另外虽然公安机关没有明确提到这么做的目的,可以推想公安机关张贴标语的行为,应该是对犯罪行为进行威慑。

其次,我们要考察这种行为是不是达到上述目的(适当性原则)。通过拉横幅、贴标语的方式,公安机关能够很明确地表面政府工作的重心,能够提醒潜在的犯罪人有所收敛。应该说这种行为是具有遏制犯罪的效果的。

再次,我们要考虑这种这种行为有无必要(必要性原则)。如果说牺牲河南籍公民的名誉做出这样的标语,有预防犯罪的作用,那么我们必须说威慑犯罪的行为不是必不可少的。因为有效遏制犯罪的方法是尽快加大警力、加强巡防、积极破案,仅仅从言语上表达打击犯罪的意图,特别是将敲诈勒索与河南人相结合,是完全没有必要的。

最后,我们要考虑这种行为的效果和它的危害,哪一个更大(均衡性原则)。我们认为这种行为的利弊是很明显的,它所得到的好处,是仅仅在声势上给潜在犯罪人一点点威慑,却给所有河南籍公民造成了精神上的伤害,社会评价的降低,这明显是违反均衡性原则的。以上是我们说的以人格权来防御国家行政行为。总之防范国家权力的侵犯是人格权主观方面的权能。下面谈谈人格权在客观方面的权能。

(二)将人格权作为客观价值秩序来保障

人格权在客观方面的权能是指人格权作为整个法律体系的价值基础的功能,主要是指人格权在私人之间所起到的作用。具体说是指在解释和应用部门法,比如民法、刑法的时候,要尊重宪法的精神,或者在部门法没有人格权保护机制的时候,直接援引宪法作出裁判。这就是人格权的客观价值秩序。前者被称为基本权的间接第三人效力说,或者国家保护义务说,[60]意思是通过部门法的概括条款(Generalklauseln)——例如,诚实信用、善良风俗——为"中介(Vermittlung oder Mediation)",将基本权作为"价值秩序(Wertordnung)"适用于私法关系中。后者又被称为基本权利的直接第三人效力说,意思是不通过普通法律(Gesetz)的概括条款作为中介,直接在民事、刑事案件中援引宪法上的基本权条款,将基本权直接适用于私人之间。下面我们对这两者逐一说明。

---

〔60〕 张巍:《德国基本权第三人效力问题》,载《浙江社会科学》,2007(1)。

1. 通过合宪性解释落实人格权——兼评司惠芳案和齐玉苓案

通过对部门法的合宪性解释来落实宪法上的人格权,是人格权客观价值秩序的重要方面。这里部门法有民法,也有刑法、行政法。这里的合宪性解释,又称为合宪限定解释,是指按照宪法的精神和原则,对部门法的一般性条款或者个别条款进行解释,达到落实基本权利或者回避违宪判断(不判决部门法条款违宪)的结果。[61] 在目前缺乏合宪性审查制度的情况下,这种以普通法模式落实宪法上的人格权的方法,是一个不错的,而且是不可避免的选择。[62]

我们可以举几个例子来说明,比如前文所说的在刑事司法中,不能将个人日记作为犯罪证据,不能将秘密录音作为民事诉讼证据,就是一个很重要的例子,这是对诉讼法、证据法进行合宪性解释的结果。反过来在刑事、民事、行政法的解释上,利用宪法上的其他基本权利条款,对人格权进行限制,也是合宪性解释的一个重要内容。这是一个重要的方面,虽然立法上没有明确规定,但在司法机关裁判案件的时候,必须考虑到。

比如关于名誉权,常见的抗辩事由有立法程序中的言论抗辩、法庭审理中的言论抗辩、真实性的抗辩、公正评论的抗辩、对抗性言论的抗辩等。[63] 隐私侵权的抗辩事由,一般情况下有以下几种情况:本人同意、新闻报道、公众人物、学术研究和艺术创作等。[64] 关于肖像权的抗辩事由,日本人格权法上已有明确的列举,国内也有学者做过介绍,主要有为了保存证据、报道新闻、学术和艺术自由、公众人物、风景摄影。[65] 下面我们再以本书开始提到的司某案和齐玉苓案为例来说明合宪性解释方法的运用。

(1) 司惠芳案

前文提到的司某案,说的是被告怀疑原告司某与其丈夫有不正当关系,多次到司某所在单位,以侮辱性的语言谩骂,并称原告勾引其丈夫,还去医院作过流产。原告不承认这种关系,同时起诉被告及其丈夫,因为被告丈夫也承认这种关

---

〔61〕 [日]高桥和之:《立宪主义与日本国宪法》,364 页,东京,有斐阁,2005。

〔62〕 王泽鉴老师在中国人民大学题为《人格权、基本权利与言论自由》的演讲。载天涯法律网,2007 年 4 月 13 日访问。

〔63〕 [日]五十岚清:《人格权法》,铃木贤、葛敏译,35～115 页,北京,北京大学出版社,2009。

〔64〕 [日]五十岚清:《人格权法》,铃木贤、葛敏译,173～178 页,北京,北京大学出版社,2009。

〔65〕 骆正言:"论日本法中的肖像权保护",载《日本研究》,2010(3)。

系,法院在判决中除了援引民法上的名誉权之外,还提到宪法上的人格尊严条款作为辅助论证。这就是我们前面讲的,对民事条款的合宪性解释。按照本书所说的人格权的客观价值秩序的功能,这种做法是没有问题的。不过法院仅仅提到宪法条款,"公民的人格尊严不受侵犯,禁止用任何方法对公民进行侮辱、诽谤和诬告陷害",并没有更深入的分析解读,还是有所欠缺的。

在这个案件中,如果不援引宪法上的人格权条款,直接用民法规范来裁判,也是可以的。具体判决结论可以是这样的,如果被告所说不实,那么揭露原告和其丈夫的不正当关系,就是对原告的名誉造成了损失,因为这会造成原告社会评价的降低,而且是通过错误的事实引发的,这是名誉侵权的构成要件。如果被告表达的情况是事实,原告确实与被告的丈夫有不正当关系,那么被告的公开侮辱、谩骂,就是对原告的名誉情感的损害,这一点前文已有分析,名誉情感相当于我国民法上的人格尊严,因为针对事实的侮辱、谩骂,相当于将他人贬低为非人,也是对他人作为人应该享有的最基本的尊严(人性尊严)的剥夺。最后如果被告所说属实,那么也是对原告的性方面的隐私权的侵害,因为公开揭露他人的最隐秘的私生活(性生活),比如说堕胎,比如越轨,也是一种典型的侵犯隐私的行为。总之不管是哪一种情况,都是属于一种民事侵权行为,不援引宪法原理,也是可以裁判的。

不过,如果被告提出自己的理由来对抗名誉权和隐私权,比如因为原告破坏了被告的家庭完整,所以她的公开辱骂、揭露是正当的维权行为,那么我们就需要动用宪法上的人格权原理来进一步分析了。首先,我们要分析被告公开宣布原告的不正当性关系,指认被告流产,并对其进行侮辱谩骂的行为,是不是一种维权方式。其次,我们要分析,这种表达行为能不能达到这种维权的目的。再次,我们要分析,这种表达行为是不是一种必要的手段。最后,我们还得说明这种表达行为,所造成的损失是不是过于严重的。

经过分析,我们可以说,被告的行为是一种维权行为,她由于自己的婚姻受到威胁,希望通过这种行为阻止婚姻的破裂,而且从实际上来说这种方式经常是有效的,也是必要的,它常常会使顾忌名声的第三者迫于舆论压力,放弃这种不正当关系,除此之外也没有什么更好的办法能够结束这种关系。但是尽管如此,我们还是得说这种表达方式是违法的,是侵权的,因为它造成的损失是过于严重。在此,我们就要动用宪法上的人格权原理了。

我们说过宪法上的人格权,包括隐私权、名誉权、肖像权、姓名权等,它保护的是一个人自由建构、自由保持,并在他人面前展现某种个人形象的权利,这种权利特别重要,它关系到一个人与自己,与他人的和睦相处,关系到一个人自己控制自己的生活,关系到一个作为人最基本的尊严。特别是个人最私密的性生活领域的人格权,是个人人格尊严最核心的体现,是一个人作为人最本质的内容,应该是绝对不允许侵犯的。对这个领域的侵犯,会贬低一个人的资格,会使一个人丧失作为人应该有的自信,丧失对自己的真实的认同,丧失主宰自己的生活的勇气,甚至会导致一个人自杀,或伤害社会。总之这种伤害是很大的,不能允许侵害。

相对的,被告的表达行为所可能保护的,一个人婚姻或者家庭的完整性,虽然也是重要的,但是现代婚姻观念认为,婚姻是一种爱情的结果,而爱情是一种发自内心的感情的表达,不能通过强制力量来维持,现代社会都已经不用强制手段,来强迫双方维持婚姻关系。所以即便是被告的表达行为,产生了维系婚姻稳定的结果,我们也认为它所造成的伤害是过分严重的。这就是从宪法角度对民事案件的分析,是我们这里所说的对民事条款的合宪性解释,这种解释可以帮助我们更准确地理解民事权利(名誉权和隐私权)的价值。下面我们再说说齐玉苓案。

(2) 齐玉苓案

关于该案件的具体情况前文已有介绍,就是陈晓琪冒用齐玉苓的姓名,用齐玉苓的考试成绩,进入一个中专学校上学而产生的纠纷。针对此案最高人民法院2001年作出批复:"陈晓琪等以侵犯姓名权的手段,侵犯了齐玉苓依据宪法规定所享有的受教育的基本权利,并造成了具体的损害后果,应承担相应的民事责任。"不过该批复目前已被废止,2008年最高法院通过了《关于废止2007年底以前发布的有关司法解释(第七批)的决定》,其中包括《最高人民法院关于以侵犯姓名权的手段侵犯宪法保护的公民受教育的基本权利是否应承担民事责任的批复》。[66]

如果用合宪性解释原理来看待这个案件,我们可以说,第一,该案件确实不应该使用宪法上的受教育权来裁判案件,因为受教育权只是一种要求国家提供帮助的权利,它不是防御权,而是一种受益权,或者福利权。该案涉及的是公民之间的

---

[66] 关于该意见,也有学者提出批评。马玲:《齐玉苓案批复的废止"理由"探析》,载《法学》,2009(4)。

权利侵犯,是一个人冒用别人的姓名,侵犯他人受教育机会的案件,是一种民事纠纷。

第二,尽管这是一种民事纠纷,我们也还是可以运用宪法的原理来进行解释。也就是用宪法上的人格权原理,来解释公民的这种姓名权。怎么解释呢?关于姓名权,《民法通则》(现已修改为《民法总则》)第120条规定:"公民的姓名权、肖像权、名誉权、荣誉权受到侵害的,有权要求停止侵害,恢复名誉,消除影响,赔礼道歉,并可以要求赔偿损失。"这就是对姓名权的保护,保护所有民事活动中侵害他人姓名的情况。

说一点题外的话,《反不正当竞争法》(1993年)第6条的规定:"经营者不得擅自使用他人的企业名称或者姓名以及代表他人的企业名称或者姓名的文字、图形、代号,引人误认为是他人的商品。"针对的是市场竞争活动中的姓名冒用活动,和本案的情况还不相同。该条款在2017年修改时,被修订为"经营者不得实施下列混淆行为,引人误认为是他人商品或者与他人存在特定联系:(二)擅自使用他人有一定影响的企业名称(包括简称、字号等)、社会组织名称(包括简称等)、姓名(包括笔名、艺名、译名等)"。

回到本书的主题,冒用他人的姓名,是利用了他人所有的跟姓名相关的种种特性,比如说他人通过努力积累的声誉,学到的知识,培养的能力。这种姓名权的受侵害,跟美国法上的擅用姓名权所进行的隐私权诉讼是一样的,美国法上的擅用姓名,是指一个人利用他人通过努力辛辛苦苦积累的好名声,好成绩,来获取利益的行为。也类似于德国法上的,冒用他人姓名旨在让别人误认自己。这是德国法上姓名侵害的三种情况之一,其他两种情况一是擅用他人姓名来称呼商品或机构,以此使这个姓名和这些商品和机构发生联系,二是加害人用某人的姓名称呼第三人。[67]

日本法上的姓名权也有禁止他人冒用自己姓名的权利,除此之外还有使用自己的姓名不被争议的权利,禁止在广告中擅用他人姓名的权利、姓名保持权、姓名称呼权、敬称使用权、作为隐私的姓名权。[68] 在日本姓名侵权比较多的案例是姓名被冒用,特别是冒用公司、社会团体和宗教组织的姓名的情形。冒用个人姓名

---

〔67〕　[德]梅迪库斯:《德国民法总论》,邵建东译,797页,北京,法律出版社,2000。
〔68〕　[日]五十岚清:《人格权概论》,152页,东京,有斐阁,2003。

的例子不多，其中的一个就是某人冒用他人姓名出版书籍，揭露政界内幕的行为，被认为侵犯了他人的姓名权。[69]

从宪法角度看本章所说的冒用姓名行为，它利用了个人对自己特定身份的建构努力，剥夺了一个人与其他主体相区别，以及与其他社会相联系的权利。[70] 更具体地说，冒用他人姓名上学是剥夺了他人通过努力继续学习，进入某种社会阶层，改变自己的人生境遇，获取事业成功的机会。

所以说这种行为的伤害性是很严重的，既是对他人姓名的冒用，也是对他人最基本的人格、尊严的伤害。这是我们以宪法上的基本权理论来解释民事权利的结果。确立了姓名权的重要性之后，我们再进一步分析此案侵犯姓名权有没有正当目的，以及该目的是否能正当化冒用姓名的行为。齐玉苓案完全不存在任何正当的目的，根本无法提出某种正当化的论证。该案最重要的还是确定权利侵犯的客体，所以以宪法上的人格权理论来解释姓名权具有非常重要的价值。主张以宪法权利来辅助解释此案的学者有许多，比如宪法学家林来梵教授等。[71]

总而言之，对于本案的判决，从宪法角度看，我们可以说被告陈晓琪冒用原告齐玉苓的姓名取得入学的资格的行为，是一种严重侵犯个人自由建构自己人格、塑造个人和他人、社会良好关系的姓名权。这是运用合宪性解释落实宪法上人格权的方法，下面再看看如何在民事案件中直接援引宪法上的人格权。

2. 通过直接引用宪法规范落实人格权

通过解释普通法规范，将宪法权利落实到普通法实践中，是宪法上的人格权实施的稳健做法。但是除此之外，直接援引宪法条款来裁判民事案件也不是绝对禁止的。本书第二章介绍的各国"私法的宪法化"便是重要的例证，比如德国联邦法院在民事裁判中，经常引用基本法第 1 条第 1 款和第 2 条第 1 款，作为人格权的规范依据，发展出隐私权、不受虚假报道的权利、不受重复报道的权利等，最近

---

〔69〕　东京地判昭 62·10·21 判时 1252 号 108 页。［日］五十岚清：《人格权概论》，152 页，东京，有斐阁，2003。

〔70〕　Kurt Herbert Johannesen, Alff, Richard., *Das Bürgerliche Gesetzbuch mit besonderer Berücksichtigung der Rechtsprechung des Reichsgerichts und des Bundesgerichtshofes*, Walter De Gruyter 1982, S. 45.

〔71〕　林来梵：《错位与暗合——试论我国当下有关宪法和民法关系的四种倾向》，载《浙江社会科学》，2007(1)。

的一些判例甚至不再提及基本法条文，而直接将人格权作为民事权利看待。[72]
日本法院援引宪法第 13 条幸福追求权创造出民事上的隐私权、环境权、不做被迫
听众的权利等。（参见第三章相关内容）

　　在民事案件中直接援引宪法条款，主要原因是民法上的人格权立法具有原则
性、滞后性。德国、日本、美国情况如此，我国民事立法也是一样。我们目前《民法
通则》和《民法总则》，虽然有人格权条款，但其规定多为纲领性的，既没有具体列
举特别人格权的保护内容，也缺少抗辩事由的详细规定，比如隐私权条款，并没有
说明什么是隐私，也没有说明什么情况下可以公开隐私，更未说明隐私权和其他
权利的衡量方法。这一方面是立法技术的问题，另一方面也是人格权本身的复杂
性、模糊性、多变性导致的。

　　鉴于这些问题，目前在人格权民事案件中，援引基本权条款是不可避免的。
对于这一点，国内很多学者都有认识，比如说龙卫球教授曾经指出，因为《民法通
则》自然人人格权制度的局限性，宪法基本权利条款可以作为人格权的创制基础。
他认为这虽然是对民法实证主义的突破，也是对法官自由裁量权的承认，但这种
扩张仍然落在宪法秩序之中，受到宪法的支持，所以不构成违宪。[73] 当然这种引
用也是以民事法规的不完善，宪法规范的第三人效力，以及对抗其他宪法权利，如
大众媒体的表达自由为前提的。下面我们举一个由于缺乏具体的人格权条款，而
导致的个人权利受损无法获得救济的法律事件，来说明直接援引宪法条款发展特
别人格权的重要性。

　　这个事件发生在 2007 年，孕妇李丽云因难产并患感冒并发症，在北京朝阳医
院急需手术治疗，但孕妇的丈夫肖志军拒绝在手术同意书上签字，导致医院无法
实施手术，最后李丽云被以非手术方式抢救 3 个小时无效死亡。类似的事件
2017 年陕西榆林市第一医院，一名临产的孕妇经检查发现胎儿头部偏大，医院三
次建议产妇进行剖腹产，但家属均不同意，在无法手术的情况下，待产孕妇从楼上
坠下身亡。

　　这里的手术同意书是法律规定的家属签字制度的内容，法律规定没有家属签

---

　　〔72〕　BGHZ79，111（114），Peter Häberle, *Die Menschenwürde als Grundlage der staatlichen
Gemeinschaft*，*in Isen/Kirchhof*，*Handbuch des Staatsrechts* Ⅱ，C. F. Müller2004，S. 332.

　　〔73〕　龙卫球：《自然人人格权及其当代进路考察——兼论民法实证主义与宪法秩序》，载《清华法学》，
2002(2)。

字医院不能实施手术。《医疗机构管理条例》第33条规定："医疗机构施行手术、特殊检查或者特殊治疗时，必须征得患者同意，并应当取得其家属或者关系人同意并签字；无法取得患者意见时，应当取得家属或者关系人同意并签字；无法取得患者意见又无家属或者关系人在场，或者遇到其他特殊情况时，经治医师应当提出医疗处置方案，在取得医疗机构负责人或者被授权负责人员的批准后实施。"

在这两个事件中，受害人家属都没有要求赔偿，后一个案例本身就是家属不同意手术导致的事故。但笔者认为，如果家属要求赔偿，或者从医疗行政管理的角度，医院是有责任的，具体说就是没能尊重患者的自我决定权，这是导致死亡后果的重要原因。尽管《医疗机构管理规定》规定了手术除了需要患者本人同意之外，还需要家属或者关系人同意，但是医院还是应该从落实宪法精神的角度按照患者的意愿实施手术。具体分析如下：

首先我们说患者对于自己身体的自我决定权是公民宪法上的人格权的一种表现。前文我们说过我国宪法上的人格尊严条款，可被看做保障两种权利，一是人性尊严，是所有宪法权利的基础；一是人格权，是所有自由权的基础。人格权是个人自己决定自己个人事务的权利，包括个人医疗事务。尊重人格权或者自我决定权的理由也是人性尊严。人性尊严要求个人必须被作为人看待，不能贬低为非人，必须被作为目的，而不仅仅是手段或物体，必须尊重他个人的意愿，而不是完全由别人替他做决定。

这些理论都可以证明我们应该尊重患者自己的意愿，而不是把患者的治疗决定权委托给家人。由患者的家人来决定患者的生命和健康，决定患者该不该做手术，该不该治疗，该不该冒险，这是一种家庭主义、集体主义的观念，这是将个人看做家庭的一分子，看做实现家庭目的的手段，看做家主或者家庭其他成员处置的家庭财产，而不是将个人看做真正的人，看做目的本身，这是对个人的基本人格的贬低，是违背人性尊严的。总之笔者认为，按照宪法上的人格权条款，患者应该对于自己的治疗有完全的决定权，不应该将这种权利交给其他家庭成员。这是第一点。

其次我们说因为患者具有这种宪法上的人格权，一种医疗事务的自我决定权，国家就有义务采取各种立法、行政的手段落实这种自我决定权，所以上述《医疗机构管理条例》（国务院1994年制定）第33条的规定，将个人医疗手术的决定权交给病人家属是有问题的。放任家属来决定家庭成员的生命和健康，是政府对个人生命、健康权保障不足的表现。家庭成员之间也有相互伤害的可能,政府不能过分相信家庭内部的感情,而应该像对待家庭暴力,保护未成年人一样,对待家庭中的患者,要设法防止家庭的决定伤害到家庭成员的生命和健康。简单说就是国家应该采取立法和行政的措施,保证个人在医疗事务上的自我决定权。

尽管有人指出,将这种权利交给家属,是为了回应中国实际情况,防止家属发生医闹。[74] 但事实是这种理由是不充分的。因为医闹事件并不会因家属签字而避免,即便家属签字,发生医疗事故,他们仍然会质疑医生的行为。由患者自己签字也不一定会产生医闹的现象,国外的医疗同意制度都是患者自己决定,也没有听说过发生严重的医闹。再者防止医闹,也不能以个人生命健康权为代价,为息事宁人,让公民承担死亡的代价。总之医闹的解决应该寻求更妥善的方法,这不是剥夺患者自我决定权的理由。

最后我们说因为患者具有这种医疗事务的自我决定权,医院在救助患者过程中也是有过错的,他们应该对于患者的死亡负责任。我们可以从三个方面来阐述这种观点。

第一,从最高层面出发,医院的目的是救死扶伤,面对即将死亡的病人,医院有最基本的救助义务,这种行为的不履行是违背基本道德,基本良知的,看着一个人即将死去,你有能力救助却不救助,任何其他的理由,比如法律上的程序和要求,这都不是正当的理由。国外许多国家有不救助罪,针对私人之间的有能力救助而不救助,都是一种犯罪行为,何况是医院。就如同"二战"后纳粹政府官员受审时法院所依据的法律,就不是纳粹当局的制定法,而是根据基本的良知和正义。所以按照我们社会的基本的良知和道德标准医院是有责任的。

第二,医院的救死扶伤的义务,有时候是要超越个人同意的,当一个人的生命面临极端危险时,即便个人不愿意治疗,想要冒风险,医院也有义务加以治疗,而不是完全放任不管,这是法律父爱主义的体现。法律父爱主义针对的是国家,但医院作为国家医疗福利的提供者,也同样具有超越个人意愿给予病人治疗的义务。除非因为病人不配合,医院没有能力完成治疗。

第三,即便以上两个观点对医院的要求比较高,我们从上述《医疗机构管理条例》的规定也能得到医院行为的违法性。该条款规定,"医疗机构施行手术、特殊

---

〔74〕　苏力:《医疗的知情同意与个人自由和责任——从肖志军拒签事件切入》,载《中国法学》,2008(2)。

检查或者特殊治疗时,必须征得患者同意,并应当取得其家属或者关系人同意并签字",仔细分析这句话,我们可以发现该条款没有规定,如果患者和家人的意见不能达成一致,医院应该怎么办?可以说这一条理所当然地认为患者和家属的意见应该是一致的,不会有不同,所以该条款规定患者和家属要同时签字。但是倘若患者和家人意见不一致怎么办呢?在这种情况下,根据宪法上的人格尊严条款,从尊重患者的人性尊严和人格权的角度,医院应该尊重患者对自己身体重要事项的自我决定权,由患者自己决定是否进行手术,这是对《医疗机构管理条例》进行合宪性解释的结果。因为宪法上的人格权保障个人在医疗事务上的自我决定权,所以医院的决定不救助,是侵犯了患者宪法上的人格权,是一种侵权行为。这就是本书关于此案提出的结论,也是在民事案件中直接引用宪法条款,创造出新的权利的尝试。

代结语：在《民法典》中实现宪法上的人格权

《中华人民共和国民法典》在历经四次筹备之后，终于在 2020 年 6 月完成了编纂。《民法典》制定之后，对《民法典》的解释、适用，用《民法典》来调整我们实际生活，是未来必须重视的任务了。在这项工作中，考虑宪法条文，落实宪法精神，也是一个重要的问题。下面我们就这个问题，通过几个例子来谈一谈，我们应该怎么做。笔者认为，《民法典》人格权条款有一些优点和不足，但是从合宪性解释的角度来看，有些不足也是可以通过解释来弥补的。

首先来说说《民法典》姓名权条款。《民法典》第 1012 条规定："自然人享有姓名权，有权依法决定、使用、变更或者许可他人使用自己的姓名，但不得违背公序良俗。"第 1015 条规定："自然人的姓氏应当随父姓或者母姓，但是有下列情形之一的，可以在父姓和母姓之外选取姓氏：（一）选取其他直系长辈血亲的姓氏；（二）因由法定扶养人以外的人抚养而选取抚养人姓氏；（三）有不违背公序良俗的其他正当理由。少数民族自然人的姓氏可以遵从本民族的文化传统和风俗习惯。"第 1016 条规定："自然人决定、变更姓名，或者法人、非法人组织决定、变更、转让名称的，应当依法向有关机关办理登记手续，但是法律另有规定的除外。"

笔者认为，《民法典》强化了姓名权的保护力度，比如第 1013 条规定"自然人有权变更自己的姓名"，第 1016 条规定，自然人变更自己的姓名，"应当依法向有关机关办理登记手续，但是法律另有规定的除外"，意味着除了"法律"之外，其他国家机关制定的规范性文件，不随意设定姓名变更的条件，再比如公民可以将姓名变更为母姓、直系长辈血亲、实际抚养人的姓氏或按照少数民族习惯取其他姓氏，扩大了自然人姓名变更的空间。

然而，除了第 1015 条规定的几种姓氏之外，公民还应该可以将姓氏变更为其他的姓氏，虽然这个做法为许多学者所反对。这种观点从本书的角度看，也是对《民法典》姓名权条款进行合宪性解释的结果。因为从宪法上的人格尊严条款来看，任何人都应该被作为法律的主体，而不仅仅是客体来看待，也即他对自己的行为有最大限度的决定权。而且这种对自己行为的决定权，也有助于提升一个人的控制感,增加一个人的创造能力。从这一点来看,上述《民法典》1015 条应解释为,可以设定除直系长辈血亲和其他抚养人的姓氏之外的姓氏,如"北雁南归"等,这是对《民法典》做合宪性解释的结果。

其次再说说《民法典》肖像权条款。《民法典》第 1018 条规定:"自然人享有肖像权,有权依法制作、使用、公开或者许可他人使用自己的肖像。"第 1020 条规定:"合理实施下列行为的,可以不经肖像权人同意:(一)为个人学习、艺术欣赏、课堂教学或者科学研究,在必要范围内使用肖像权人已经公开的肖像;(二)为实施新闻报道,不可避免地制作、使用、公开肖像权人的肖像;(三)为依法履行职责,国家机关在必要范围内制作、使用、公开肖像权人的肖像;(四)为展示特定公共环境,不可避免地制作、使用、公开肖像权人的肖像;(五)为维护公共利益或者肖像权人合法权益,制作、使用、公开肖像权人的肖像的其他行为。"

笔者认为《民法典》肖像权条款有很多进步。比如为肖像权设置了详细的抗辩事由,包括新闻报道、艺术欣赏、课堂教学等,再比如扩充了肖像权的保护范围,赋予了权利人一种肖像摄制权,也就是决定是否允许他人拍摄自己肖像的权利,或者说未经同意拍摄他人的肖像是违法的,虽然《民法典》第 1018 条只规定了"许可他人使用自己的肖像"。

对肖像权条款的这种解释,其实也是对《民法典》进行合宪性解释的结果。肖像权是在宪法上是个人尊严和个人自我决定的重要表现,它可以被看作个人对自己的信息、自己的形象的控制权,是一个人自由决定要向外展现个人形象的哪些侧面,隐藏哪些侧面,哪些形象可被别人所知,哪些形象不被别人记录等情况的自我决定权。从宪法的角度看,这是我们每个人作为一个独立的个体,自主的个体,不完全是社会管理、经济运作的对象,这种平等的宪法地位所决定的。这是从宪法的角度解读《民法典》姓名权条款得出来的一个结论。

再次来说说《民法典》名誉权条款。一般来说,名誉是指社会对一个人的外部评价,是一种外在的名誉,但是按照德国和日本法理论,名誉还包括内在的名誉,也就是一个人对自己的评价,也可称为名誉感。比如说辱骂行为,其实并没有损害到一个人的外在评价,有时候骂人者或许会遭受社会的负面评价,它伤害的是一个人的内在名誉,一种名誉感,是一个人自己对自己的评价,遭人辱骂者会感到屈辱,感到被贬低。

笔者认为《民法典》第 1024 条的名誉权条款(民事主体享有名誉权。任何组织或者个人不得以侮辱、诽谤等方式侵害他人的名誉权。名誉是对民事主体的品德、声望、才能、信用等的社会评价)中的名誉权,因其侵害方式有侮辱行为,可以被解释为包括内在名誉在内。这种解释用本书的话来说,也是一种合宪性解释。

如上所述,宪法上的人格尊严要求,每个人都被作为人来尊重,哪怕他做了不该做的事,我们也不能没有仅仅将他视为手段,而也将他作为目的本身,期待他能够改恶从善。而《民法典》名誉权条款中的"侮辱",经常是将他人贬低为非人,比如骂人是一条狗,是一堆垃圾,这就是对一个人人格的贬低,尊严的侵犯。如果这种行为得不到遏制,这种伤害得不到救济,那就是我们民事立法和司法者的失职。所以尽管国内许多学者认为,内在名誉或者名誉情感这个词飘忽不定,解释不清,我们也应该要为一个人的内在名誉的伤害,找到保护的依据。在《民法典》中侮辱行为是作为名誉权条款的一部分,所以将名誉权解释为包括内在名誉在内,是顺理成章的,也是对《民法典》的合宪性解释。

最后来说说《民法典》隐私权(包括个人信息保护)条款。隐私权是指一个人的私生活,不是公共生活,也即与他人无关的空间、活动、信息,不被他人获悉,不被他人评价的权利。《民法典草案》第1033条规定:"除法律另有规定或者权利人明确同意外,任何组织或者个人不得实施下列行为:(一)以短信、电话、即时通信工具、电子邮件、传单等方式侵扰他人的私人生活安宁;(二)进入、窥视、拍摄他人的住宅、宾馆房间等私密空间;(三)拍摄、窥视、窃听、公开他人的私密活动;(四)拍摄、窥视他人身体的私密部位;(五)处理他人的私密信息;(六)以其他方式侵害他人的隐私权。"第1035条规定:"处理个人信息的,应当遵循合法、正当、必要原则,不得过度处理,并符合下列条件:(一)征得该自然人或者其监护人同意,但是法律、行政法规另有规定的除外;(二)公开处理信息的规则;(三)明示处理信息的目的、方式和范围;(四)不违反法律、行政法规的规定和双方的约定。个人信息的处理包括个人信息的收集、储存、使用、加工、传输、提供、公开等。"

针对这些条款,笔者认为,《民法典》对隐私权作了详细的规定,包括"私生活的安宁""秘密空间""秘密部位""秘密信息",并禁止了随意给他人打电话、向他人发短信、QQ、微信、电子邮件、传单等行为,《民法典》规定信息收集和处理需"征得该自然人或者其监护人同意",是将个人信息的归属权赋予了公民个人,是对个人信息自决权的确立。该书有更详细的分析,这里不多赘述。此处要讲的是,我们对上述条款进行解释时,也要考虑到宪法价值的实现,以下两个方面值得注意:

第一，在解释隐私权条款时，要根据宪法上的人格权保护原理，赋予个人私生活最核心的领域绝对不能侵犯的地位。关于这一点，本书前文已有详细的介绍，比较典型的例子是德国法禁止警察使用个人日记作为犯罪证据，也禁止对私人谈话进行录音并作为诉讼证据，还禁止个人同意他们窥视自己的裸体。这种观念在我们日常生活在不怎么被看重，但给私生活最核心的领域以绝对保护，是有重要意义的，这些领域的侵犯会带来很多意想不到的后果，比如个人心理健康的损害，个人反社会行为的产生。因此笔者认为，针对上述《民法典》第1033条"法律另有规定或者权利人明确同意"可以侵入他人私生活的规定，可以按照合宪性解释的原理将其解释为，个人私生活最核心的领域，任何法律都不能允许他人侵犯，即便个人同意也不能侵入。

第二，在解释个人信息保护条款时，要将个人信息与人的尊严联系起来看待，要防止单纯为了发展互联网经济、大数据技术，而牺牲个人对自身信息的控制权，使个人成为任人宰割的"鱼肉"。关于这一点，笔者以为挖掘大数据的价值和赋予个人信息自决权之间并没有不可调和的矛盾，建议《民法典》借鉴德国的做法，规定收集和保存个人信息以匿名方式进行。[1]

如今《民法典》制定完成了，这样的条款并没有规定在其中。但是笔者还是认为，我们可以对上述第1035条的"合法、正当、必要原则"做合宪性解释，要求信息的收集和储存也采取匿名方式进行。一方面大数据的处理不会因为信息的匿名而受到影响；另一方面个人信息过度收集和利用，比如通过获取个人信息做精准的广告推销，会让人产生痛苦、反感、愤怒，并迫使人们个别地采取技术手段，遏制这种信息利用行为，这也会造成社会效益的浪费。更重要的是从本书讨论的人性尊严和人格自由的角度看，这种做法将他人当作达成自己目的的工具，剥夺了他人对自身行为的控制权，是一种侵犯基本权利的行为。

或许有人说，收集、储存信息是经过当事人同意的，不需要匿名进行。可是我们都知道的是，这里的同意是人们在不知情的情况下进行的，我们不知道信息收集会伤害到我们什么利益，会造成我们什么损失。此外在互联网环境中，我们的一切行为都自然地被记录下来了，如果互联网技术上不改变，制度不完善，个人是无法通过个别的决定，来对抗互联网的规则。因此个人的同意不是互联网企业免

---

〔1〕 骆正言：《民法典草案人格权编的宪法学省思》，《浙江社会科学》，2019年第2期。

除自身责任的借口,《民法典》个人信息保护条款可以根据合宪性解释原理,被解读为信息收集和处理应采取匿名的方式。这是从宪法视角对民法典个人信息保护条款提出的看法。

以上是我们对于《民法典》人格权条款进行合宪性解释的一些尝试,当然《民法典》其他部分也还有合宪性解释的余地。但其方法是一样的,就是根据宪法上人格尊严、人格自由出发,来考虑《民法典》个别条文的解释。无论为了实现什么更大的价值,都要守住这个底线。这也是基本权利的客观价值秩序的一个重要方面。可以看出这里所提出的方案,主要是从司法的角度来说的。从司法角度看,如果国家机关在立法和行政活动中侵犯了公民的人格权,我们可以做出国家立法和行政行为违宪的判断。虽然目前我国合宪性审查制度还在建设当中,但是合宪与否的判断从学术上分析是可以的。此外从司法角度看,如果公民个人在民事活动中侵犯了他人的人格权,我们可以从宪法角度对这种人格权进行解释,来判断具体案件中公民的人格权该不该保障;或者如果被侵犯的人格权在现行立法中没有被具体化,我们也可以直接援引宪法条款发展出新型人格权。

总之人格权本身就是一个承载颇多的概括性权利。就宪法来说,最广义的人格权包括三个方面:第一,已经在宪法文本中具体化的权利,其内容、范围已经有法可依;第二,虽然未出现在文本中,但是由司法机关根据特定的法律条文引申出来的类型化的权利,这一点在大陆法系和英美法系中是通行的做法;第三,到目前为止尚未具体化、仍需未来法律文本与司法实践弥补的权利。

人格权最重要的分类是宪法上的人格权与民法上的人格权,前者主要是针对公权力,后者则是针对私人间的关系。但是这种区分在德国和日本均已被模糊化了。其一是因为私法的宪法化现象,随着时代变化与人格权的勃兴,私法摒弃了一些不符合现代自由观念的内容。其二是因为权利意识高涨,民事审判各方援引宪法作为根基,创造出各种新的权利类型,法院为了协调各种不同的利益冲突,也不得不从宪法条款出发承认这些新兴权利。

对宪法上的人格权保障而言,我国目前仍需着力的是:第一,在部门法上落实宪法上的人格权。在民法上健全人格权体系的同时,在行政法等其他法律领域都需要贯穿人格权的保护,如在警察、工商、环境卫生、金融等行政管理领域。第二,在司法实践中,需要积极推进合宪性审查制度,以制约普通立法限制人格权的发展,整合整个法律体系。第三,在普通司法过程中,摒弃法实证主义机械适用法条的信条,赋予法官在人格权保障上充分的自由裁量权。因为人格权范围和界限本身变动不居,不是简单适用法条就可妥当解决案件争议的。法官在处理人格权侵权案件中,应当充分说理,引介各国人格权理论,对冲突的各种利益予以权衡,以宪法作为指针来解释适用普通法律中的人格权条款。同时为了限制法官滥用职权,也需对严重违反法律程序的裁判行为设置必要的弹劾机制,并对判决书予以公开,接受学界和公众的批评。

后　记

　　这本书完成了，还需要说点结束的话。首先，这本书脱胎于笔者的博士论文。笔者依稀记得，在博士论文最后，笔者写了一篇情真意切的后记。后记中说，这篇论文是在钱塘江边的月轮山上写成的。月轮山是浙江大学法学院所在地，由于得到光华基金会的资助，2007年浙江大学法学院改名光华法学院，并单独从地处闹市区的西溪校区，搬到了这个人迹罕至的地方。月轮山1949年前是"之江大学"所在地，后成为浙江大学的一个校区。月轮山是一个绝佳的读书场所，面对大江，背靠大山，苍松翠柏，泉水叮咚，红砖绿瓦、曲径通幽。这里最多的是松鼠，据说山上还有野猪。山顶上流下来的山泉水，常被附近的居民盛回家泡茶。

　　我就是在这样的环境中，写完了这本博士论文的。而如今当我对博士论文进行全面修改时，我是在什么环境中工作的呢？可以说我是在咖啡馆里完成的。这一方面是因为家里孩子小，地方小，需要找一个安静的地方。另一方面也因为咖啡馆是一个公共空间，你不会感到独自一人写作的寂寞，也不会被周围的喧闹打扰，因为旁边都是陌生人。还有一方面原因是咖啡馆写作能产生"对话感"，你会经常问自己，你说得有道理吗？你写得有意义吗？你有自己的想法吗？你是不是在浪费时间？浪费纳税人的钱？这种反思的感觉在给公共空间里更容易被激发。

　　说到写作的意义，其实是两个问题，一是作为整个学术写作的意义；二是作为一个个体，我个人的写作意义。

　　关于前者，整个人文社会科学的研究和写作的意义。当然有很多答案，比如记录历史，传承传统，比如认识社会、改造社会，等等，但是这些都是能做到吗？或者是有必要的吗？有时候令人怀疑。但无论如何，最起码有一点是可以承认的。那就是从心理学角度来看，学术研究本身是提升人类掌控感的一个手段，它能让人对这个世界加以认识，加以理解，让人在杂乱无章的世界中，理出一条线索，一个规律，一个来龙去脉。然后按照这种线索、这个规律来安排自己的生活，激励自己的斗志。所以和文学和艺术一样，学术研究也能带人进入"舒适区"，给人以掌控感，让人感到快乐，得到安慰。

关于后者，我还是找到几个自认为有意义的方面。

首先研究和写作，是理清自己思路的重要方法。德国一个作家说过，"写作是一种照亮"。写作促使自己把问题想清楚，把思路呈现出来。即便别人没有去看，自己也能通过这一活动，看清自己，看清世界。很多东西，不写出来，是不能真正明白，至少是不能真正明白自己"不明白"。

其次研究和写作，哪怕是不能创造一个伟大的理论，只是对别人理论的学习和介绍，也不是没有益处的。以一种明白晓畅的语言，解读前人思想的成果，能让读者感受思想的快乐。同时这种普及的工作，也是创造性思考的起点。美国一位著名的科普作家，特别会将天文学复杂的理论讲得尽人皆知，他的妻子听多了这些有趣的故事，竟然成了著名的天文学家。

我希望我的书，也能起到这样的效果。这是我写作的最低、也是最高的期盼，是激励我写作的动力源泉。希望我能够做到，也希望您能有所感触。